U0636878

BLUE BOOK

智库成果出版与传播平台

中国社会科学院生态文明研究智库成果
中国社会科学院国家未来城市实验室成果
中国社会科学院创新工程学术出版资助项目

城市蓝皮书
BLUE BOOK OF CITIES IN CHINA

中国城市发展报告 *No.16*

ANNUAL REPORT ON URBAN DEVELOPMENT OF CHINA No.16

大国治"安"之韧性城市高质量发展

顾　问／杨开忠　张永生
主　编／单菁菁　武占云　张卓群
副主编／董亚宁　王　菡

社会科学文献出版社
SOCIAL SCIENCES ACADEMIC PRESS（CHINA）

图书在版编目（CIP）数据

中国城市发展报告 . No. 16, 大国治"安"之韧性城
市高质量发展 / 单菁菁，武占云，张卓群主编 . −北京：
社会科学文献出版社，2023.12
（城市蓝皮书）
ISBN 978-7-5228-2715-5

Ⅰ.①中⋯　Ⅱ.①单⋯　②武⋯　③张⋯　Ⅲ.①城市经
济−经济发展−研究报告−中国　Ⅳ.①F299.21

中国国家版本馆 CIP 数据核字（2023）第 206659 号

城市蓝皮书

中国城市发展报告 No. 16
——大国治"安"之韧性城市高质量发展

顾　　问 / 杨开忠　张永生
主　　编 / 单菁菁　武占云　张卓群
副 主 编 / 董亚宁　王　菡

出 版 人 / 冀祥德
责任编辑 / 薛铭洁
责任印制 / 王京美

出　　版 / 社会科学文献出版社 · 皮书出版分社（010）59367127
　　　　　　地址：北京市北三环中路甲 29 号院华龙大厦　邮编：100029
　　　　　　网址：www.ssap.com.cn
发　　行 / 社会科学文献出版社（010）59367028
印　　装 / 天津千鹤文化传播有限公司

规　　格 / 开 本：787mm×1092mm　1/16
　　　　　　印 张：24　字 数：359 千字
版　　次 / 2023 年 12 月第 1 版　2023 年 12 月第 1 次印刷
书　　号 / ISBN 978-7-5228-2715-5
定　　价 / 168.00 元

读者服务电话：4008918866

本报告为国家哲学社会科学基金项目"建设人与自然和谐共生的现代化城市"（项目批准号为 23STB028）的阶段性成果。

城市蓝皮书编委会

主要编撰者简介

单菁菁 中国社会科学院生态文明研究所研究员、博士生导师，中国城市经济学会常务副秘书长，国务院特殊津贴专家。主要从事城市与区域可持续发展、国土空间开发与治理、城市与区域经济、城市与区域管理等研究。先后主持国家社科基金课题、中国社科院重大课题、国际合作课题、国家各部委课题等研究项目 60 多项，出版专著 3 部，主编著作 16 部，参与 14 部学术著作和《城市学概论》《环境经济学》等研究生重点教材的撰写工作，先后在国内外学术期刊和《人民日报》《光明日报》《经济日报》等发表论文或理论文章 100 多篇，向党中央、国务院提交的政策建议多次得到国家领导人的批示，获得各类科研成果奖 15 项。

武占云 中国社会科学院生态文明研究所副研究员、博士，主要从事城市与区域经济、国土空间开发与治理研究。在国内外核心期刊发表中英文学术论文 40 余篇，撰写研究报告 20 余篇。先后主持或参与完成了 10 余项科研项目，包括国家社科基金 4 项、国家自然基金 3 项、教育部人文社科项目 1 项、博士后基金 1 项、中国社会科学院中英研究项目 1 项、中国社会科学院青年中心基金 1 项。

张卓群 中国社会科学院生态文明研究所生态文明理论研究室副主任，副研究员，硕士生导师，主要从事可持续发展经济学、城市与环境经济学、海洋经济学、数量经济与大数据科学研究。主持、参与国家社会科学基金、地方政府委托课题等纵向、横向课题 30 余项，在《数量经济技术经济研究》、*International Journal of Emerging Markets* 等国内外期刊发表论文 40 余篇，获中国社会科学院优秀对策信息对策研究类三等奖 3 次，中国社会科学院生态文明研究所青年优秀论文奖三等奖 2 次。

摘　要

当今世界正经历百年未有之大变局，我国社会矛盾发生转化，外部形势更加严峻、内部矛盾更趋复杂，各种不确定性因素明显增多，各类风险隐患发生的概率明显上升，我国安全形势面临前所未有的巨大挑战。习近平总书记指出"城市发展不能只考虑规模经济效益，必须把生态和安全放在更加突出的位置"。建设韧性城市是遵循城市发展客观规律的内在要求，是强化底线思维、统筹发展和安全的重要抓手，更是推进城市治理现代化和高质量发展的迫切需要。在此背景下，深入探讨中国韧性城市发展之路，对于高水平建设平安中国、以新安全格局保障新发展格局具有重要的理论意义和现实意义。

《中共中央关于制定国民经济和社会发展第十四个五年规划和二〇三五年远景目标的建议》提出要"统筹发展和安全""把安全发展贯穿国家发展各领域和全过程，防范和化解影响我国现代化进程的各种风险，筑牢国家安全屏障"。党的二十大强调"要推进国家安全体系和能力现代化"，建设更高水平的平安中国。大国治"安"成为新时代高质量发展的重要基石。城市不仅是经济社会发展的核心载体和引擎，同时人口和经济活动的高度集聚也使城市更容易成为风险策源地和灾损中心。《中国城市发展报告 No. 16》（以下简称《报告》）以"大国治'安'之韧性城市高质量发展"为主题，以坚持总体国家安全观为核心，以"统筹发展和安全"为方向，聚焦中国韧性城市的高质量发展之路，共设计了总报告、经济韧性篇、社会韧性篇、生态韧性篇、工程韧性篇、国内经验篇、国际经验篇、城市发展大事记 8 个

部分，分专题深入分析了我国韧性城市建设发展沿革、建设现状、问题挑战、制度建设、实践工作等，梳理总结我国城市在提升经济韧性、增强社会韧性、强化生态韧性和夯实工程韧性等方面的优势基础、发展成效和面临问题，并借鉴国内外典型经验和有效做法，研究提出中国式现代化下中国韧性城市高质量发展的总体思路、重点任务及对策建议。

《报告》认为，伴随总体国家安全观和"统筹发展和安全"要求的提出，我国城市韧性建设不断增强，韧性水平稳步提升，低和较低韧性城市数量总体明显减少，中等及以上韧性城市数量明显增加，城市抵抗力、恢复力、创新力指数皆稳步上升，不同区域城市韧性水平保持稳定增长。城市风险度方面，整体风险略有下降，风险防控能力不断提升，短板弱项逐步完善；城市抵抗力方面，数字经济赋能产业发展，社会保障体系日益完善，生态系统服务能力明显提升，基础设施防灾能力明显增强，城市整体抵御风险能力不断增强；城市恢复力方面，扩大内需深化开放推动城市经济恢复，公共服务稳步发展增强社会恢复力，污染防治与生态保护并重系统提升生态恢复力，开展适应型城市试点强化基础设施韧性；城市创新力方面，创新投入不断提升，创新产出飞跃式增长，城市成为创新策源地和核心载体。

《报告》同时指出，韧性城市建设依然存在一些问题，低和较低韧性城市仍占我国城市六成以上，韧性指数呈现明显的两极分化。具体表现为保持长期稳定经济增长能力有待提升、社会系统适应调整能力有待增强、生态系统的安全屏障作用亟待强化、基础设施抗风险能力仍需筑牢、韧性城市规划和治理水平有待提升。纵观国际韧性城市建设经验，主要体现为：要制定城市韧性规划，为韧性城市建设提供制度保障；强化基础设施支撑，为韧性城市建设提供物质基础；重视多方协同合作，为韧性城市建设提供组织架构；关注极端气候变化，为韧性城市建设提供意识引领；打造创新生态系统，为韧性城市建设提供内核动力。

《报告》强调，新时代新形势下，我国韧性城市建设正日益呈现出以下趋势：一是韧性认知及理论工具逐渐从"复杂性"范式转向"抗解性"范式；二是韧性构建模式逐步从静态的被动防御转向动态的主动适应和全周期风险防控；三是韧性建设重点由强调城市物理空间安全转向经济、社会、生态系统、物理空间协调可持续发展；四是韧性建设主体由强调政府主导转向推动"自然—政府—市场—社会"四主体协同；五是韧性治理机制由自上而下的行政动员转向上下结合的多元、多向度、多主体联动。

立足中国国情、借鉴国际经验，《报告》在分析研判我国韧性城市高质量发展未来趋势的基础上，进一步提出新发展阶段韧性城市高质量发展的优化路径，即以抗解性理论构建新范式，彰显理念引领力；以动态适应性打造新模式，提升风险防控力；以分布式布局塑造新格局，增强风险抵抗力；以提质增量营造新品质，强化灾后恢复力；以创新驱动形成新机制，激发韧性创新力，以系统思维搭建治理新框架，优化韧性治理力。

关键词： 中国式现代化　城市　韧性　高质量发展

目 录 ⟍⟍

Ⅰ 总报告

B.1 大国治"安"之韧性城市高质量发展 ·············· 总报告课题组 / 001

B.2 2022~2023年度中国城市健康发展评价

·························· 武占云 单菁菁 张双悦 / 060

Ⅱ 经济韧性篇

B.3 数字经济背景下数字创新对产业韧性发展的影响研究

··················· 王 菡 端利涛 / 083

B.4 城市金融韧性：测度、存在的问题与政策应对

··················· 汪 勇 王远卓 / 097

B.5 平台经济提升城市经济韧性的思路与对策

··············· 张 涛 李均超 黄 珊 / 114

B.6 消费提升城市经济韧性的思路与对策·············· 陈 瑶 / 131

Ⅲ 社会韧性篇

B.7 培育城市社会韧性的对策研究

　　——基于城市社会网络视角·········　陈湘满　陈泽昊　陈　瑶 / 144

B.8 中国城市管理韧性的发展、经验与优化路径··············　苗婷婷 / 159

B.9 韧性社区常态化建设与精细化治理研究·········　卢阳春　胡珊珊 / 176

Ⅳ 生态韧性篇

B.10 推动城市气候韧性发展的适应性规划应对

　　··　冷　红　栾佳艺 / 189

B.11 生态文明视角下城市空间韧性提升路径研究

　　·····································　董亚宁　吕　鹏　谢伟伟 / 202

B.12 中国城市水生态韧性发展状况及影响政策效果评估

　　··　张卓群　姚鸣奇 / 217

Ⅴ 工程韧性篇

B.13 突发公共卫生事件背景下城市交通结构韧性研究

　　——以武汉市为例 ·········　焦洪赞 / 231

B.14 城市基础设施韧性评价及障碍因子识别

　　·············　喻忠磊　孙　畅　侯晓静　庄　立 / 247

Ⅵ 国内经验篇

B.15 北京建设韧性城市的经验与启示 ··············　耿　冰 / 269

B.16 丽水建设适应气候变化的新时代山水花园城市

　　……………………………… 杜晓斌　张　丰 / 283

B.17 济南建设韧性城市的成效和经验 ………………… 田建国 / 294

Ⅶ　国际经验篇

B.18 欧洲建设韧性城市的经验与启示 …………… 王庆龙　陈　说 / 305

B.19 美国韧性城市的建设经验及对中国的启示

　　……………………………… 鞠　豪　苗婷婷 / 317

附　录　城市发展大事记 ……………… 张双悦　武占云 / 333

Abstract　…………………………………………… / 343

Contents　…………………………………………… / 347

皮书数据库阅读**使用指南**

总 报 告

General Reports

B.1

大国治"安"之韧性城市高质量发展

总报告课题组*

摘 要: 面对世界百年未有之大变局,建设韧性城市是遵循城市发展客观
规律的内在要求,是强化底线思维、统筹发展和安全的重要抓手,
更是推进城市现代化治理和高质量发展的迫切需要。为此,本报
告基于演进韧性理论视角,面向统筹发展和安全的时代要求,首
先,从韧性城市概念内涵出发,研究提出符合中国国情的韧性城
市理论分析框架,从"风险度—抵抗力—恢复力—创新力"维度
构建韧性城市评价指标体系,测度中国城市韧性水平;其次,深
入分析揭示中国韧性城市建设现状、成效与问题;最后,在分析
和借鉴韧性城市建设的发展趋势和国际经验的基础上,从六个方
面提出推动中国韧性城市建设的对策建议,即以抗解性理论构建

* 单菁菁,中国社会科学院生态文明研究所研究员,博士生导师,主要研究方向为城市与区域
可持续发展、国土空间开发与治理、城市与区域经济等;董亚宁,中国社会科学院生态文明
研究所助理研究员,博士,主要研究方向为生态经济学、空间经济学;宋德骞,河南大学黄
河文明与可持续发展研究中心,主要研究方向为空间经济学、产业发展与区域差异;吕鹏,
首都经济贸易大学城市经济与管理学院博士生,主要研究方向为城市与区域经济。

新范式,彰显理念引领力;以动态适应性打造新模式,提升风险防控力;以分布式布局塑造新格局,增强风险抵抗力;以提质增量营造新品质,强化灾后恢复力;以创新驱动形成新机制,激发韧性创新力;以系统思维搭建治理新框架,优化韧性治理力。

关键词: 韧性城市 外部冲击 韧性理论 城市安全 高质量发展

当今世界正经历百年未有之大变局,我国社会主要矛盾发生转化,外部形势更加严峻、内部矛盾更趋复杂,各种不确定性因素明显增多。同时,随着工业化、城镇化、信息化、全球化的深入推进,各类风险隐患的易发性、交互性、扩散性和危害性也呈几何级倍增,"黑天鹅""灰犀牛"事件发生概率提升,我国安全形势面临前所未有的巨大挑战。

发展和安全是一体之两翼、驱动之双轮。安全是发展的前提,没有安全作为基础,发展只能是"空中楼阁";发展是安全的保障,没有发展的有力支撑,安全也将成为"镜花水月";发展和安全辩证统一、相互支撑、兴衰与共。面对复杂多变的国内外安全形势,以习近平同志为核心的党中央提出总体国家安全观,将"统筹发展和安全"作为新时代经济社会发展的重大战略思想。国家"十四五"规划明确要求,坚持总体国家安全观,实施国家安全战略,把安全发展贯穿国家发展各领域和全过程,筑牢国家安全屏障。党的二十大报告强调要推进国家安全体系和能力现代化,建设更高水平的平安中国,大国治"安"成为新时代高质量发展的重要基石。

韧性城市是统筹发展和安全的战略选择,也是大国治"安"的重要抓手。2020年习近平总书记在《国家中长期经济社会发展战略若干重大问题》中强调指出,"城市发展不能只考虑规模经济效益,必须把生态和安全放在更加突出的位置",要求"打造宜居城市、韧性城市、智能城市,建立高质量的城市生态系统和安全系统"。国家"十四五"规划和党的二十大报告也都强调要建设"韧性城市"。截至2022年末,我国城镇常住人口占

65.22%，非农产业增加值占 GDP 比重达到 92.7%，一方面城市已成为经济社会发展的核心载体和引擎，另一方面高度集聚的人口和经济活动也使城市蕴含了更多风险隐患，更容易成为风险策源地和灾损中心。在此背景下，深入探讨中国韧性城市发展之路，对于高水平建设平安中国、以新安全格局保障新发展格局具有重要的理论与现实意义。

一 韧性城市理论分析框架

韧性（resilience）一词最早来源于拉丁语"resilio"，指在外力作用下物体变形后恢复到原来形状的能力。1973 年生态学家霍林（Holling）将韧性思想引入系统生态学的研究领域，随后韧性理念从自然科学领域向社会科学领域不断延伸和扩展，为韧性城市理论的提出奠定了思想基础。

（一）中国韧性城市理论分析

从理论源流看，"韧性"理论经历了从工程韧性（engineering resilience）、生态韧性（ecological resilience）到演进韧性（evolutionary resilience）的演变（见表 1）。工程韧性认为系统原有的稳定状态是最佳状态，所谓"韧性"即系统恢复到初始状态的能力（单一稳态）。生态韧性认为复杂系统可能存在多个稳定域（multiple stability domains），例如，在自然进化中生态系统可以从一种稳态达到另一种稳态，"韧性"主要表现为系统达到一定稳态并长期生存的能力。而演进韧性主要应用于社会生态系统，强调"韧性"在一定程度上是系统不断调整自身结构和发展状态，以回应外在压力的适应和学习革新能力。

表 1 "韧性"理论演变

概念	理论来源	本质内涵	系统特征	平衡状态	适用领域
工程韧性	源于工程学,强调系统的抗压力和复原力	不改变系统的结构和功能,恢复到初始状态的能力	有序、线性	单一稳态	物理工程领域

续表

概念	理论来源	本质内涵	系统特征	平衡状态	适用领域
生态韧性	源于生态学,描述生态系统吸收扰动的承受力和适应力,并在不断变化中实现长期生存的能力	改变系统的结构和功能,达到新稳态的能力	复杂、非线性	多个稳态	自然生态领域
演进韧性	源于社会生态学,描述复杂的社会生态系统回应压力时激发的变化、适应和变革能力	不断调整自身结构和发展状态,实现可持续适应的学习能力和变革能力	混沌、不确定	不再追求稳态,强调学习与创新	社会—生态领域

资料来源:课题组整理。

20世纪90年代末,随着全球城市人口不断增多,人类逐步进入一个城市化的世界,城市蕴含的风险加剧,韧性理念逐渐被拓展到城市科学研究中。1996年联合国人居署在《城市化的世界:全球人类住区报告1996》中首次提出"韧性城市"概念,2002年倡导地区可持续发展国际理事会(ICLEI)将"韧性城市"议题引入城市防灾研究,2010年联合国减灾署发起"让城市更具韧性"运动(The Making Cities Resilient,MCR),2013年洛克菲勒基金会(Rockfeller Foundation)启动"全球100韧性城市运动"(100 Resilient Cities)。"韧性城市"建设逐渐成为各国提升城市治理能力的主流政策方式。[1]

建设韧性城市的核心是提升"城市韧性"。目前学术界对城市韧性的内涵认知尚存在较大分歧。例如,在概念界定方面,韧性联盟(Resilience Alliance)认为城市韧性是城市具有消化和吸收外界干扰,保持原有主要特征、结构和关键功能的能力。[2] Bozza等将城市韧性定义为城市吸收外部扰动并达到动态平衡的能力。这些定义在一定程度上体现了工程韧性和生态韧性的思维。而洛克菲勒基金会将城市韧性定义为"城市中的个人、社区、机构、企业和系统,在各种慢性压力和急性冲击下存续、适应、发展的能

---

[1] Resilient Cities, Thriving Cities：The Evolution of Urban Resilience［R］. ICLEI, 2020。

[2] Alliance R. Urban Resilence Research Prospectus.［2007-02-24］. http：//81.47.175.201/ ET2050_ library/docs/scenarios/urban_ resilence. pdf。

力",这一定义显然更具有演进韧性的内涵。又如,在内容建构方面,Edwards 强调社会自组织,认为应以社区和个人为核心来构建城市韧性,最大限度激发社会自身的学习、适应和成长能力①,城市复兴更依赖韧性的、足智多谋的民众集群。方东平等认为,城市资源是有限的,必须通过城市管理将有限的资源合理配置到物理、社会和信息三度空间下的各子系统和各环节等。由于认知分歧,"韧性城市"在很大程度上沦为一个语义泛化的流行词,因此影响了相关政策的制定和实践。

韧性理论产生于西方,其理论产生的国情、文化与制度环境与我国存在明显的异质性,我们在吸收借鉴其理论精华的同时,也应立足中国国情,扎根中国土壤,创造具有中国特色的韧性城市理论与构建模式。党的二十大提出:从现在起,中国共产党的中心任务就是团结带领全国各族人民全面建成社会主义现代化强国,以中国式现代化全面推进中华民族伟大复兴。中国式现代化作为党的二十大的重大理论创新,借鉴了人类发展的长期历史经验,拥有强大的理论硬核,其底层逻辑与韧性城市的内容体系互融互通,既是我国韧性城市理论构建的时代背景,也为之提供了宏观理论指导。

在中国式现代化理论谱系下,韧性城市理论具有以下应然之义。一是在哲学逻辑上以唯物史观为指引,强调城市韧性的演进性。区别于西方现代化历史叙事的"历史终结论",中国式现代化理论体系建立在马克思主义唯物史观的基础上,强调社会历史发展的必然性、客观性与演进性。如习近平总书记强调,我国仍处于社会主义初级阶段,但这个阶段"不是一个静态、一成不变、停滞不前的阶段","而是一个动态、积极有为、始终洋溢着蓬勃生机活力的过程,是一个阶梯式递进、不断发展进步、日益接近质的飞跃的量的积累和发展变化的过程"②,这为科学理解和认识城市韧性奠定了基础。事实上,城市韧性既不能局限于工程韧性观下旨在维护原有状态的抗压力和恢复力,也不仅是生态韧性观强调的承受力和适应力,而更多是社会生

---

① Edwards C. Resilient Nation. London:Demos,2009。

② 《习近平在省部级主要领导干部学习贯彻党的十九届五中全会精神专题研讨班开班式上发表重要讲话》,http://www.cac.gov.cn/2021-01/11/c_1611935131648260.htm。

态系统演进过程中所蕴含的学习力和创新力，学习和创新能力是城市区别于自然生态系统和物理系统的关键之处。二是在构建逻辑上坚持系统观，明确韧性城市建设是一项系统工程。要在总体国家安全观的指导下，统筹兼顾、系统谋划、整体推进，既重视城市各子系统、各要素之间的合理结构，又注重城市整体功能的有效发挥。三是在价值逻辑上坚持"以人民为中心"，"促进人与自然和谐共生"。坚持把实现和守护人民美好生活作为韧性城市建设的出发点和落脚点，同时尊重自然、顺应自然、保护自然，站在人与自然和谐共生的高度谋划城市发展。四是在实践逻辑上强调问题导向，以回答并指导解决具有紧迫性的现实问题作为理论与实践的重要任务。在克服世界城市面临的共性问题之外，精确瞄准本土的特殊问题和突出问题，把解决实际问题作为韧性城市建设的突破口。

（二）韧性城市评价指标体系构建

基于上述理论分析，在中国式现代化建设背景下，韧性城市应主要表现为城市系统能够积极回应世界之变和时代之变，有效抵抗和吸收各种不确定性因素的扰动，持续进行恢复、适应、学习和创新，以不断寻找最佳生态位从而实现更好生存发展的城市，是面对冲击具有强大抵抗力、恢复力和创新力的城市。韧性城市建设不仅应关注冲击发生前的风险管控能力，还应强调冲击发生时的灾害抵御能力；不仅关注城市从冲击中快速复原的恢复能力，还应强调冲击过程中城市主动适应、学习、调整和创新的能力。韧性城市建设的实质是通过提升城市的抵抗力、恢复力、创新力来有效应对和降低风险度，全方位、系统性筑牢城市安全防线；韧性城市建设的目标是让人民能够享有更加安全美好的城市生活。

为此，本报告基于"风险度—抵抗力—恢复力—创新力"的韧性过程，从风险度、抵抗力、恢复力和创新力四个维度构建了韧性城市评价指标体系，并遵循科学性、系统性、导向性和可操作性原则，在充分参考借鉴已有学术研究成果的基础上，聚焦经济、社会、生态、基础设施等城市系统的核心构成，对城市韧性水平进行系统性、综合性的评估。

韧性城市综合评价指标体系包括 4 个系统层、14 个指标层和 27 个具体的指标变量，具体见表 2。

表 2　韧性城市综合评价指标体系

目标层	系统层	指标层	变量层	方向	单位
韧性城市	A. 风险度	A1 经济风险	A1-1 房价收入比	+	年/m²
			A1-2 财政自给率	−	%
		A2 社会风险	A2-1 城镇登记失业率	+	%
			A2-2 基尼系数	+	/
		A3 生态风险	A3-1 城市极端降水率(极端暴雨率)	+	%
			A3-2 碳排放强度	+	吨/亿元
		A4 基础设施风险	A4-1 建设用地密度	+	人/km²
			A4-2 人均道路面积	−	m²/人
	B. 抵抗力	B1 经济抵抗力	B1-1 城市数字经济指数	+	/
			B1-2 城市产业结构合理化指数	+	/
		B2 社会抵抗力	B2-1 万人公共管理和社会组织人员数	+	人
			B2-2 万人保险覆盖人数	+	人
		B3 生态抵抗力	B3-1 人均绿地面积	+	m²/人
			B3-2 建成区绿化覆盖率	+	%
		B4 基础设施抵抗力	B4-1 人均城市市政公用设施固定资产投资	+	元/人
			B4-2 每十万人拥有公共汽车数	+	辆
	C. 恢复力	C1 经济恢复力	C1-1 三产占 GDP 比重	+	%
			C1-2 人均外商直接投资水平	+	美元/人
		C2 社会恢复力	C2-1 每万人拥有医院、卫生院病床数	+	张
			C2-2 城乡居民人均可支配收入	+	元
		C3 生态恢复力	C3-1 城市污染物综合处理率	+	%
		C4 基础设施恢复力	C4-1 建成区排水管道密度	+	km/km²
			C4-2 人均城市公路货运量	+	吨/人
	D. 创新力	D1 创新投入能力	D1-1 万人在校大学生数	+	人
			D1-2 R&D 研发投入占财政预算支出比重	+	%
		D2 创新产出能力	D2-1 高新技术企业数量占全国高新技术企业比重	+	%
			D2-2 城市创新产出	+	/

注：指标体系 A3-1 中的极端暴雨率即一年中该城市极端降水天数占全年天数的比重。
资料来源：课题组整理。

（三）测度方法

本报告采用熵值法（EEM）对我国城市韧性水平进行研究，其主要流程如下。

1. 指标标准化

构建样本矩阵：

$$X = (X_{ij})_{m \times n}, i = 1, 2, \cdots, m; j = 1, 2, \cdots, n \tag{1}$$

采用极差法对指标 X_{ij} 实施标准化，其中 i 和 j 分别表示指标和城市。

正向指标的标准化：

$$Y_{ij} = \frac{X_{ij} - min(X_i)}{max(X_i) - min(X_i)} \tag{2}$$

负向指标的标准化：

$$Y_{ij} = \frac{max(X_i) - X_{ij}}{max(X_i) - min(X_i)} \tag{3}$$

公式中，Y_{ij} 为 j 城市 i 指标的标准化值；X_i 为 i 指标的原始值；$min(X_i)$ 为 i 指标的最小样本值；$max(X_i)$ 为 i 指标的最大样本值。

2. 测度指标权重

采用熵值法，根据指标信息熵的大小对指标进行客观赋权。

首先，计算指标 i 在城市 j 所占的权重

$$p_{ij} = \frac{Y_{ij}}{\sum\limits_{j=1}^{n} Y_{ij}} \tag{4}$$

其次，计算指标 i 的熵值

$$e_i = -\frac{1}{\ln n} \sum\limits_{j=1}^{n} p_{ij} \ln p_{ij} \tag{5}$$

再次，计算指标 i 的差异系数

$$d_i = 1 - e_i \qquad (6)$$

最后，确定指标权重

$$W_i = \frac{d_i}{\sum\limits_{i=1}^{m} d_i} \qquad (7)$$

公式中，m 为指标个数。

3. 构建综合评价模型

对熵值法当中的预测结果进行比较研究，通过德尔菲法重新校正和调整韧性城市评价因子及权重，建立综合评价模型，在分别计算得出城市风险度指数、城市抵抗力指数、城市恢复力指数和城市创新力指数的基础上，综合计算形成韧性城市综合评价指数（Urban Resilience Index，URI）。

$$UREI_h = \sum_{i=1}^{m} \sum_{j=1}^{n} \lambda_i Y_{ij} \qquad (8)$$

$$UREI = \sqrt[3]{\prod_{h=1}^{3} UREI_h} \qquad (9)$$

$$URI = \frac{UREI}{URII} \qquad (10)$$

其中，$UREI_{h(h=1,2,3)}$ 分别为经过熵值法计算的城市抵抗力指数、城市恢复力指数和城市创新力指数，$UREI$ 为城市弹性指数，由上述三个指数几何平均数计算得出，λ_i 为 W_i 经过德尔菲法重新校正和调整的权重，而韧性城市综合评价指数 URI 为城市弹性指数 $UREI$ 与城市风险度指数 $URII$ 之比计算得出，URI 越大，则城市韧性水平就越高，反之则城市韧性水平越低。

4. 确定韧性城市的阈值

本报告依据城市风险度指数（$URII$）和城市弹性指数（$UREI$）构建二维坐标图（见图 1），并设定城市风险度指数和城市弹性指数指标阈值。借鉴 Zhao R，et al.（2022）设置指标参考阈值的做法，使用 2010~2021 年城市风险度指数（$URII$）和城市弹性指数（$UREI$）自然断点平均值作为阈值和区域划分标准①，将 *URII* 和 *UREI* 分别划分为三个等级：低、中、高。其中，*URII* 的断点分别为 0.1548、0.1860，*UREI* 的断点分别为 0.1005、0.2079。由此将整个城市体系划分为 Q1~Q9 九个区域。Q1：高风险—低弹性；Q2：高风险—中弹性；Q3：中风险—低弹性；Q4：高风险—高弹性；Q5：中风险—中弹性；Q6：低风险—低弹性；Q7：中风险—高弹性；Q8：低风险—中弹性；Q9：低风险—高弹性。② 通过对区域进一步划分，可将韧性城市综合评价指数（*URI*）划分为五个能级，即低韧性城市（L1）、较低韧性城市（L2）、中等韧性城市（L3）、较高韧性城市（L4）和高韧性城市（L5），并计算 2010~2021 年我国城市韧性区域变动及能级跃迁状况（见表3）。

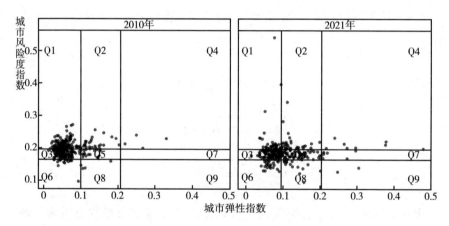

图1　2010 年、2021 年中国 284 个城市韧性分类

资料来源：课题组测算绘制。

---

① 自然断点是划分阈值的常见方法之一，其分类原则是组间方差尽可能大，并且组内方差尽可能小。

② Q1~Q9 分布区域分别为：Q1（*URII*>0.1860，*UREI*<0.1005）；Q2（*URII*>0.1860，0.1005≤*UREI*≤0.2079）；Q3（0.1548≤*URII*≤0.1860，*UREI*<0.1005）；Q4（*URII*>0.1860，*UREI*>0.2079）；Q5（0.1548≤*URII*≤0.1860，0.1005≤*UREI*≤0.2079）；Q6（*URII*<0.1548，*UREI*<0.1005）；Q7（0.1548≤*URII*≤0.1860，*UREI*>0.2079）；Q8（*URII*<0.1548，0.1005≤*UREI*≤0.2079）；Q9（*URII*≤0.1548，*UREI*>0.2079）。

二 中国韧性城市发展现状

根据韧性城市评价指标体系和评价模型，本报告对中国284个地级及以上城市①的韧性发展水平进行了综合评价。研究发现，近年来中国城市韧性水平总体呈现提升态势，但低韧性和较低韧性城市仍占六成以上，且不同区域的异质性特征突出。

（一）中国韧性城市综合评价分析

1. 总体评价：城市韧性水平较快增长，但低和较低韧性城市仍占六成以上

党的十八大以来，随着总体国家安全观和"统筹发展和安全"思想的提出，我国城市韧性建设不断增强，韧性水平稳步提升，2010~2021年，韧性城市综合评价指数（*URI*）均值从0.385上升为0.634，年均增速为4.64%（见图2）。其中，*URI*在2019年达到峰值，之后受新冠疫情等影响，城市韧性水平略有下降。

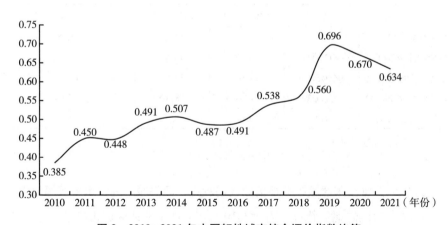

图2 2010~2021年中国韧性城市综合评价指数均值

资料来源：课题组测算绘制。

---

① 港澳台地区、西藏自治区以及部分地级市由于缺少系统数据暂未纳入评价范围，与B2报告相比，缺少毕节、铜仁、海东3个地级市。

从城市韧性能级来看（见表3），2010~2021年，我国低韧性和较低韧性城市（L1、L2）数量明显减少，占比由2010年的85.56%降低至2021年的60.92%；中等及以上韧性城市（L3、L4、L5）数量明显增加，占比由2010年的14.44%提高至2021年的39.08%。总体来看，虽然我国中等及以上韧性城市的比例提高了24.64个百分点，但处于低和较低韧性水平的城市仍占六成以上，而高韧性城市仅不足1%。从分类来看，韧性指数排名前30的城市多为省会或省域副中心城市等综合性大城市，而排名靠后的城市多为资源型城市和规模较小的城市。这很可能是由于相比于规模较小的城市或产业结构较为单一的城市而言，综合性大城市通常经济发展水平更高、产业结构更完善，拥有更发达的基础设施、更充足的社会资源、更密集的人才储备和更强的创新能力，因此在应对外部冲击时有更强大的组织协调能力、抵御恢复能力和创新发展能力。

表3 中国韧性城市能级跃进

单位：%

韧性能级	韧性区间	2010年占比	2021年占比	2010~2021年占比变化
低韧性城市(L1)	Q1	39.08	14.08	−25.00
较低韧性城市(L2)	Q2、Q3	46.48	46.84	0.36
中等韧性城市(L3)	Q4、Q5、Q6	13.03	30.28	17.25
较高韧性城市(L4)	Q7、Q8	1.41	8.10	6.69
高韧性城市(L5)	Q9	0.00	0.70	0.70

资料来源：课题组测算。

2.区域评价：东部城市韧性指数遥遥领先，西部城市韧性水平增幅最大

从城市韧性的地区特征来看，2010~2021年东部地区城市韧性指数一直遥遥领先（见图3、4），2021年 URI 均值分别为中部、西部、东北地区的1.44、1.76和1.82倍。其中，韧性城市指数排名前30的城市中有2/3来自东部地区，而排名后30的城市中东北、西部、中部地区城市分别占26.7%、70%和3.3%。

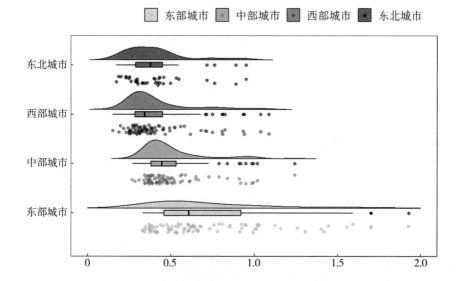

图3 分区域韧性城市综合评价指数

注：云雨图由三部分组成，其中核密度曲线图（云朵）：展示数据的趋势和变化情况；线图（盘子）：展示数据的分布情况；故点图（雨点）：展示数据点之间的关系和分布情况。下图同。

资料来源：课题组测算绘制。

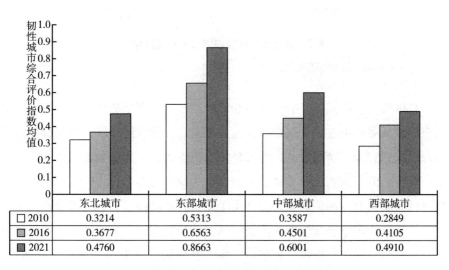

	东北城市	东部城市	中部城市	西部城市
□ 2010	0.3214	0.5313	0.3587	0.2849
▨ 2016	0.3677	0.6563	0.4501	0.4105
▧ 2021	0.4760	0.8663	0.6001	0.4910

图4 中国不同区域韧性城市综合评价指数

资料来源：课题组测算绘制。

　　而在城市韧性提升方面（见图5），西部地区表现亮眼，城市韧性指数年均增长5.07%，明显高于全国平均水平，在四大区域中增幅最高。这反映出随着西部大开发战略的深入推进以及脱贫攻坚等重大工程的实施，西部地区建设发展取得显著成效，5000多万贫困人口脱贫，重大基础设施工程相继竣工，新产业新业态蓬勃发展，生态文明建设稳步推进，这些都显著提升了西部地区城市的韧性水平。①

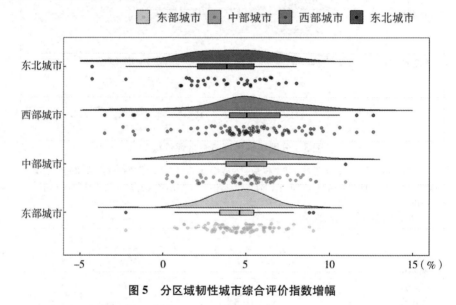

图5　分区域韧性城市综合评价指数增幅

资料来源：课题组测算绘制。

　　总体而言，我国城市韧性水平和韧性增幅存在明显的区域异质性：东部城市韧性发展水平较高，韧性建设达到相对成熟的发展阶段，但局部地区也面临着人口和经济密度过高、生态环境约束加大的压力；西部城市韧性指数增幅较大，但仍面临产业升级、生态保护、绿色转型等多重挑战，韧性建设仍有巨大的提升空间；而东北地区由于经济转型缓慢、人口大规模流失等因素，城市韧性水平和韧性增幅均处于四大区域的末位，韧性城市建设任重道远。值得注意的是，评价结果显示，大多数低韧性城市（高风险—低弹性）

---

　　①　资料来源：https：//www.gov.cn/xinwen/2021-10/24/content_ 5644572. htm。

都为非城市群城市，由于缺乏其他城市的协同，这些城市在面对外来冲击时往往暴露度和风险度更高、抵御力和恢复力更弱。这在一定程度上说明城市群内部的集聚效应、协同效应和资源共享等有助于提高城市韧性，加强城市群建设也是提升城市整体韧性的一个重要方向。

3. 维度评价：韧性城市各维度指数分异明显，部分指数呈现两极分化特征

分维度来看（见图6），2021年我国城市抵抗力指数、恢复力指数和创新力指数分别为 0.137、0.236 和 0.052，各维度指数年均增幅分别为 3.58%、3.66% 和 5.13%，皆呈稳步上升态势。其中，城市恢复力指数现状水平最高、年均增幅较大、综合表现最好，反映出随着"总体国家安全观"的提出、国家应急管理机构改革以及"一案三制"① 等具有现代意义的城市安全应急管理体系建设，我国城市在面对各种突发事件的冲击时应急响应能力和快速恢复能力得到显著提升。城市创新力指数年均增幅最快，但现状水平较低。党的十八大以来我国大力推动"大众创业、万众创新"，全社会科

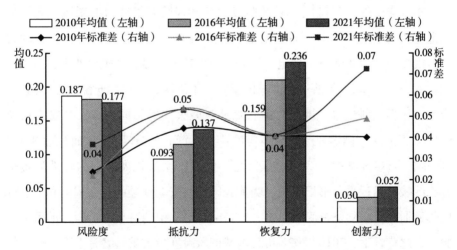

图6 2010年、2016年、2021年中国韧性城市分维度指数均值及标准差

资料来源：课题组测算绘制。

---

① "一案"即建立国家突发公共事件应急预案体系，"三制"即建立健全应急管理的体制、机制和法制。

技创新投入明显增加，创新对强化城市韧性的作用明显增强，但仍具有很大提升空间。城市抵抗力指数现状水平不高、年均增幅平稳、总体表现一般，说明我国城市应对各类突发性灾害的抵御能力仍有待增强。而城市风险度指数近年来虽然略有下降，但总体处于高位，表明我国城市对各类风险隐患的预测、感知和管控能力仍亟须提升。

此外，值得注意的是，2010~2021年除城市恢复力指数外，其余维度指数标准差均呈现扩大态势，且指数中值普遍小于指数均值，说明大量城市位于"中、低韧性—中、低风险"区间，特别是城市创新力指数出现明显的两极分化现象。这提醒我们一方面要加强城市的整体韧性建设，另一方面要因地制宜有侧重性地补短板、强弱项。

（二）城市风险度指数分析

1. 总体情况：城市风险度略有下降，但整体仍处于高位

本报告中的"风险度"是风险发生率和风险管控能力的函数。我国地处世界两大地震带之间，即环太平洋地震带和欧亚地震带，新构造运动强烈，很多地区地质环境不稳定，地表脆弱性特征明显，各类自然灾害易发频发。例如，仅2023年前三季度我国就发生了洪涝、干旱、低温冷冻和雪灾、台风、地震、沙尘暴、地质灾害、森林草原火灾等不同灾害，受灾人口达8911.8万人次，倒塌和严重损坏房屋达54万间，农作物受灾面积达971.5万公顷，直接经济损失3082.9亿元。[①] 同时，城市发展面临的外部环境也日趋严峻。习近平总书记强调，当前我国面临安全问题的复杂程度和艰巨程度明显加大，必须坚持底线思维，准备经受风高浪急甚至惊涛骇浪的重大考验。在此背景下，2010~2021年我国城市风险度指数虽然略有下降，但总体仍处于高位。从地区分布看（见图7），我国东北地区和中、西部地区城市风险度指数相对较高，东部地区城市风险度指数相对较低。从风险度指数变化情况来看，东南沿海和西部地区风险管控能力提升较为明显，这得益于一系

---

① 资料来源：https://www.mem.gov.cn/xw/yjglbgzdt/202310/t20231008_465002.shtml。

列风险防控措施的有效实施。如浙江建设完成"九五""十五"数字地震项目，形成了数字地震监测、地震前兆观测和地震强震动观测三大观测网络，形成了相对成熟高效的地震响应机制，大大增强了地震风险防范能力。[①] 又如，过去十年间，我国大力推动西部地区生态恢复建设，陆续开展了西北防

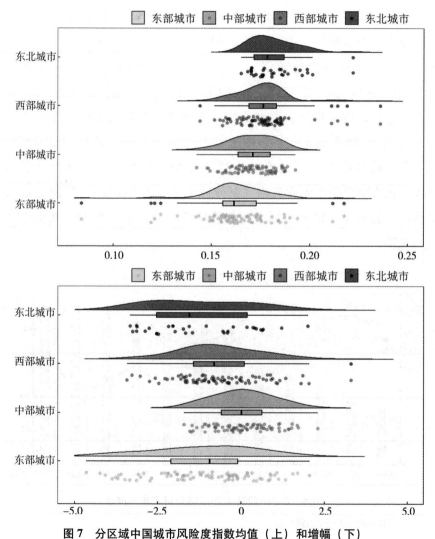

图7 分区域中国城市风险度指数均值（上）和增幅（下）

资料来源：课题组测算绘制。

[①] 资料来源：https://www.zjdz.gov.cn/dzj/dzj/kpxc/20170922/6435.html。

护林建设工程、三江源自然保护区生态建设工程、青藏高原生态保护区建设、保护母亲河行动、天然林资源保护工程、退耕还林还草工程、休牧育草工程、野生动植物保护与自然保护区建设工程等重大工程，有效改善了西部地区生态环境，提高了其应对自然灾害的韧性。

2. 经济风险：宏观经济增速明显放缓，部分城市面临财政危机

受全球经济疲软、中国经济转型、新冠疫情以及地缘政治等因素影响，我国宏观经济增速放缓，GDP 增长率由 2010 年的 10.3% 下降至 2022 年的 3.0%，2023 年前三季度 GDP 增长率回升至 5.2%①，经济转型升级过程中的阵痛明显。受此影响，我国城市财政自给率持续走低（见图 8），由 2014 年的 63.3% 下降至 2020 年的 50.9%，2021 年虽然有所回升，但财政自给率仍不到 57%，其中有 63.4% 的城市财政自给率不足 50%，地方财政收支矛盾突出。财政收支失衡给城市运行和发展带来严峻挑战，这既是经济增长压力的直接反映，又会进一步加大城市面临的经济风险。

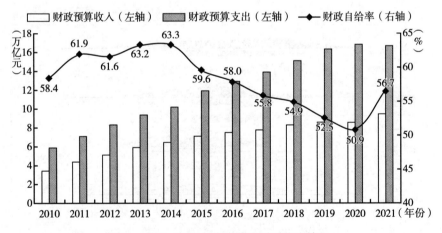

图 8　2010~2021 年中国城市财政收支情况

资料来源：课题组测算绘制。

---

① 资料来源：https：//www.gov.cn/lianbo/bumen/202310/content_ 6910160. htm。

3. 社会风险：青年就业形势异常严峻，居民收入差距仍处"较大"区间

2010~2022 年我国城镇失业率由 4.1%（登记失业率）上升为 5.6%（调查失业率），就业市场逐步趋紧（见图 10）。2023 年随着国家一系列扩内需、稳增长、促就业政策的实施，经济运行企稳回升，就业形势有所好转，前三季度城镇调查失业率降至 5.3%，同比下降 0.3 个百分点。但青年失业率一直处于高位波动，2023 年 6 月全国 16~24 岁人口城镇调查失业率为 21.3%，高出全国城镇调查失业率 16.1 个百分点。与此同时，基尼系数虽然由 2010 年的 0.481 降至 2021 年的 0.466，但居民收入差距仍处于"较大"区间①（见图9、图10）。青年的高失业率和较大的社会贫富差距，不仅会极大影响整个社会对经济发展和共同富裕的信心，也会加剧社会阶层分化、拉大群体和代际不平等、激发社会矛盾冲突等，从而加剧社会风险发生的概率。

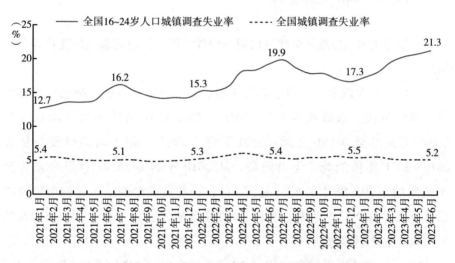

图 9　2021 年 1 月~2023 年 6 月城镇调查失业率变动情况

资料来源：国家统计局月度数据，https：//data. stats. gov. cn/easyquery. htm？cn＝A01。

---

① 基尼系数是国际上通用的衡量一个国家或地区居民收入差距的指标，基尼系数越接近 0 表明收入分配越平等。按照国际惯例，基尼系数在 0.2 以下表示收入"绝对平均"，在 0.2~0.29 表示收入"比较平均"，在 0.3~0.39 表示收入差距"相对合理"，在 0.4~0.59 表示收入差距"较大"，当基尼系数达到 0.6 以上则表示收入差距"悬殊"。

图10　2010~2022年中国城镇登记/调查失业率及基尼系数变动情况

注：2010~2017年为城镇登记失业率，2018~2022年为城镇调查失业率。

资料来源：《中国统计年鉴（2021）》《中国住户调查年鉴（2021）》《中华人民共和国2022年国民经济和社会发展统计公报》。

4. 生态风险：生态文明建设取得历史性成就，但仍面临气候变化等严峻挑战

党的十八大以来，我国生态文明建设取得历史性成就，绿色低碳发展迈出坚实步伐。以碳排放为例，2010~2021年中国碳排放平均强度从2.04t/万元降至0.98t/万元，削减了约51.96%。但中国碳排放总量在2010~2021年依然处于上升阶段，从2010年的8425.02百万吨增长至2021年的11295.08百万吨（见图11），一些资源型和重工业城市碳排放总量及强度仍处于高位（见图12）。在全球气候变化背景下，城市面临的生态风险依然不容忽视。

2023年4月世界气象组织（WMO）发布的《2022年全球气候状况》表明，2015~2022年是自1850年有气象记录以来最热的8年。2022年，冰川融化和海平面上升水平再创历史纪录，干旱、洪水和热浪席卷各大洲，造成了数十亿美元的损失。世界气象组织发布的《2022年空气质量和气候公报》也预测21世纪热浪的频率、强度和持续时间将进一步增加。大量研究表明，未来全球气候变暖仍将继续，高温、暴雨、干旱等极端天气可能会更加频繁，并对生态系统和人类健康造成重大危害。

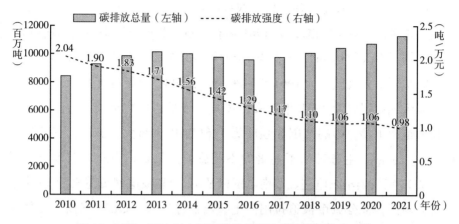

图11　2010~2021年中国碳排放总量及碳排放强度变动情况

资料来源：碳排放总量来源于中国碳核算数据库（CEADs），GDP 来源于《中国统计年鉴》。

图12　2010~2021年中国城市年均碳排放强度

注：计算得到 2010~2021 年 284 个城市的碳排放量，其数据为 284 个地级及以上城市 2010~2021 年年均碳排放强度。

资料来源：吴建新、郭智勇：《基于连续性动态分布方法的中国碳排放收敛分析》，《统计研究》2016 年第 1 期。

中国是全球气候变化敏感区。根据国家气象局监测数据，2022年夏季我国平均气温达到22.3℃，为1961年有完整气象记录以来历史同期最高；全国平均高温天数达14.3天，为1961年以来最多；40℃以上高温覆盖面达102.9万平方公里，为1961年以来最广；出现持续79天的大范围区域性高温天气过程，为1961年以来持续时间最长；川渝至长江中下游地区出现大范围干旱，影响范围和强度为1961年以来最大。极端天气给城市的生产、生活、生态带来了显著的不利影响。例如，为应对高温干旱天气，2022年我国华东电网、西南电网以及12个省级电网负荷累计30次创下历史新高，部分城市被迫拉闸限电、停工停产。[①] 又如，气候变化导致我国暴雨、洪水等极端天气频发，2000年以来全国平均每年因洪涝受灾人口超过1亿人，从有内涝统计的2006年以来平均每年有150余座城市发生内涝灾害。[②]

5. 基础设施风险：城市"生命线"系统逐步完善，但仍存在诸多"短板弱项"

城市燃气、供水、交通、道路等基础设施系统，担负着城市信息传递、能源输送、防灾减灾等重要任务，是维系城市正常运行、满足人民生产生活需要的重要"生命线"。2010~2021年，我国城市基础设施建设取得显著成就，如城市燃气普及率由92%提高到98.1%，用水普及率由96.7%提高到99.4%，排水管道长度由37万公里提高到91.4万公里，轨道交通运营里程由1471公里提高到9575公里等（见表4），城市基础设施功能特别是防灾减灾能力能得到明显提升。例如，2023年住房和城乡建设部启动城市基础设施生命线安全工程，试点城市合肥通过打造"一网统管"生命线、构建智慧化城市生命安全运行监测体系，使风险排查效率提高约70%，事故发生率下降约60%。又如，上海市依托城市信息模型，持续推进城市管理主题数据库建设，不断夯实基础设施运行安全监管数字底座，实现了燃气爆炸、桥梁坍塌、城市内涝、管网泄露、路面塌陷、城市火灾等城市基础设施安全风险的科学监管与预防。

但尽管如此，我国城市基础设施建设仍存在诸多"短板弱项"，如传统基础设施标准偏低、老化失修、管护不到位、地下管网建设滞后，以及新型基础设施冗余度不足、相关建设标准和安全规章制度不健全、防灾能力薄弱等问题较为普遍和突出。对于人口和经济社会活动高度集聚且对外联系广泛频繁的城市来说，局部地区仍存在灾害的易发性和溢出性风险。

表4 2010~2022年部分年份中国城市基础设施建设情况

指标	单位	2010年	2012年	2015年	2020年	2021年	2022年
城市用水普及率	%	96.7	97.2	98.1	99	99.4	99.4
城市燃气普及率	%	92	93.2	95.3	97.9	98	98.1
集中供热管道长度	公里	139173	160080	204413	425982	461493	493417
城市排水管道长度	万公里	37	43.9	54	80.3	87.2	91.4
城市污水日处理能力	万立方米	13393	13693	16065	20405	21746	21606
生活垃圾清运量	万吨	15805	17081	19142	23512	24869	24445
轨道交通运营里程	公里	1471	2058	3195	7355	8736	9575
人均城市道路面积	立方米	13.21	14.39	15.6	18.04	18.84	19.28

注：2016年以前集中供热管道长度为蒸汽管道长度和热水管道长度的加总数。

资料来源：根据国家统计局年度数据（https://data.stats.gov.cn）和历年《中国城市建设统计年鉴》整理。

（三）城市抵抗力指数分析

1. 总体情况：城市抵抗力指数稳步上升，西部地区增幅相对较快

2010~2021年，中国城市抵抗力总体呈现稳步上升态势，抵抗力指数从2010年的0.093提高至2021年的0.137，年均增幅为3.55%。其中，西部地区城市增长最为明显（见图13），年均增幅达到4.41%、居四大区域之首，东北、东部、中部地区城市年均增幅分别为3.18%、3.17%和3.38%。随着西部大开发战略的深入推进，一系列财政转移支付、基础设施建设、金融税收优惠、生态环境保护等政策和重大项目的实施显著推进了西部地区城

市的发展，同时西部地区作为"一带一路"特别是西部陆海新通道建设的重点区域，越来越深度嵌入国内国际双循环新发展格局，产业链、供应链和价值链韧性不断增强。例如，截至 2022 年 12 月，西部陆海新通道海铁联运班列开行 8345 列，同比增长 45%。班列线路辐射中国 17 省（自治区、直辖市）60 市 113 站，西部 12 个省份实现全覆盖。

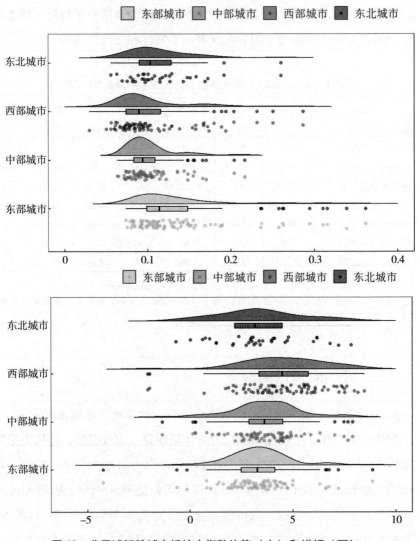

图 13　分区域韧性城市抵抗力指数均值（上）和增幅（下）

资料来源：课题组测算绘制。

2. 经济抵抗力：数字经济赋能产业发展，城市经济抵抗力不断提高

2010～2021 年，中国城市经济抵抗力由 0.115 提高到 0.168，年均提高 3.51%。其中，抵抗力排名靠前的城市大部分是经济实力雄厚的区域中心城市。一方面，这些城市数字经济指数较高，数字基础设施完善、知识和信息数字化程度高、现代信息网络发达，可以对城市经济面临的外部冲击及时进行智能化监测、预警、分析和调控，有效提升其经济抵抗力。如北京、上海、广州、深圳四座城市的数字经济指数领跑全国，至 2023 年分别安排了 500 个、239 个、800 个、830 个 ICT 重点项目，利用数字信息技术为强化经济韧性赋能（参见专栏 1）。另一方面，这些城市产业体系更加多元化，产业结构合理化指数相对较高，当面临外部冲击时，多元的产业体系可以有效分散城市经济面临的风险。以苏州为例，苏州拥有 35 个工业大类，涉及 167 个工业中类、489 个工业小类，形成了体系完备的产业结构，强大的工业基础和多元化的产业结构使苏州经济韧性十足。

专栏 1　北京市以数字经济建设打造城市经济韧性

数字经济的出现为经济发展过程中存在的跨时空交易成本、生产过程中供求双方出现的要素失衡等矛盾提供了更好的解决方法，同时通过对各类生产资源要素的充分利用，显著提升了城市经济的运行效率，推动城市产业结构更加合理和高级化，从而增强城市面临外部冲击时的抵抗力。

北京是我国首个打造中国数字经济发展样板和全球数字经济发展标杆的城市（2021 年）①，围绕着建设全球数字经济标杆城市的战略目标，提升城市经济发展活力和韧性。

一是深入推进城市数字基础设施建设，提升城市综合风险防控能力。在道路交通、市政设施、网络设施方面发力，布局智能网联化城市道路，应用

---

① "建设全球数字经济标杆城市"是《北京市国民经济和社会发展第十四个五年规划和二〇三五年远景目标规划纲要》提出的战略目标。

感知和通信技术改造，建设数据赋能安全运行的数字化城市生命线，实现千兆入户和 5G 网络全覆盖。仅 2022 年，全市新基建投资就达到了 935.3 亿元，同比增长 25.5%，占投资比重 11.1%，拉动了全市投资增长 2.3 个百分点，为增强城市经济抵抗力增添新动能。

二是发挥数字技术优势，增强产业链韧性。北京发布《北京市关于加快建设全球数字经济标杆城市的实施方案》通知，聚焦培育数据驱动的未来标杆产业，打造新一代数字化出行产业、新型数字化健康服务产业、智能制造产业、支持碳中和的数字能源产业、数字金融产业、数据支撑的研发和知识生产产业，利用数字技术优势，如高端芯片技术等，为打造国际先进的产业集群和提高产业链韧性提供重要支撑。

三是加快数字政府建设，提升政府城市治理能力。以数字化技术推进政府服务全方位、系统性、重塑性变革，通过推进数据开放，构建数据驱动的政府管理新机制、新平台，使政府服务从末端、救济端迁移到源头和预警端，缓解风险追踪负担，实现城市的高效协同治理。①

3. 社会抵抗力：社会保障体系日益完善，居民抗风险能力明显增强

2010~2021 年，中国城市社会抵抗力由 0.055 提高到 0.080，年均提高 3.46%。在个人层面，城镇居民人均可支配收入由 2010 年的 18779 元提高到 2022 年的 49283 元，名义增长率达到 162.4%；城镇居民恩格尔系数由 2010 年的 31.9% 降低到 2022 年的 29.5%，降低 2.4 个百分点，居民群体抵御风险的能力更强。在社会层面，社会保障体系不断健全，2022 年，全国城镇职工基本医疗保险参保人数为 36242 万人，养老保险参保人数为 50349 万人，失业保险参保人数为 23807 万人，工伤保险参保人数为 29111 万人，生育保险参保人数为 24608 万人，分别是 2010 年的 1.53 倍、1.96 倍、1.78 倍、1.8 倍、1.99 倍，社会兜底更加完善（图 14）。

---

① 资料来源：http://www.xinhuanet.com/info/20230704/3c25812ce5e14074bd1f22bac33b6ee3/c.html。

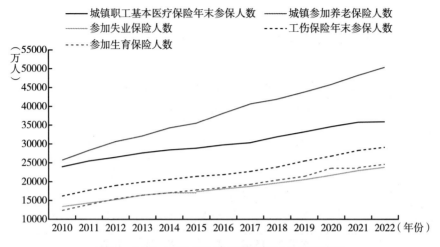

图14 2010~2022年中国城镇居民社会保障情况

资料来源：根据国家统计局年度数据（https：//data.stats.gov.cn）和历年《中国城市统计年鉴》数据整理。

4.生态抵抗力：生态环境保护成效显著，生态系统服务能力明显提升

2010年以来特别是党的十八大以来，我国生态文明保护从理论到实践都发生了历史性、转折性、全局性变化，城市生态环境保护取得显著成就。2010~2022年，我国城市饮用水源达标率从76.5%提高至95.9%，地表水国控监测断面Ⅰ~Ⅲ类水质占比从59.90%提高至87.90%，分别提高了19.4和28个百分点。城市公园绿地面积从2010年的44.13万公顷增加至2021年的83.57万公顷，增加了89.4%；城市PM2.5年均浓度从2015年的50微克/米³下降至2022年的29微克/米³，浓度降低了42%，城市空气质量优良天数比例提高了近10个百分点，城市环境质量明显改善，生态系统服务功能明显提升，生态系统抵御外部冲击的能力明显增强（见表5）。例如，传统老工业城市本溪原来有130多家重点厂矿，其中80%以上集中在中心城区，给城市带来大量污染。近年来，本溪通过"生态立市"，取缔了污染严重的工厂，大力建设森林、绿地、公园，城市生态环境质量大幅提升，成为全国首批创建生态文明典范城市和全国首批绿色发展优秀城市。又如，江西省作为首批国家级生态文明

试验区，重建了 72 个省级森林城市，公众生态环境满意度连续 4 年提升，城市生态韧性明显增强。

表5　2010～2022 年部分年份中国城市生态环境建设情况

指标	单位	2010 年	2012 年	2015 年	2020 年	2021 年	2022 年
城市空气质量优良天数比例（均值）	%	—	—	76.70	87.00	87.50	86.50
城市 PM2.5 年均浓度	微克/米^3	—	—	50	37	31	29
城市饮用水源达标率	%	76.50	95.30	97.10	94.50	94.20	95.90
地表水国控监测断面Ⅰ～Ⅲ类水质占比	%	59.90	68.90	64.50	83.40	84.90	87.90
城市绿地面积	万公顷	213.43	236.78	266.96	331.22	347.98	—
城市公园绿地面积	万公顷	44.13	51.78	61.41	79.79	83.57	—
人均公园绿地面积	米^2/人	11.18	12.26	13.35	14.78	14.87	—
建成区绿化覆盖率	%	38.6	39.6	40.1	42.1	42.4	—

注：指标均为最新统计数据，其中城市 PM2.5 浓度监测始于 2013 年之后，"—"为缺省值。

资料来源：根据国家统计局年度数据（https://data.stats.gov.cn）和历年《中国生态环境状况公报》《中国城市统计年鉴》数据整理。

5. 基础设施抵抗力：基础设施绿色化智能化安全化，综合防灾能力明显增强

2016 年《国务院关于深入推进新型城镇化建设的若干意见》强调提山，统筹城市地上地下设施规划建设，合理布局和加强电力、通信、热力、燃气、广电、给排水等地下管网建设，提升县城和重点镇基础设施水平。2021 年国家"十四五"规划进一步要求"统筹推进传统基础设施和新型基础设施建设，打造系统完备、高效实用、智能绿色、安全可靠的现代化基础设施体系"。2023 年国家发展改革委、住房和城乡建设部、生态环境部等部门联合印发《环境基础设施建设水平提升行动（2023—2025 年）》，要求全面开展生活垃圾分类处理、固体废弃物处置利用、生活污水收集处理和资源化利用、危险废弃物集中处置、园区环境基础设施、监测监管设施等六大基础设施建设水平提升行动。

党的十八大以来，我国按照统筹推进城市和县城、地上和地下、传统基础设施和新型基础设施建设的要求，以绿色、智慧、安全为目标，不断强化基础设施建设，完善灾害监测预警防控体系，基础设施防灾能力得到明显增强。2010~2022 年，我国城市和县城的生活垃圾无害化处理能力分别提高186.2%和199.8%，生活垃圾无害化处理率分别提高 22 个和71.8 个百分点；城市和县城的污水日处理能力分别提高 62.4%和105.1%，污水处理率分别提高 15.8 个和36.8 个百分点（见表6）。与上一个十年相比，洪涝灾害年均损失率由 0.57%下降到0.31%，水旱灾害防御能力已达到国际中等水平。"十三五"时期，全国自然灾害因灾倒塌房屋数量、死亡失踪人数、直接经济损失占 GDP 比重与"十二五"时期相比分别下降了 70.8%、37.6%和38.9%。

表6 2010~2022 年部分年份中国城市/县城环境设施建设情况

	项目	单位	2010 年	2012 年	2015 年	2020 年	2021 年	2022 年
城市	生活垃圾无害化处理率	%	77.94	84.83	94.1	99.74	99.88	99.9
	生活垃圾无害化处理能力	万吨/日	38.76	44.63	57.69	96.35	105.71	110.94
	污水处理率	%	82.31	87.3	91.9	97.53	97.9	98.11
	污水日处理能力	万立方米	13393	13693	16065	20405	21606	21746
县城	生活垃圾无害化处理率	%	27.43	53.97	79.04	98.26	98.48	99.23
	生活垃圾无害化处理能力	万吨/日	448	848	1187	1428	1441	1343
	污水处理率	%	60.12	75.24	85.22	95.05	96.11	96.94
	污水日处理能力	万立方米	2040	2623	2999	3770	3979	4185

资料来源：根据国家统计局年度数据（https：//data.stats.gov.cn）和历年《中国城乡建设统计年鉴》整理。

专栏 2　重庆市推动防灾基础设施建设

重庆市是我国著名的山地城市，别称"山城"。由于位于我国二、三阶梯的自然过渡地带，地形多以山地和丘陵为主，全市每年都不同程度地发生滑坡、崩塌、泥石流、地震、干旱、风雹、洪涝、低温、森林火灾等自然灾害，灾害种类多、频率高、危害大。如"十二五"期间，重庆市频繁遭受自然灾害影响，受灾人群广，财产损失大，仅农作物受灾面积达 425 千公

项。为此重庆市从完善灾害监测预警、重大防灾项目建设、强化应急救援投入等方面入手，着力提升城市抵御自然灾害冲击的能力。

一是完善自然灾害预警体系。完成减灾救灾一期工程建设，实现预警机构在市、区县、乡镇、村（社区）全覆盖，构建气象观测、水文监测、墒情监测、农情调度、地质灾害监测、地震监测台网、林业灾害监测、环境空气质量监测等综合监测基础设施网络体系，畅通全市灾害信息传送渠道，实现灾害信息快速报送，加强了城市防灾的能力。

二是加大重点防灾项目建设力度。实施万州、涪陵、黔江、永川四大区域应急中心建设、地质灾害防治"金土工程"、防汛抗旱"泽渝工程"等一批重点项目，建成地震监测台站47个、各类应急避难场所11760个，新增堤护岸1538公里，完成小型病险水库除险加固1765座，建设抗旱应急备用水源工程及配套设施400处，依托福利院、敬老院等民政设施建成38个区县救灾物资储备库，防灾减灾基础设施不断夯实。

三是加大自然灾害应急救援投入。各级财政累计投入自然灾害生活补助资金24.01亿元，防汛抗旱资金1001亿元，农业生产救灾资金0.48亿元，地质灾害防治资金12.64亿元，基层气象台站建设资金11亿元，为16个多灾县配备救灾应急车辆，确保在自然灾害发生12小时之内，使受灾群众基本生活得到初步救助，灾害应对能力明显提升。①

（四）城市恢复力指数分析

1.总体情况：城市恢复力显著上升，四大区域均增幅明显

2010~2021年，中国城市恢复力指数从2010年的0.159增长至2021年的0.236，年均增幅为3.69%。从恢复力指数水平来看（见图15），我国东部地区城市由于经济发展水平较高、基础设施相对完善等因素，恢复力指数水平总体较高，而中西部地区除重庆、呼和浩特、鄂尔多斯等城市，大部分

① 资料来源：https://www.waizi.org.cn/policy/72020.html。

城市恢复力指数水平相对较低。但从恢复力指数增幅来看，中部、西部地区城市恢复力指数增幅分别为 4.45% 和 4.00%，明显高于东部地区城市（2.89%）和东北地区城市（3.49%）的恢复力指数增幅，显示了中部崛起战略和西部大开发战略取得的发展成效。

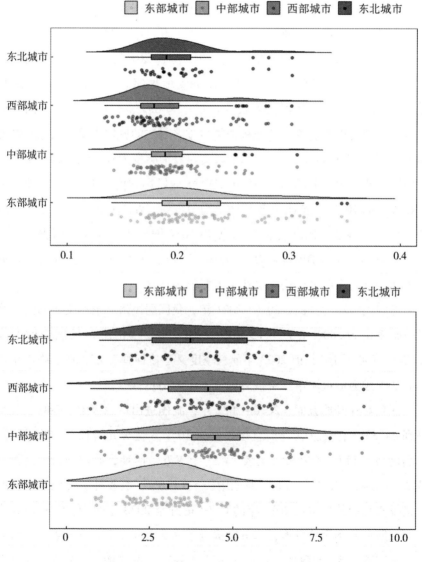

图15　分区域韧性城市恢复力指数均值（上）和增幅（下）

资料来源：课题组测算绘制。

2. 经济恢复力：扩大内需深化开放，多措并举促进经济恢复

2010~2021 年，中国城市经济恢复力由 0.252 提高到 0.375，年均提高
3.68%。其中，产业结构优化、内需动力增强和深化对外开放是经济恢复力
不断提升的重要驱动力。

产业结构优化方面，根据第四次全国经济普查数据，我国第三产业市场
主体大量涌现，规模不断扩大，比重持续上升，结构明显优化，成为带动经
济增长、吸纳社会就业的主要力量。2015 年，我国服务业占 GDP 的比重首
次超过 50%。2023 年一季度，我国服务业增加值同比增长 5.4%，占 GDP
比重为 58.1%，对国民经济增长的贡献率为 69.5%，服务业恢复向好成为
经济稳增长的重要引擎。从经济恢复力排名靠前的城市来看，其第三产业占
GDP 比重大多在 65%~80%。如果以新冠疫情突发为分界线，2010~2019 年
我国服务业占比靠前的 10 个城市 GDP 年均增幅均值为 10.51，而服务业
占比靠后的 10 个城市 GDP 年均增幅均值仅为 6.66；疫情发生后的 2020~
2022 年，服务业占比靠前的 10 个城市 GDP 增幅为 2.82%，而服务业占比
靠后的 10 个城市 GDP 增幅为 -0.43%。可以看出产业结构良好特别是服务
业发达的城市一般经济增速更快、恢复能力更高。

增强内需动力方面，2010~2021 年，我国居民最终消费支出对经济增长
的贡献率由 36.80% 上升至 65.40%，2022 年受疫情影响虽然一度下降至
32.80%（见图16），但 2023 年前三季度又迅速回弹至 83.2%。内需市场的
不断壮大成为促进城市经济恢复的又一重要力量。

深化对外开放方面，2010~2022 年，我国进出口总额由 29740 亿美元提
高到 64533.3 亿美元，外商直接投资由 1057.3 亿美元增长至 1891 亿美元，
分别提高了 117% 和 79%（见表7）。"十三五"时期，我国新设外商投资企
业 20.4 万家，较"十二五"时期增长了 61.8%，吸收外资金额占全球跨国
直接投资总额的比重从 2015 年的 6.7% 提升至 2020 年的 14.9%；高技术制
造业、服务业利用外资增长率分别提升了 9.5 个和 8.7 个百分点；外资企业
以占全国不足 3% 的数量，创造了近 1/2 的对外贸易额、1/4 的规模以上工
业企业利润，贡献了 1/5 的税收收入。2021 年尽管受新冠疫情冲击，我国

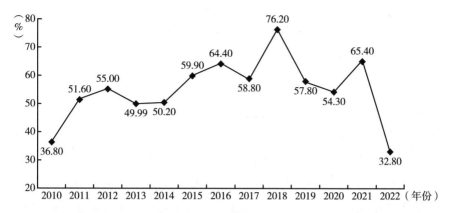

图16　2010~2022年中国居民最终消费支出对经济增长的贡献率

资料来源：国家统计局年度数据库。

外商投资额依旧保持了稳定增长，实际利用外资首次突破万亿元，与2019年相比，两年平均增长率12.1%，高于全球平均水平6.4个百分点。① 历史经验表明，高水平的开放能够显著提升城市经济的抵抗力和恢复力，为经济发展带来更多的外部资本、消费市场和生产要素的优化配置，是促进经济从各种冲击中恢复发展的重要力量。

表7　2010~2022年部分年份中国对外贸易和外商投资情况

单位：亿美元

类别	2010年	2012年	2015年	2020年	2021年	2022年
进出口总额	29740	38671.2	39530.3	46559.1	60501.7	64533.3
出口总额	15777.5	20487.1	22734.7	25899.5	33630.2	36763.7
进口总额	13962.5	18184.1	16795.6	20659.6	26871.4	27769.6
外商直接投资	1057.3	1117.16	1262.67	1443.69	1734.83	1891
外商设立企业个数	27406	24925	26575	38570	47643	38497

资料来源：历年《中国统计年鉴》，2022年数据来自《中华人民共和国2022年国民经济和社会发展统计公报》。

---

① 资料来源：https：//economy.caixin.com/2022-01-25/101834615.html。

3. 社会恢复力：城市公共服务稳步发展，医疗救护能力大幅提升

党的十八大以来，我国全面加强社会事业建设，要求"以人民为中心"，着力解决好人民群众的急难愁盼问题，不断实现人民对美好生活的向往。首先，居民生活水平普遍提高，生活困难人数大幅减少。2012～2022年，我国城镇居民人均可支配收入年均提高7.4%，需纳入最低生活保障的城市居民数量由2143.5万人减少至682.4万人，减少了2/3。其次，社会服务力量不断增强。2012～2022年，我国城市社会组织数量由49.9万个增加到89.1万个，社区服务机构由20.0万个增加到51.1万个，社区服务站数由8.8万个增加到50.9万个，养老床位数由416.5万张增加到518.3万张，儿童福利和救助床位数由8.7万张增加到10.1万张，分别提高了78.6%、156%、478.4%、24.4%、16.1%。第三，医疗救护能力大幅提升。2012～2022年，我国城市每万人拥有城市卫生技术人员数由85人提高到102人，每万人拥有城市医护人员数由68人提高到85人，城市每万人医疗机构床位数由68.8张提高到76.6张，分别提高了20%、25%和11.4%（见图17）；三级医院数量保持稳步增长，每年新增约100～280家，其中2021年新增三

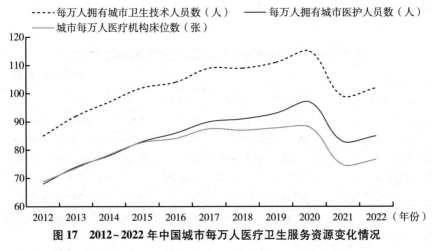

图17 2012～2022年中国城市每万人医疗卫生服务资源变化情况

资料来源：国家统计局年度数据库，https：//data. stats. gov. cn/easyquery. htm? cn=C01。

级医院 279 家，创 10 年来最高值，总数达到 3275 家。医疗基地、医疗应急队伍、医疗应急物资储备等医疗应急体系建设全面加强。总体来看，居民收入及生活水平的提高、社会服务能力的增强以及医疗应急救治能力的提升都显著强化了城市社会的恢复力。2010~2021 年，我国城市社会恢复力由 0.197 提高到 0.293，年均提高 3.67%。

4. 生态恢复力：污染防治与生态保护并重，系统提升生态恢复力

改革开放以来，我国城镇化、工业化的快速发展给城市生态系统造成巨大压力，并带来环境污染、生态破坏等问题，加剧了城市生态系统的脆弱性。针对上述问题，我国坚持污染防治与生态保护并重，陆续开展了国家森林城市、卫生城市、园林城市、健康城市、无废城市、生态文明示范区等创建工作。在污染防治方面，以"无废城市"建设为例，2018 年国务院办公厅印发《"无废城市"建设试点工作方案》，在深圳、威海、徐州、三亚、重庆等 11 个城市以及雄安新区、中新天津生态城、北京经济技术开发区等 5 个特定区域开展了各具特色的"无废城市"创建工作。如深圳大力推行和实现了生活垃圾的强制分类、全量焚烧和零填埋，使资源回收率达到 42%；安徽铜陵、内蒙古包头、辽宁盘锦等城市开展了"无废矿山""无废油田"等建设，通过生态修复将废弃矿山、工业棕地等重新变为"绿水青山"，再通过发展旅游观光等产业使之成为"金山银山"。当前我国"无废城市"建设已进入快车道，根据规划，"十四五"时期将推动约 100 个地级及以上城市开展"无废城市"建设。在生态建设方面，自 2016 年我国推出首批生态文明试验区以来，全国已陆续开展了 7 个批次总计 572 个国家生态文明建设示范省、市、县、镇、园区等建设试点工作，城镇成为推进生态文明建设试点示范的重要载体，并带动区域生态环境得到明显改善，资源环境承载能力和生态系统韧性不断增强。

专栏 3 探索"无废杭州"新模式

杭州市作为全国第一个以省政府名义部署开展全域"无废城市"建设省份的省会城市（2020 年），围绕探索"多元共治、绿色循环、智慧监管、创新

示范"的"无废杭州"新模式,全面深化杭州市全域"无废城市"建设。

一是突出绿色低碳,提升源头减量水平。杭州累计完成工业园区循环化改造8个,建成市级以上"绿色低碳园区"6个、"绿色低碳工厂"179家、"无废工厂"132家、生活垃圾分类示范小区2949个,截至2022年,生活垃圾清运12735吨/日,同比下降1.97%,工业固废、生活垃圾等实现源头减量。

二是突出循环利用,提升综合利用能力。杭州市创新形成资源回收利用虎哥、牛能等模式,培育27家骨干龙头企业,建成50个再生资源分拣中心、2791个再生资源回收网点、25个一般工业固废二次分拣中心、11个危废小微收集点、8个建筑垃圾资源化利用项目,邮政快递网点设置标准包装废弃物回收装置,资源回收体系基本全覆盖。建筑垃圾综合利用率达95.98%,生活源再生资源回收量增长率为11.96%,城镇生活垃圾回收利用率提高至39.39%。

三是突出无害安全,提升综合处置能力。杭州建成全省最大的临江环境、第三固废等60余个利用处置项目,工业固废处置能力达500万吨/年,生活垃圾设计处置能力达610万吨/年,建筑垃圾资源化利用能力达450万吨/年,在全国副省级城市中率先实现原生生活垃圾"零填埋"和焚烧处理能力全覆盖,固废处置能力居全省前列。

四是突出无废亚运,创建"无废细胞"标准体系。"无废亚运"被列为绿色亚运两大标志性成果之一,通过首创"无废亚运"指数,构建指标评价模型,动态量化反映"无废亚运"建设情况。杭州市建成"无废亚运场馆"10个,二星级以上绿色建筑比例达到100%,接待饭店、赞助厂商等基本单元也实现垃圾废弃物等固废能减尽减。①

5. 基础设施恢复力:开展适应型城市试点,逐步强化基础设施韧性

城市基础设施是支持城市日常运营和灾害防护的"生命线"系统。新中国成立以来,中国共产党一直坚持"以人民为中心",不断强化城市"生命线"系统建设,持续提升城市基础设施韧性。例如,为有效保护人

① 资料来源:https://www.hangzhou.gov.cn/art/2023/1/13/art_ 1229063382_ 1828961.html。

民群众的生命财产安全，我国在总结唐山大地震、汶川大地震等历次地震灾害经验教训的基础上，与时俱进不断细化和提高城乡建筑工程抗震设防分类标准。2021 年 4 月住房和城乡建设部发布最新的《建筑与市政工程抗震通用规范》（GB55002-2021），并于 2022 年 1 月 1 日正式实施。又如，为应对日益严重的城市内涝灾害和部分城市既"旱"且"涝"的两难问题，我国于 2015 年启动"海绵城市"建设试点，通过完善城市供排水设施、雨水调蓄设施，对地下管网、雨洪行泄通道等进行排查、修复、优化和动态监测，采取"渗、滞、蓄、净、用、排"等综合性措施，最大限度地促进雨水资源的绿色循环利用，减少城市开发建设对生态环境的影响。截至 2022 年，全国共有 470 多个城市开展了"海绵城市"建设，其中 30个国家试点城市基本实现预期目标。再如，为应对全球气候变化的挑战，我国于 2017 年启动气候适应型城市建设试点，将全国划分东部、中部、西部三类适应地区，根据不同地区的气候风险，有针对性地加强气候灾害防治设施、应急预案和体制机制等建设（见表 8）。2010～2021 年，我国城市基础设施恢复力由 0.147 提高到 0.219，年均提高 3.69%。

表 8　中国海绵城市、气候适应型城市建设试点情况

主要内容	海绵城市	气候适应型城市
主导部门	住房和城乡建设部、水利部、财政部等	国家发展改革委、住房和城乡建设部等
启动时间	2015 年 4 月第一批,2016 年 4 月第二批	2017 年 1 月
试点数量	30 个城市	28 个城市/城区
试点目标	综合采取"渗、滞、蓄、净、用、排"等措施,将 70% 的降雨就地消纳和利用,最大限度减少城市开发建设对生态环境的影响。到 2020 年,城市建成区 20% 以上的面积达到目标要求;到 2030 年,城市建成区 80% 以上的面积达到目标要求	到 2020 年,普遍将适应气候变化指标纳入城乡规划体系、建设标准和产业发展规划。到 2030 年,城市应对内涝、干旱、高温热浪、强风、冰冻等灾害的能力明显增强,气候适应能力全面提升
试点内容	完善城市供排水设施、雨水调蓄设施等,对地下管网、雨洪行泄通道等进行排查、修复和动态监测,对城市进行"海绵化"改造	开展城市气候变化影响和脆弱性评估;编制适应气候变化行动方案;针对不同气候风险和重点领域开展适应行动;成立专门协调各部门工作的领导小组等

主要内容	海绵城市	气候适应型城市
分类原则	根据我国东、中、西部社会经济发展水平的差异，南北方不同气候，涵盖大、中、小不同规模的城市，区分新城区和老旧城区等不同区域建设重点	按照地理位置和气候特征将全国划分为东部、中部、西部三类适应地区，根据不同城市的气候风险、规模、功能等，因地制宜制定和实施一城一策、分类指导的适应方案
试点成效	截至2022年，全国共有470多个城市开展了"海绵城市"建设，30个国家试点城市基本实现预期目标，城市应对洪涝灾害的韧性显著提升，生态环境得到改善和修复。	制定气候适应型城市试点方案，通过识别城市面临的主要气候风险，有针对性地开展具体行动，并建立极端气候事件监测预警、部门协调和应急响应机制。

资料来源：课题组依据相关文献整理。

（五）城市创新力指数分析

1. 总体情况：城市创新力指数较快增长，但创新质量仍有待提升

党的十八大以来，中国城市创新力指数显著提升，创新力指数均值从2010年的0.0303提高至2021年的0.0517，年均增幅达到4.97%。2010~2022年，我国研发人员全时当量由255.4万人年提高到635.4万人年，R&D经费占GDP比重由1.71%提高到2.54%，专利申请授权数由81.5万项提高到432.3万项，技术市场成交额由3906亿元提高到47791亿元，分别提高了149%、48.5%、430%和1123.5%，城市成为创新源地和核心载体。例如，截至2022年，科技部共支持103个城市（区）创建国家创新型城市，而仅这103个创新型城市（区）就培育了全国85%的高新技术企业，贡献了全国81%的高新技术企业营收。但尽管如此，我国城市创新力总体上仍处于相对较低水平，创新质量亟待提升。例如，大多数城市的原始创新能力不足，在我国的专利申请授权数中，外观设计专利和实用新型专利长期占到80%以上，而技术含量较高的发明专利占比仅不到20%（见图18）。

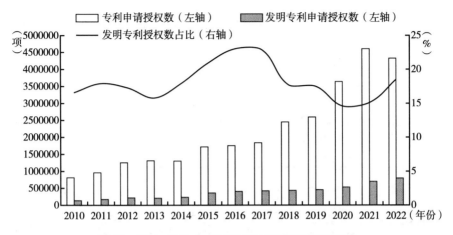

图18 2010~2022年中国专利与发明专利授权情况

资料来源：国家统计局年度数据库，https：//data.stats.gov.cn/easyquery.htm? cn=C01。

2. 创新比较：城市创新力分化趋势加剧，区域异质性特征突出

从城市比较来看，2012年以来，中国城市创新力指数的离散程度由
0.04扩大至0.07，城市间创新能力分化趋势明显，创新资源进一步向优势
地区集中。例如，科技部支持的103个创新型城市（区）就汇集了全国
85%的R&D经费投入和72%的地方财政科技投入。从区域比较来看，我国
城市创新力的区域异质性特征突出，东部地区城市创新力水平遥遥领先，创
新力指数均值分别是东北、中部、西部地区城市的2.81倍、1.69倍和2.62
倍（见图19）。根据科技部发布的《国家创新型城市创新能力评价报告
2022》，全国城市创新能力前10强的城市中，东部地区占7座；前20强的
城市中，东部地区占15座；前50强的城市中，东部地区占28座；长三角
城市群共27座城市位列创新能力百强市，其中11座城市跻身前30强；粤
港澳大湾区除肇庆市外也全部进入创新能力百强榜。从创新力指数增幅来
看，中部城市创新力指数增幅水平最高，年均增幅达6.13%，西部城市创
新力水平也有较大提升，指数年均增幅达4.83%，东北城市创新力增长相
对乏力，指数年均增幅仅为1.15%。

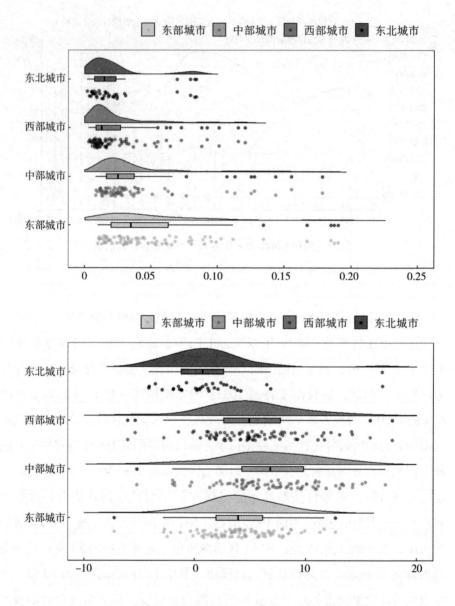

图19 分区域韧性城市创新力指数均值（上）和增幅（下）

资料来源：课题组测算绘制。

三　我国韧性城市建设面临的主要问题

韧性城市建设是统筹城市"发展与安全"以及彰显"以人为本"的新型城镇化理念的必然选择。近年来，我国开展了大量韧性城市建设实践的积极探索，城市韧性水平实现较大提升。但是，随着城镇化进程的不断推进，城市分工细化、需求多样化、服务个性化以及信息分散化提升了现代城市内部系统运行机制的复杂性，加之国际环境波谲云诡，城市发展的内外部环境加速演化，使得韧性城市建设面临诸多新问题新挑战。因此，本部分将结合报告提出的韧性理论分析框架，着重从经济、社会、生态、基础设施和治理五大维度分析阐释当前我国城市韧性建设面临的主要问题。

（一）经济维度：保持长期稳定增长能力有待提升

党的十八大以来，我国国民总收入从 2012 年的 53.73 万亿增长至 2022 年的 119.72 万亿元，经济规模大幅增加，新旧动能转换取得较大成效。[①]但是，在局部地区战争冲突、贸易保护主义加剧等国际背景冲击以及国内经济发展面临需求收缩、供给冲击、预期转弱三重压力下，我国经济保持长期稳定增长的能力有待提升。

首先，部分城市产业结构单一、多样性不足。产业是城市经济发展的基础，多元产业结构有利于应对冲击和稳定经济增长。但是，部分中小城市、老工业基地和资源型城市囿于产业转型和动能转换尚未完成，经济增长仍过分依赖于某一个或几个产业，一旦这些行业出现波动，整个城市经济运行就会受到较大影响。根据课题组对 2021 年产业结构合理化指数测度结果，北京、天津、上海等特大、超大城市产业结构更合理，产业多元化特征明显，然而，部分中小城市产业结构缺乏多样性，使得经济波动时难以在不同产业间分散风险以稳定经济增长。从拉动经济增长的"三驾马车"分析，2023

---

① 资料来源：https://data.stats.gov.cn/easyquery.htm? cn=C01。

年前三季度，我国消费、投资和出口平均拉动百分点分别为1.1%、0.41%和-0.16%，出口拉动明显不足。① 从内需方面看，2022年《100个城市消费者满意度测评报告》显示全国综合消费满意程度出现测评六年来首次下降，满意度得分为78.81分，比2021年80.59分低1.78分，这从一定程度上说明当前公众消费动力不足，内需驱动经济增长仍有提升空间。

其次，数字经济和新质生产力稳定经济增长的潜力有待挖掘。中国信息通信研究院相关研究结果表明，2022年中国数字经济规模为50.2万亿元，占GDP比重为41.5%，数字经济规模得到切实增长。但是从2021年数字经济空间分异规律分析，特大、超大城市数字普惠金融平均得分为462.55分，小城市数字普惠金融平均得分为394.45分，数字经济发展水平空间分异显著，数字经济对中小城市经济增长的支撑作用相对较弱。② 创新驱动新质生产力发展机制和渠道亟待畅通，从创新要素集聚和城市创新产出水平来看，北京、深圳、上海、南京、杭州、广州等城市集聚了大量的创新主体，这些城市的人力资本水平、高新技术企业集聚数量以及城市创新产出水平都远远高于其他城市，尤其是中小城市和中西部地区城市，这种创新要素集聚差距不仅阻碍了城市间创新成果流通转换，也影响了新质生产力的总体发展。

（二）社会维度：社会系统适应调整能力有待增强

当前，我国已经在社会保险、社会救助、社会福利、社会优抚等方面建立了相对完善的社会保障体系，对于提升城市社会韧性产生了重要积极影响。但是，在风险压力不断加大的前提下，社会系统在基本民生保障、社区韧性强化和公众意识增强等方面的适应调整能力仍有待增强。

首先，从民生保障角度分析，社会失业尤其是青年失业率持续走高、最低生活保障人口存量较多、老龄化导致养老负担偏重等问题制约了社会韧性

---

① 资料来源：https：//data.stats.gov.cn/easyquery.htm？cn=C01，经济增长拉动是指国内生产总值增长速度与三大需求贡献率的乘积。

② 数字普惠金融指数来源：北京大学金融研究中心和蚂蚁金服集团编制的中国数字普惠金融指数。

的提升。国家统计局数据显示，2023 年 6 月全国 16～24 岁人口城镇调查失业率高达 21.3%；根据国家统计局公开数据，2022 年城市居民最低生活保障人数 679 万人，农村居民最低生活保障人数 3338 万人，全国最低生活保障人数共有 4017 万人，约占我国总人口数的 2.85%[①]；2020 年第七次人口普查数据表明，我国 60 岁及以上老年人口数为 2.64 亿人，占总人口的 18.7%，其中 65 岁及以上人口为 1.91 亿人，占总人口的 13.5%，与 2010 年第六次全国人口普查相比，60 岁及以上人口的比重上升 5.44 个百分点，65 岁及以上人口的比重上升 4.63 个百分点，社会养老负担进一步加重，例如黑龙江省 2022 年社会基本养老保险结余已为 -102.07 亿元，人口老龄化问题进一步强化了社会风险。[②]

其次，从社区韧性角度分析，目前我国社区韧性建设尚处于探索阶段，社区韧性水平总体较低，公众参与意识与防灾自救意识相对薄弱。一方面，社区层面自治能力较低，普遍面临基础设施、应急设备资源匮乏、人力不足等困境，在风险冲击下过分依赖上级的指令和领导，应急处理的能动性和自我组织能力较差，难以在风险发生时第一时间做出有效反应。另一方面，社区居民的安全理念和风险意识普遍较为薄弱，由于人口流动性增强，社区内部居民间关系网络淡薄，社区归属感不强，参与社区应急治理的主动性和积极性较差；加之绝大多数居民在防范灾害和自救互救方面的知识储备和应急素质明显不足，对突发事件的敏感性和反应能力较差。

（三）生态维度：生态系统的安全屏障作用亟待强化

生态系统是城市应对外部冲击的天然屏障，是城市面临外部冲击率先反应的本底，城市生态环境韧性较强则应对外部环境冲击时保持基本功能的能力较强，反之则弱。但是，从自然生态环境和社会生态环境两个角度分析，我国城市生态系统作为应对外部冲击的天然屏障仍有待强化。

---

① 资料来源：https：//data.stats.gov.cn/easyquery.htm？cn=C01。
② 资料来源：https：//data.stats.gov.cn/easyquery.htm？cn=C01。

从自然生态环境角度分析，我国国土面积广袤，不同城市或城市群所处的自然环境状况存在空间差异。一些城市和城市群如位于地中海-喜马拉雅火山地震带上的成渝城市群，由于地震频繁，其遭受地震灾害的风险相对较高。而东南沿海城市群，如闽粤浙、粤港澳等地，则更容易受到海啸、风暴潮、台风等自然灾害的影响。在西北干旱半干旱地区，由于地表植被覆盖率低，土壤颗粒大，因此兰西城市群、宁夏沿黄城市群等更容易受到沙尘天气的侵袭。一些城市还可能面临特定的自然灾害风险，如环渤海地区的京津冀、山东半岛地区由于雨季较晚等问题，春旱问题显得尤为严重。而洪涝灾害方面，则是我国普遍存在的自然灾害问题之一。因此，应当基于不同城市或城市群面临的高风险致灾因子针对性统筹防范。

除自然环境高风险致灾因子空间差异之外，生态环境安全也面临着人为因素带来的风险。城市垃圾处理二次污染对生态环境尤其是空气、水和土的污染问题值得重视，受垃圾运输密闭化水平较低和垃圾处理工艺不完善等因素影响容易在城市生活垃圾处理过程中出现次生污染。例如，有害气体包含烟尘 CO、NOx、HCL、Hg、Pb、Cr、二噁英等在内的烟气溢出污染周围空气，垃圾污水即渗沥液对水体、土壤的污染将十分严重。城市新污染物治理相对滞后。新污染物是指新近发现或被关注，对生态环境或人体健康存在风险，尚未纳入管理或者现有管理措施不足以有效防控其风险的污染物，主要包括持久性有机物、内分泌干扰物、抗生素及微塑料四大类。目前我国新污染物治理仍处于起步阶段，还面临着监测水平发展不足、新污染物底数不清、法律法规不够完善、公众参与程度较低等挑战，治理行动任重而道远。碳排放效率仍有待提升，部分城市产业结构仍然偏重，产业绿色化发展水平不足，对"双碳"目标实现推动作用有待提升。以京津冀城市群为例，2021 年，京津两大中心城市碳效率分别为 0.36 万吨/亿元和 0.57 万吨/亿元，河北省内石家庄碳效率最高为 0.94 万吨/亿元，河北 11 市平均碳效率为 1.10 万吨/亿元，碳效率水平远低于京津两市。①

---

① 碳排放量数据来自中国碳核算数据库（CEADs），GDP 数据来自 2022 年《中国城市统计年鉴》。

（四）基础设施维度：基础设施抗风险能力仍需筑牢

从全国层面看，我国基础设施建设成果显著，但部分城市在水、电、气、通信及排水、排污管网等生命线系统建设方面仍然存在薄弱之处，削弱了应对风险冲击时城市的基本保障能力。

从供水角度分析，部分城市人均水资源量不足，以北京市为例，2022年北京市水资源总量为 23.74 亿立方米，人均水资源量为 109 立方米，远低于联合国认定的年人均水资源量 500 立方米的极度缺水标准，人均水资源量不足仍是北京市基本水情。[①] 部分省份或城市电力供应波动，例如，2022 年极端的高温与降水的骤减导致长江水位持续下降，西南地区部分省份和城市电力供应多源于水电，加之夏季高温用电量较大，导致西南地区部分城市出现"拉闸限电"的电力供给不足困境。暴雨洪涝多发城市排水、排污管网仍有待完善以应对多雨季节洪涝灾害冲击。另外，新型基础设施如 5G、大数据中心、人工智能、工业互联网、特高压、新能源汽车充电桩、城市轨道交通等风险抵抗能力薄弱，受到外部风险冲击后，管线损毁可能面临断电断网，应急救援、医疗服务和信息传递等城市基本功能运行都有可能受到新型基础设施瘫痪的影响。例如，2021 年 7 月 17 日至 23 日，河南省遭遇历史罕见特大暴雨，受灾最严重的地区包括郑州、焦作、新乡、开封和许昌五市，公路交通网共出现了 59289 处洪涝淹没路面的情况，受影响道路总里程约为 1300.46km，约占五市路网总里程的 34%，网连通性下降 21.27% 左右，灾害共造成河南省 150 个县（市、区）1478.6 万人受灾，因灾死亡失踪 398人。[②] 特大、超大"城中村"改造问题应当重视，"城中村"普遍存在公共卫生安全风险大、房屋安全和消防安全隐患多、配套设施落后、环境脏乱差、住房贫困比例等突出问题，亟须实施改造。以上海市为例，截至 2022年底，根据上海市人大关于"两旧一村"改造工作情况的报告，上海市还

---

① 资料来源：2022 年《北京市水资源公报》。

② 资料来源：http://mm.chinapower.com.cn/xw/zyxw/20210723/90038.html。

有"城中村"点位 682 个，其中，项目整体改造点位 171 个，规划拨点 405 个，综合整治 106 个。①

此外，从技术创新对基础设施韧性提升的作用结果来看，目前直接作用于防灾减灾、智慧数字城市、应急产业和应急装备的创新成果转化机制也仍需进一步增强。当前，针对城市韧性领域的创新成果和创新产品并没有得到充分转化和利用，这不仅造成创新能力较强城市的创新资源使用配置低效，使得创新资源及创新成果空间配置未达到最优水平，也影响了城市基础设施应对风险能力和韧性水平的提升。

（五）治理维度：韧性城市规划和治理水平有待提升

我国部分城市在韧性城市规划和治理方面做了积极有益探索。例如，北京、上海和广州等城市将韧性城市建设写入城市总体规划或城市国土空间总体规划，城市韧性治理水平得以提升。但是，从全国城市来看，城市韧性治理水平仍有待进一步提升，这主要表现在韧性城市规划和城市韧性治理两大方面。

从城市韧性规划方面分析，大多数城市韧性规划仍然滞后于城市发展要求。韧性规划引领城市韧性建设，但是，外部冲击发生的偶然性和不确定性使得城市管理者在城市发展中常常忽略对城市规划的制定与完善，导致城市韧性滞后于城市韧性发展要求，城市应急规划预案的针对性弱但同质化强，相应关联的土地制度、法律规定等之间耦合程度低。当前城市水、电、气、通信及排水、排污管网等保障城市功能正常运行的城市生命线系统相对落后于城市空间扩张速度，对传统自然灾害内容考虑较多而对包括突发传染病在内的公共卫生危机以及其他非传统型灾害的防治考虑较少，部分城市的韧性治理仍是被动防御和运动式治理占据主导地位。

从韧性治理方面分析，当前城市多主体协同韧性治理能力仍有待改善，这主要表现在自然主体缺位、市场主体片面追求经济利益、政府主导地位突

---

① 资料来源：https://www.thepaper.cn/newsDetail_forward_24749605。

出和社会主体参与度不足四个方面。自然主体缺位主要反映在自然作为自然灾害的主要主体以及城市、生态环境的主要空间载体，只能被动参与城市韧性治理；市场主体在缺乏外部约束和激励的情况下，片面追求经济利益忽视生态环境利益，对于生态环境改善参与力度明显不足，又因为与城市韧性相关的大型基础设施建设通常存在周期长、投入大和回报低甚至亏损的问题，导致很难调动市场主体即企业积极参与城市韧性基础设施建设；当前，城市韧性治理多是由政府部门主导，加之基础设施建设的周期长、投入大和回报低等问题影响了市场主体参与的主动性和积极性，从而产生了韧性城市建设过程中存在政府多由自上而下主导参与的现象；社会主体包括社会组织和公众等在外部风险冲击认识和应急防灾能力方面仍然存在短板使得在城市韧性治理方面参与度不足。

四 韧性城市建设的国际经验

"他山之石，可以攻玉"。自 20 世纪末韧性城市理论提出以来，关于在城市防灾减灾和韧性城市建设方面的理论与实践内容变得越来越丰富，例如，在 2013 年，洛克菲勒基金会发起的"全球 100 韧性城市计划"，率先尝试构建韧性城市框架及全球性的韧性城市网络，我国的德阳、黄石和义乌等城市也先后加入该韧性城市计划当中。因此，对国际韧性城市建设实践的主要经验进行归纳总结，为我国韧性城市建设提供经验借鉴具有重要意义。

（一）制定城市韧性规划，为韧性城市建设提供制度保障

城市规划方面，构建韧性城市或提升城市韧性应当成为明确的城市发展目标之一，以此为目标导向的城市规划内容包含对城市脆弱性的识别、提升城市韧性的细化目标以及提升城市韧性的各项措施和具体方案等。最早制定韧性城市发展规划是美国纽约，该规划是《一个更强大、更有韧性的纽约》（2013 年），包括了气候变化分析、城市基础设施与建筑环境现状分析与预

测、分区域的社区重建和复原计划以及资金和实施项目等。① 2018 年，美国洛杉矶发布了《韧性洛杉矶》，围绕安居乐业的洛杉矶人、强大而互联的社区、准备和响应的城市、开拓和合作的伙伴四个主题，提出 15 个主要目标和 96 项行动。2020 年，英国伦敦出台了《伦敦城市韧性战略》，提出要充分识别城市的主要冲击和长期压力，从经济、环境、健康和基础设施四个维度出发，明确"韧性的人、韧性的场所、韧性的过程"三个行动维度，提出具体计划。

（二）强化基础设施支撑，为韧性城市建设提供物质基础

绿色基础设施是连续的绿地空间网络，织密绿色基础设施网络是提高城市韧性的重要措施之一。相互连接的网络状绿色基础设施能够提供生态栖息地，有益于人类身心健康和野生动植物繁育，进而提高生物多样性、减少灾害发生和促进社会稳定发展，有利于韧性社区塑造、韧性城市建设。基于此，越来越多的城市编制了绿色基础设施规划，如《纽约绿色基础设施规划（2010）》《诺福克城绿色基础设施规划（2018）》等；也有两个城市或多个区域共同编制规划，如《绿色总体规划 3.0（科隆—波恩）》等。树木和其他植物等绿化可以改善生态系统、增加生物多样性，还可以为经济提供支持，是城市的典型绿色基础设施。例如，墨尔本认识到了增加绿色基础设施的重要性，鼓励采用更多创新的绿化方法，如绿色屋顶和垂直绿化，这也有助于在有限空间提供绿化。② 纽约采取绿色基础设施补助计划（GIGP）为私人提供用于绿色基础设施建设的资金支持。③

（三）重视多方协同合作，为韧性城市建设提供组织架构

城市可以通过建立治理伙伴关系，获得更多的融资机会、技术和知识支撑，以确保韧性城市的建设。一方面是在城市内部建立治理伙伴关系，包括

---

① 资料来源：AStronger, MoreResilientNewYork。
② 资料来源：https://www.melbourne.vic.gov.au。
③ 资料来源：《2022 年纽约绿色基础设施年度报告》。

不同政府职能部门、企业、研究机构、非政府组织等，搭建起一张集管理功能、融资功能、科研功能、咨询功能为一体的城市内部治理网络。例如，纽约先后设立了独立咨询机构"纽约市气候变化专门委员会"、监督协调机构"纽约市长恢复与韧性办公室"、由多领域专家团队组成的"纽约市长气候韧性办公室"等专职机构，以确保韧性规划的科学制定和有效实施。另一方面是在城市外部寻求治理伙伴关系，包括利用全球伙伴关系来支持其韧性城市目标，建立起范围更大的、更具有韧性的组织架构。

韧性城市建设需要更多地关注妇女、老人、儿童、青年和残障人士等需求，采用包容性全民参与方法，推动公众参与韧性活动。例如，在《韧性旧金山》规划中，特别注重弱势群体的灾后住房需求，将"为所有洛杉矶人提供安全和负担得起的住房"作为具体目标之一，计划开展通过改变法规、采用新融资机制和探索公有土地的适应性再利用，将经济适用房的建造和保护速度提高一倍，并将新的永久性支持性住房的建造增加三倍；促进和扩大弱势群体的住房选择；协调无家可归者住房服务等行动。再例如，在尼泊尔，预警信息和宣传材料需要与社区共同设计，并根据不同用户的不同需求进行量身定制。[1] 在鹿特丹，为了让公众了解韧性城市建设理念和参与韧性城市建设，开展了"水主题"教育活动、"屋顶教育"项目，设立了"韧性工具箱"，开发了"三角洲城市鹿特丹"App。[2]

（四）关注极端气候变化，为韧性城市建设提供意识引领

面对极端天气事件和自然灾害频繁发生，2012年联合国气候变化专门委员会（IPCC）发布的《管理极端事件及灾害风险，推进适应气候变化》特别报告提醒了国际社会，越来越多的国内外城市采取主动措施，以保障城市安全和可持续发展。美国、荷兰、英国等国家的城市决策者率先意识到应对气候灾害风险的重要性，先后制定了城市防灾计划或适应计划，采取了一

---

[1] 资料来源：联合国减少灾害风险办公室《2022年减少灾害风险全球评估报告》（GAR2022）。

[2] 资料来源：https://mp.weixin.qq.com/s/ksSMa3gDyuDRwJuwmHNCag。

系列城市防灾减灾举措。例如，美国芝加哥于 2008 年 9 月发布了《芝加哥气候行动计划》，防范酷热夏天、浓雾、洪水和暴雨；荷兰鹿特丹于 2008 年 12 月发布了《鹿特丹气候防护计划》，应对洪水和海平面上升；英国伦敦于 2011 年 10 月发布了《管理风险和增强韧性》，抵御持续洪水、干旱和极端高温；美国纽约于 2013 年 6 月发布了《一个更强大、更有韧性的纽约》，抵御洪水和风暴潮。此外，通过大数据、模型、算力和预案等加强智能预警响应机制建设能够减少突发自然灾害的危害。例如，巴巴多斯合作开发了基于气候的疾病预测模型，并将其添加至数据来源于太平洋海啸预警中心和谷歌的灾害早期预警系统（EWS）之中，有效地采取了先发制人的行动，减少了病毒传播疾病的爆发。[①]

（五）打造创新生态系统，为韧性城市建设提供内核动力

良好的城市创新生态系统是城市抵御风险的利器，是城市韧性的重要体现。例如，2020 年，新加坡发布了《研究，创新和企业 2025 计划》（RIE2025），围绕制造、贸易和互联互通（MTC）、人类健康与潜能（HHP）、城市解决方案与可持续发展（USS）、智慧国家与数字经济（SNDE）四个领域组织开展工作，强调建立强大的研究能力基础和国际卓越水平、培育强大的研究和创新人才渠道以及加速企业创新。

此外，城市可以通过形式多样的人力资源扶持项目，提高人力资本、吸引全球人才，为城市创新和经济发展提供稳定的支持力，从而提高城市的恢复力。例如，纽约通过公立学校、私立和非营利合作伙伴以及纽约市立大学（CUNY）的高等教育项目，将专注于培训下一代工人从事未来的工作，以实现温室气体减排目标，填补人才缺口，并确保公平地进入经济流动性高的工作岗位。[②]再例如，新加坡《研究，创新和企业 2025 计划》（RIE2025）中，包括了教育部研究奖学金、A·STAR 奖学金、教育局工业研究生项目、

---

① 资料来源：联合国减少灾害风险办公室《2023 年减少灾害风险全球评估报告》（GAR2023）。

② 资料来源：《PlaNYC：GettingSustainabilityDone》。

卫生部人才培训计划和工程学博士计划等人力资源扶持项目，旨在通过建立稳健而强大的创新人力库促进科研和创新。①

五　韧性城市高质量发展：趋势与建议

加强韧性城市建设，提升城市韧性水平是我国高质量发展的现实需要和未来趋势。当前，我国城市发展进程已逐渐进入城镇化后期，需要从以往的城市规模扩张和无序蔓延向质量提升和空间结构优化转变，建设更加宜居、安全、韧性的城市，以此回应人民群众对美好生活的关切。新时代新形势下，我国韧性城市建设正日益呈现出以下趋势：一是韧性认知理论工具基础逐渐从"复杂性"范式转向"抗解性"范式；二是韧性构建模式逐步从静态的被动防御转向动态的主动适应和全周期风险防控；三是韧性建设重点由强调城市物理空间安全转向经济、社会、生态系统、物理空间协调可持续发展；四是韧性建设主体由强调政府主导转向推动"自然-政府-市场-社会"四主体协同；五是韧性治理机制由自上而下的行政动员转向上下结合的多元、多向度、多主体联动。立足中国国情，借鉴国际经验，本报告在科学把握国内外发展环境变化以及新时代韧性城市建设要求的基础上，对深入推进韧性城市高质量发展提出如下建议。

（一）以抗解性理论构建新范式，彰显理念引领力

树立抗解性范式理念是韧性建设的思想意识基础，对韧性城市建设具有重要引领和指导意义。城市韧性系统面临的多种内外部不确定问题导致了其区别于一般意义上的复杂系统，从而具有抗解系统特征。因此，传统的对于韧性系统复杂性认知局限不能很好地应对内外部不确定性冲击，由此而来应当基于抗解性理论从理论认识、规划思维和技术范式层面构建韧性城市建设的新范式，重塑韧性城市建设理念引领力。

---

①　资料来源：《研究、创新和企业 2025 计划》（RIE2025）。

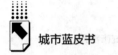

一要深化对城市韧性系统的复杂性和庞杂性理论认识。城市韧性系统除了具备一般意义上的复杂性，作为一类抗解系统，城市韧性系统也具有庞杂性特征。由于存在复杂性和庞杂性的交叉与融合，两者之间纠缠、叠加和迭代，系统的动态规律比单纯的复杂系统更难以认知和驾驭，导致抗解问题的产生，甚至无解，因此，应当不断深化对于城市韧性系统复杂和庞杂两大特征的理论认识。为解决认知抗解性、技术抗解性和决策抗解性问题做好理论完善与积淀。

二要树立系统整体思维，不能"就土论土、就地论地"，也不能"就城论城"。城市韧性系统是在水平方向的"山、水、林、田、湖、草、海、居"人与自然耦合系统，在垂直方向的大气圈、水圈、生物圈、岩石圈的耦合。城市韧性协调管控的对象是"复杂的人与自然耦合系统"。因此，韧性治理过程就应该在考虑"山水林田湖草沙冰海"的同时，还要考虑气候变化以及人类的社会经济活动。

三要革新传统韧性城市规划建设技术范式。由于城市韧性系统的抗解性特征使得传统韧性规划技术范式应对内外部深度不确定性相对乏力，因此应当进一步革新传统韧性城市规划建设技术范式，充分吸收诸如稳健决策法（RDM）、动态适应性规划（DAP）、动态适应性对策路径（DAPP）、信息差距理论（IGDT）等城市韧性规划技术范式内核，提升多类型空间格局解析、问题诊断、功能匹配、多目标协同的城市韧性空间格局优化的关键技术能力，研究区域尺度空间动态演变的多维建模、多场景仿真、多要素综合整治与系统调控的关键技术。由此，应对深度不确定性，需要多模型、多系统和多尺度的综合集成，构建全地域高分辨率的大规模计算实验平台。

（二）以动态适应性打造新模式，提升风险防控力

韧性城市更多是指在未来各种不确定性风险面前，城市具有严密的预防体系，能够做出积极有效的应对和抵抗，其中尤为重要的就是自觉践行"生命至上、人民至上"的"人民城市"理念，这就要求在深度不确定性大背景下树立动态综合风险防范新意识，提升城市应对风险的动态适应性与风

险防控力。

一要坚定落实风险源头治理和分级管控。这就要求各城市针对本市或本区域在自然灾害、经济、社会、基础设施和生态环境等方面可能存在的城市高风险空间致灾因子实时动态监测、综合预警防控和处置决策，建立风险隐患识别、物联网感知、多网融合传输、大数据分析、专业模型预测和事故预警联动的"全链条"城市安全防控技术体系架构；依据各类型灾害产生风险和后果不同，合理分级管控各类灾害，做到防控精准、覆盖全面、综合配套、机制灵活和运转高效。

二要从单一灾害防范向多灾害综合风险防范转变，关注灾害链条传导与次生灾害冲击。除了关注传统地震、海啸以及因气候变化引发的极端天气灾害等自然灾害外，要从系统关联性角度出发，探索气候变化风险的连锁反应，统筹考虑城市公共卫生、经济安全、基础设施供给保障以及生态安全问题，做到多方协同，未雨绸缪、防微杜渐。

三要从静态的预防向动态的全周期风险防控转变。城市安全不仅要关注灾前的预防，更要关注"灾中的适应"和"灾后的恢复"，应涵盖风险发生、应对、恢复的全周期运行过程，在每个阶段都做好最充分的准备，努力减轻灾中城市功能受损程度，缩短灾后功能恢复时间，让城市在应对一次次不确定性风险中逐渐走向强大。

（三）以分布式布局塑造新格局，增强风险抵抗力

在韧性城市建设中，需要从产业空间布局、人口空间布局、生态环境空间布局和基础设施空间布局等角度调整韧性城市构成要素，推动产业、人口、基础设施和生态环境空间布局的多中心化、分布式布局以提升城市韧性。

一要推动产业和人口分布式布局与多中心化。在产业空间布局的动态化调整中，需要充分考虑城市资源禀赋、产业发展现状和市场需求等因素，推动产业结构优化升级和产业链完善，形成多元化、高端化和现代化的产业体系，为城市经济发展提供强有力的支撑；在人口空间布局的动态化调整中，

需要充分考虑城市人口规模、结构和发展趋势等因素，制定科学合理的人口发展战略和规划，促进人口分布与城市空间、资源环境承载力、社会经济发展情况等相协调。

二要实现基础设施布局多中心化，保证基础设施供需匹配和适当冗余。在基础设施空间布局的动态化调整中，需要充分考虑城市内部不同类型区域的基础设施的需求量、供给能力和服务水平等因素，加强城市供水、供电、供气、供热和交通等基础设施的建设和优化，实现城市基础设施空间布局供需匹配且适当冗余的最优状态。

三要推动生态环境空间合理布局。在生态环境空间布局的动态化调整中，需要充分考虑城市的自然环境、资源和生态承载能力等因素，加强城市生态环境的保护和修复；合理布局湿地、森林公园等城市绿地，提升城市生态系统服务供给水平。同时，应注重推动循环经济发展和资源节约型、环境友好型社会的建设，提高城市的可持续发展能力和生态文明水平。

进一步地，多中心化布局就是要在"城市-都市圈-城市群"层面构建多中心空间结构，在城市内部积极推动城市副中心建设，承接中心城区部分经济、生态或公共服务职能的疏解；在都市圈或城市群内部，要培育次级中心城市，构建合理的城市群城市等级体系，实现人口分布、产业分工、生态环境和基础设施优化布局，搭建城市群韧性战略合作平台。

（四）以提质增量营造新品质，强化灾后恢复力

地方品质是城市诸如教育、医疗、气候和环境等诸多不可贸易品数量、质量和多样性的综合。因此通过提质增量改善地方品质供给对于优化城市灾后恢复力具有不可替代的作用。从城市韧性理论出发，优化城市灾后恢复力的关键是保障城市基本功能运转，更进一步地讲就是改善城市地方品质，既包括城市应对灾难风险的硬件设施体系建设，也包括优化决策、提升动员、增加社会交流互动等软件系统建设。

一要注重城市基础设施改造和强化。加大能源（电力、燃气）、交通、电信、水等管网廊道建设，不断修订基础设施、海防工程等领域的改造升级

标准，彻底解决"设施陈旧、标准偏低、超期服役或超负"等问题，提高通信、能源、供排水、污水处理、交通、防洪、防御系统对风险的应对的能力；另一方面，要有步骤地推动城市更新，对城市老建筑和旧小区等采取"集中更新"或"微更新"方式进行改造，提升城市基础设施硬件水平。同时，应注重基础设施的信息化、智能化和绿色化建设，提高城市基础设施的运营效率和服务质量。

二要关注城市"软环境"水平提升。提升社会保障水平，针对低收入群体、弱势群体、社会边缘群体等，加大更有针对性的社会救助和社会帮扶；开展多形式、多途径和全方位的就业帮扶，保障适龄劳动力充分就业，将失业水平控制在合理区间；提升城市在教育、保健、医疗和应急救援等公共服务方面的供给数量和质量，保证灾后基本公共服务供给，从社会保障、就业环境和公共服务等多渠道提升城市"软环境"。

（五）以创新驱动形成新机制，激发韧性创新力

创新在城市韧性提升过程中扮演了重要角色，创新水平关乎城市系统在面临外部风险冲击时的适应、转换、学习能力，因此，从创新能力提升以及创新成果推广应用角度提升城市韧性水平，助力韧性城市建设具有重要意义。

一要增加韧性技术研发相关资金投入。政府和高新技术企业应当适当增加在应急救援、应急产业、智慧城市和数字孪生城市技术等方面的研发投入资金，提升政府和市场参与技术创新赋能城市韧性的参与力度。

二要充分吸引人才，提升城市人力资本水平。通过提升空间品质、完善人才引进政策、支持高等教育发展等多种手段与多种途径，提升城市大学生和研究生在城市人口中的比重，从而提升城市人力资本水平；通过职业化教育和专业型教育，培养应急处置、防灾减灾及韧性提升相关的专业型人才，改善韧性相关专业人才数量与质量，增强城市面对外部冲击的应变能力。

三要结合数字孪生、智慧城市等技术手段，构建贯穿城市韧性全过程即"预警-抵抗-恢复-适应"的数字智慧系统。以城市"虚实空间"结合为切

入点，提升城市韧性水平。积极推动高新技术企业、高等学校和科研院所创新产出成果在城市预警监测系统、应急系统、恢复修整系统和危机学习系统方面技术转换，着重在风险识别、风险预警、风险决策、风险沟通、风险控制等方面发挥作用，减少危机发生概率。

四要完善创新驱动城市韧性水平提升制度设计安排。加强创新驱动韧性提升实施过程中跟踪检测与评估，积极培育和实施智慧数字韧性城市试点政策项目，增强试点政策对不同类型城市的针对性，因地制宜地积极推进试点工作的渐进式推广，由点到面、由浅入深，充分发挥试点政策的"示范效应"，带动区域内不同规模等级城市，以及带动东部沿海、沿江、沿边与中西部内陆地区城市韧性逐步提升。

（六）以系统思维搭建治理新框架，优化韧性治理力

增强城市韧性治理能力是从国土空间治理角度对城市韧性提升的抓手，应到坚持"自然-政府-市场-社会"四主体协同共进原则，坚持系统思维，构建自上而下和自下而上相结合的多元和多向度治理框架与多主体相互联动的韧性治理系统。

一要考虑自然主体的被动反馈特征，从自然角度增强城市韧性治理能力应当通过建立健全城市自然灾害监测预警体系、制定科学合理的应急预案、加强城市规划布局等措施，提高城市对自然灾害的抵御能力和应对能力，发挥政府、企业、社会组织和群众的能动性作用。

二要应当明晰央地政府之间韧性治理过程权责划分，增强地方政府在韧性治理过程中的主观能动性和自由裁量权，在治理过程中同时避免横向的各个地方决策部门之间在行使空间权利上也存在职能越界、互相掣肘的现象发生，提高治理人员的专业素质、加强治理技术创新等措施，提高城市治理的效率和水平。

三要发挥市场机制作用，强调市场在资源配置中的决定性地位，通过引导市场资本进入城市基础设施建设、推动城市产业转型升级等措施，提高城市的经济发展潜力和竞争力，改善企业参与城市韧性基础设施建设积极性不

高的问题；创新城市投融资模式，通过发展城市产业基金、推动政府与社会资本合作等措施，创新城市投融资模式，吸引更多的社会资本参与城市建设和治理。

四要从社会主体视角提高公众参与意识，通过加强公众教育、拓宽公众参与渠道等措施，提高公众对城市治理的参与意识和参与度，形成政府与民众的良好互动，共同推动城市韧性治理能力的提升；培养社区自治意识、提高社区治理人员的专业素质、加强社区治理技术创新等措施，加强社区治理能力，提高社区居民的生活质量和安全感；建立社会应急联动机制、加强社会应急救援队伍建设等措施，建立健全社会应急救援机制，提高城市应对突发事件的能力和水平。

除此之外，应当以规划为引领提升韧性城市治理水平。坚持可持续发展理念、人本理念和系统思维，明确韧性城市建设的目标，制定韧性城市建设推进策略和韧性城市建设评价关键指标，监测反馈韧性城市建设推进成效与问题。加强韧性城市建设规划应与城市总体规划、土地利用规划等相关规划进行协调和衔接，确保各项规划的有机统一和有效实施。

参考文献

陈长坤、陈以琴、施波等：《雨洪灾害情境下城市韧性评估模型》，《中国安全科学学报》2018 年第 4 期。

程朋根、付家能、李聪毅等：《城市韧性量化评估研究进展》，《灾害学》2023 年第 3 期。

董幼鸿、周彦如：《技术赋能城市韧性治理的系统思考》，《东南学术》2022 年第 6 期。

方东平、李在上、李楠等：《城市韧性——基于"三度空间下系统的系统"的思考》，《土木工程学报》2017 年第 7 期。

巩灿娟、张晓青、徐成龙：《中国三大城市群经济韧性的时空演变及协同提升研究》，《软科学》2022 年第 5 期。

胡艳、陈雨琪、李彦：《数字经济对长三角地区城市经济韧性的影响研究》，《华东

师范大学学报》（哲学社会科学版）2022年第1期。

李强、尚宇辰、杨开忠：《生态文明时代"自然—政府—市场—社会"四部门国土空间治理体系构建研究》，《经济纵横》2022年第6期。

李振洪、王建伟、胡羽丰等：《大范围洪涝灾害影响下的交通网受损快速评估》，《武汉大学学报》（信息科学版）2023年第7期。

吕悦风、项铭涛、王梦婧等：《从安全防灾到韧性建设——国土空间治理背景下韧性规划的探索与展望》，《自然资源学报》2021年第9期。

单菁菁：《探索构建中国特色新污染物防控治理体系》，《人民论坛》2023年第4期。

邵亦文、徐江：《城市韧性：基于国际文献综述的概念解析》，《国际城市规划》2015年第2期。

石龙宇、郑巧雅、杨萌等：《城市韧性概念、影响因素及其评估研究进展》，《生态学报》2022年第14期。

唐宇、宋永永、薛东前等：《资源型城市经济韧性时空演变与障碍因素——以山西省为例》，《干旱区资源与环境》2022年第5期。

陶希东：《韧性城市：内涵认知、国际经验与中国策略》，《人民论坛·学术前沿》2022年第1期。

王飞、张伽、李鑫：《把握人口增长规律，提升城市韧性指数》，《南方》2022年第19期。

王江波、陈涛、苟爱萍：《亚洲城市韧性发展策略比较》，《科技导报》2022年第22期。

王祥荣、谢玉静、徐艺扬等：《气候变化与韧性城市发展对策研究》，《上海城市规划》2016年第1期。

吴波鸿、陈安：《韧性城市恢复力评价模型构建》，《科技导报》2018年第16期。

吴浩田、翟国方：《韧性城市规划理论与方法及其在我国的应用——以合肥市市政设施韧性提升规划为例》，《上海城市规划》2016年第1期。

吴建新、郭智勇：《基于连续性动态分布方法的中国碳排放收敛分析》，《统计研究》2016年第1期。

项松林、潘莉媛：《韧性城市的理念演进与发展路径——以合肥市为例》，《湖北经济学院学报》2022年第6期。

谢起慧：《发达国家建设韧性城市的政策启示》，《科学决策》2017年第4期。

徐耀阳、李刚、崔胜辉等：《韧性科学的回顾与展望：从生态理论到城市实践》，《生态学报》2018年第15期。

颜文涛、任婕、张尚武等：《上海韧性城市规划：关键议题、总体框架和规划策略》，《城市规划学刊》2022年第3期。

尹德挺、营立成、陈革梅：《"韧性城市"建设：理论逻辑、评估机制与实践路径》，

《广州大学学报》（社会科学版）2023 年第 2 期。

郑艳、翟建青、武占云等：《基于适应性周期的韧性城市分类评价——以我国海绵城市与气候适应型城市试点为例》，《中国人口·资源与环境》2018 年第 3 期。

朱正威、刘莹莹、杨洋：《韧性治理：中国韧性城市建设的实践与探索》，《公共管理与政策评论》2021 年第 10 期。

Bozza A, Asprone D, Manfredi G, "Developing an Integrated Framework to Quantify Resilience of Urban Systems against Disasters", Natural Hazards, 3（2015）: pp. 1729-1748.

Campanella T J, "Urban Resilience and the Recovery of New Orleans", Journal of the American Planning Association, 2（2006）: pp. 141-146.

Holling C S, "Resilience and Stability of Ecological Systems", Annual review of ecology and systematics, 1（1973）: pp. 1-23.

Zhao R, Fang C, Liu J, et al., "The Evaluation and Obstacle Analysis of Urban Resilience from the Multidimensional Perspective in Chinese Cities", Sustainable Cities and Society, 86（2022）: 104160.

B.2
2022~2023年度中国城市健康发展评价

武占云　单菁菁　张双悦*

摘　要：　城市在增进人民健康福祉方面发挥着重要作用，促进城市健康发展是中国迈向现代化新征程的重大议题。本报告在分析中国城市健康发展进展及成效的基础上，系统评估中国城市健康发展状况。评价结果显示：（1）城市健康发展"短板"问题有所缓解，北京由于生态环境质量改善显著，首次入围全国健康城市序列；（2）城市健康发展水平存在明显空间分异，东部地区城市具有明显领先优势，中部地区城市健康发展状况改善明显；（3）医疗卫生等基本公共服务的区域差距呈缩小态势，公共文化服务发展不均衡问题依然突出；（4）长三角、珠三角和海峡西岸城市群健康发展水平居全国前3位，城市群内部各城市间的发展差距依然明显。未来，我国应坚持以人民为中心的发展思想，加快完善健康促进政策体系；坚持因区施策，提升健康服务质量和可及性；坚持健康公平，扎实推动全体人民共同富裕；坚持系统观念，筑牢中国式现代化的健康基础。

关键词：　健康经济　健康环境　健康社会　健康文化　健康管理

---

* 武占云，中国社会科学院生态文明研究所副研究员，博士，主要研究方向为城市与区域可持续发展；单菁菁，中国社会科学院生态文明研究所研究员，博士，主要研究方向为城市与区域可持续发展、国土空间开发与治理、城市与区域经济等；张双悦，天津商业大学经济学院讲师，博士，主要研究方向为城市与区域发展。

党的十八大以来，我国坚持把保障人民健康放在优先发展的战略位置，作出"全面推进健康中国建设"的重大决策部署，党的十九大报告指出"人民健康是民族昌盛和国家富强的重要标志"，党的二十大报告提出到2035年要建成"健康中国"的宏伟目标。健康中国战略实施以来，我国人民健康水平显著提高，主要健康指标总体上居于中高收入国家前列，建成了世界上规模最大的社会保障体系、医疗卫生体系。2022年，我国居民人均预期寿命达到78.2岁，居民健康素养水平达到27.78%，全民健康素质实现了实质性改善提升。① 城市作为健康中国战略的重要载体，在增加人民健康福祉方面发挥着重要作用，在我国开启全面建设社会主义现代化国家新征程的关键时期，如何实现快速的现代化进程与城市健康福祉提升的并行不悖，如何为中国式现代化筑牢健康的基础，成为新时代中国城市发展的重要命题。

本报告在回顾2022~2023年中国城市健康发展取得成效与进展的基础上，对中国地级及以上城市发展状况进行全面系统的数据评价分析，继而提出全面促进健康公平的对策建议。本报告目标在于：一是为中国更好参与全球健康治理提供决策依据；二是为以健康城市建设为抓手深入推进健康中国战略提供决策支持；三是对中国城市的健康发展水平进行总体评估和分类型分区域监测，为各地区制定有针对性的健康促进策略提供参考。

一 2022~2023年中国城市健康发展进展及成效

（一）城市健康发展顶层设计日趋完善

2022~2023年，国务院、国家卫生健康委员会通过制定实施系列政策文件、健全完善工作机制、推进重点领域工作、组织开展特色活动，不断完善健康中国建设、城市健康发展的顶层设计和推进机制，全方位、全周期保障人民健康。一是印发实施系列政策和规划。国务院、国家卫生健康委员会发

---

① 国家卫生健康委员会：《2022年中国居民健康素养监测情况》，2023。

布多项促进城市健康发展、提升居民健康素养、保障人民健康的发展规划、实施方案和行业标准，高位统筹推进健康中国战略，如相继印发了《健康中国行动 2021—2022 年考核实施方案》《"十四五"健康老龄化规划》《"十四五"卫生健康人才发展规划》《全面提升医疗质量行动计划（2023—2025 年）》等规划文件；发布《国家基本公共服务标准（2023 年版）》《中国健康老年人标准》《居家、社区老年医疗护理员服务标准》《乡镇卫生院服务能力标准（2022 版）》《卫生健康信息数据元标准化规则》等多项标准，不断完善健康中国建设的标准化工作。二是健全健康中国建设的工作机制。国家卫生健康委员会和各级相关部门积极贯彻落实《国务院关于实施健康中国行动的意见》要求，持续完善健康中国行动的协调推进机制、监测评估机制、考核评价机制、宣传推广机制以及支撑保障机制，确保健康中国行动各项任务有效落实。例如，2022 年 2 月，健康中国行动推进委员会印发实施《健康中国行动 2021—2022 年考核实施方案》，从健康水平、健康生活、健康服务、健康保障、健康环境等五个维度对各省（区、市）进行监测评估及考核；2023 年 3 月印发实施《2023 年健康中国行动 2023 年工作要点》，切实推进健康中国目标任务落实。三是扎实推进重点领域工作。国家卫生健康委员会、健康中国行动推进委员会等主管部门通过开展特色活动、落实重点领域行动计划等途径，积极将健康融入所有政策。例如，相继开展环境与健康风险评估制度建设试点、健康中国行动典型经验案例征集以及 2022 年全国居民环境健康素养监测报告等工作；开展 2023 年重点人群职业健康素养监测，深入推进职业病危害专项治理等；创建全国示范性老年友好型社区，实施老年健康素养促进项目等。2022 年 3 月，健康中国行动推进委员会办公室印发了《关于推介第二批健康中国行动推进地区典型经验案例的通知》，总结推广在推进健康中国行动方面取得积极探索和创新实践的典型案例，为各地持续深入推进健康中国行动提供了有益参考和借鉴。

（二）城乡居民健康素养水平显著提升

居民健康素养水平是衡量国家基本公共服务水平和人民群众健康素养水

平的重要指标。党的十八大以来，我国把全民健康作为全面小康的重要基础，强调把人民健康放在优先发展的战略位置，把提升健康素养作为增进全民健康的前提，"居民健康素养水平"指标被相继纳入《"十三五"卫生与健康规划》（2016年）、《"健康中国2030"规划纲要》（2016年）、《全国健康城市评价指标体系》（2018年）、《健康中国行动（2019—2030年）》（2019年）、《"十四五"国民健康规划》（2022年）等国家政策文件，《中华人民共和国基本医疗卫生与健康促进法》亦明确提出"提高公民的健康素养"的目标要求。国家卫生健康委员会数据显示，2022年中国居民人均预期寿命达到78.2岁，居民健康素养水平达到27.78%，相比2012年上升了18.98个百分点（见图1）。其中，城市居民健康素养水平为31.94%，农村居民健康素养水平为23.78%（见图2），较2021年分别增长1.24和1.76个百分点，全民健康素质实现了实质性改善提升。从区域分布来看，东部地区居民健康素养水平最高（达到31.88%），其次是中部地区（26.70%）和西部地区（22.56%），东、中、西部地区居民健康素养水平较2021年分别增长1.48个、2.87个和3.14个百分点。东部和中部地区均提前实现了《健康中国行动（2019—2030年）》提出的"到2025年达到25%"的目标。

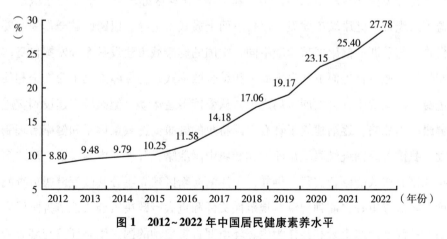

图1　2012~2022年中国居民健康素养水平

资料来源：国家卫生健康委员会，《2022年中国居民健康素养监测情况》，2023。

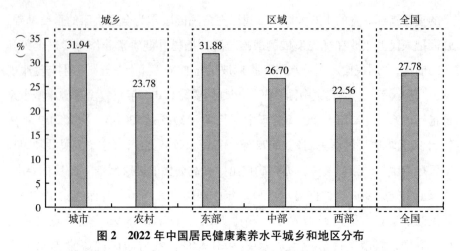

图2 2022年中国居民健康素养水平城乡和地区分布

资料来源：国家卫生健康委员会，《2022年中国居民健康素养监测情况》，2023。

（三）地方健康城市建设实践丰富多样

从全球范围看，健康城市的建设始于20世纪80年代世界卫生组织（World Health Organization，下文简称WHO）倡导的健康城市项目，其特色在于充分发挥非政府组织的作用，基于WHO地区办事处、全球健康城市联盟等组织推动健康城市建设，以自下而上模式为主导、以跨区域合作为主要模式。与欧洲的健康城市运动不同，中国的健康城市建设是充分发挥自身体制优势，通过自上而下和自下而上相结合的形式，将保障人民生命安全和促进身心健康置于社会发展全局之中，从爱国卫生运动、健康城市建设到实施健康中国战略，逐渐建立了具有中国特色的健康促进政策体系和健康治理制度。我国各地围绕健康城市建设和健康中国战略，开展了内容丰富、形式多样和富有成效的创新实践。例如，天津滨海新区建立了公共政策健康审查制度，将健康审查提前到规章、规范性文件和重大行政决策合法性审查阶段之前。浙江省丽水市云和县作为生态环境部首批启动的国家生态环境与健康管理试点地区之一，积极探索以保障公众健康权益为核心的环境空气质量评价方法，成为中国内地首个、全球第三个由政府正式发布环境空气质量健康指数（AQHI）的地区，实现了"美丽云和"和"健康云和"建设的有机结合。广东省深圳市作为全国首批社会心理服务体系建设试点城市，积极探索社会心理疏导和心理危机干预有效模式，建立了全方位、全人群、全周期、全覆盖的社会心理服务体系，以先行示范区的新担当新作为，积极打造社会心理服务深圳样板。

二 2022~2023年中国城市健康发展状况评价

本报告立足健康中国战略的内涵要求，结合健康城市建设的实践进展，构建中国城市健康发展评价的五维模型（见图3），采用主观赋权和客观赋权相结合的方法，对全国287座城市的健康发展状况进行综合评价和分类分区域检测①，并对全国18个城市群的健康状况进行评估。

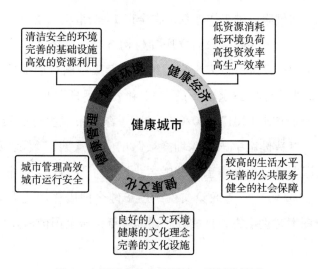

图3 中国城市健康发展的五维评价模型

资料来源：课题组自绘。

---

① 2022年，我国共有333个地级行政区，包括293个地级市、30个自治州、7个地区和3个盟。其中，港澳台地区以及部分地级市由于缺少评价的系统数据暂未纳入评价范围。

（一）综合维度评价：城市健康发展"短板"问题有所缓解

根据城市健康发展水平评价结果，2022年，北京、上海、深圳、南京、厦门、杭州、无锡、广州、苏州和宁波等10座城市依次位居城市健康发展指数综合排名前10位，健康发展水平前10强城市格局基本稳定，均来自东部沿海地区。其中，北京市城市健康发展水平超过上海和深圳，跃居全国首位。2022年，北京市居民健康素养水平达到40.5%，卫生健康、教育支出占比共计26.1%，比2021年提高1.4个百分点；基本公共卫生服务项目增加到28项，重大慢性病过早死亡率降至10.5%；已组建覆盖全市16区的62个综合医联体和32个紧密型医联体，建成互联网医院40家，卫生服务可及性和质量指数已进入全球前10%。① 2022年，上海市居民健康素养水平达到39.42%，创历史新高并实现15年"连升"。近年来，上海市积极完善基层爱国卫生与健康促进工作体系，在全市14个市辖区建立了爱国卫生和健康促进中心，全市400多家公立医疗机构健康促进委员会建设实现全覆盖，且有3个健康促进案例入选全国第二批健康中国行动推进地区典型经验。② 深圳市对标党和国家赋予的"民生幸福标杆"城市，相继出台了《健康深圳行动计划（2017—2020年）》《深圳市卫生与健康"十三五"规划》《关于打造健康中国"深圳样板"的实施意见》《深圳经济特区健康条例》《深圳市卫生健康事业发展"十四五"规划》《健康深圳行动计划（2021—2030年）》等政策文件，逐步健全健康深圳建设的政策保障体系，健康深圳建设取得积极成效，连续多年位居全国健康发展水平前10强城市。

---

① 《北京卫生服务可及性和质量指数进入全球前10%》，https：//m.gmw.cn/baijia/2022-09/01/35993936.html，最后检索时间：2023年8月5日。

② 2022年5月，健康中国行动推进委员会办公室从2021年征集的185个案例中评审出32个案例，作为第二批健康中国行动推进地区典型经验案例并向全国推介，上海市共有3个案例入选，分别是：（1）打造健康科普"主阵地""主力军"，全面加强医疗卫生机构健康教育与健康促进工作；（2）社区运动健康师，打通党和政府服务人民群众身心健康的"最后一公里"；（3）关爱职工健康，共享美好生活。

但从健康评价的内部结构看，综合排名靠前的城市各项指标得分并不均衡，城市的健康发展均存在不同程度的"短板"（见图4）。

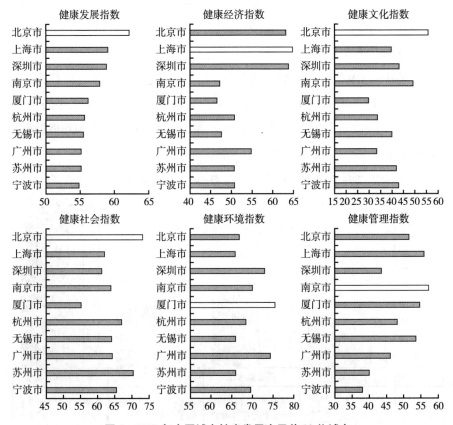

图4 2022年中国城市健康发展水平前10位城市

资料来源：根据《中国城市统计年鉴2022》数据计算绘制。

为了进一步识别城市健康发展的"短板"，本报告通过如图5所示计算方法评估城市各个子系统之间是否达到平衡协调，进而将全国城市划分为健康城市、Ⅰ类亚健康城市、Ⅱ类亚健康城市和Ⅲ类亚健康城市。结果显示，2022年全国达到相对健康发展状态的城市即健康城市有44座（占全部城市比重的15.28%），与2021年相比，达到健康城市标准的城市增加了2座。与此同时，中国城市健康发展的"短板"问题有所缓解，Ⅰ类亚健康城市

占比明显提升,由 20.91%上升至 21.55%,Ⅱ类亚健康城市占比基本持平,Ⅲ类亚健康城市占比则下降了 1.10 个百分点。总体而言,随着健康中国战略的深入实施,我国城市健康发展状态呈现逐年好转态势。其中,北京市由于健康环境指数提升显著,经济质量、民生建设、生态环境和城市健康运行呈现同步向好的发展态势,首次入围全国健康城市序列。2022 年,北京市大气环境中的 PM2.5 下降到 30 微克/米³,连续两年达到国家二级标准,优良天数由 2013 年的 176 天增加到 286 天,重污染天数则由 2013 年的 58 天减少到 3 天,空气质量全面大幅度改善,大气治理成效被联合国环境署誉为"北京奇迹"。

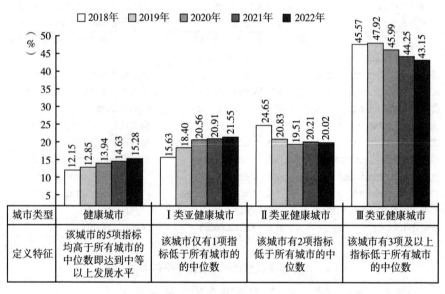

图 5　2022 年中国城市健康发展水平比较

资料来源:根据《中国城市统计年鉴 2022》数据计算绘制。

(二)结构维度评价:城市健康发展差距呈现逐渐缩小态势

2015~2022 年,城市健康发展指数的变异系数呈现逐年下降的趋势,由 2015 年的 0.156 下降至 2022 年的 0.093,表明全国城市的健康发展水平差距呈现逐渐缩小的态势(见图 6)。

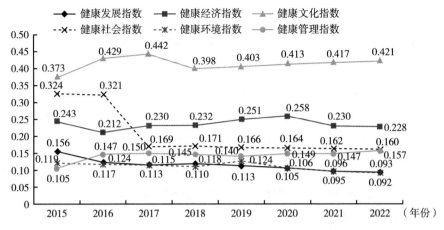

图6 2015~2022年中国城市健康发展指数变异系数

资料来源：根据历年《中国城市统计年鉴》数据计算绘制。

1. 健康经济维度

经济发展水平和收入分配是影响健康可及性的重要因素。2015~2022年，城市健康经济指数的差距变化不明显，其变异系数呈现小幅波动态势。2022年，面对复杂严峻的外部环境，我国国民经济持续恢复、总体回升向好，高质量发展扎实推进，为保障居民健康提供了坚实的经济基础。国家统计局数据显示，2022年，全国城乡居民人均可支配收入分别为44926元和17501元；全国居民人均可支配收入基尼系数则由2012年的0.474下降至0.465；全国居民人均消费支出24538元，其中，医疗保障相关人均消费支出2120元；基本公共卫生服务经费人均财政补助标准提高至84元，经济发展水平和人均收入的提升有力促进了健康公平和可及性。

2. 健康环境维度

良好的生态环境质量和高效的资源利用是城市健康发展的重要基础，也是实现健康城市的重要途径。2015~2022年，城市健康环境指数的变异系数总体呈逐渐下降态势，表明我国各城市的生态环境质量、资源节约集约利用水平的差距趋于缩小。尤其是党的十八大以来，我国以前所未有的力度向大气污染宣战，空气质量改善取得了历史性成就。2013~2022年，我国在GDP翻倍的情况下，

PM2.5平均浓度下降了57%，重污染天数减少了93%，成为全球空气质量改善速度最快的国家。① 其中，京津冀地区环境空气质量改善尤为显著，继2021年京津冀三地PM2.5年均浓度首次全部迈入"30+"阶段以来，三地PM2.5平均浓度继续同比下降，与2013年相比降幅均达到60%以上。北京市PM2.5浓度由2013年的89.5微克/米³下降至2022年的30微克/米³；天津市和河北省PM2.5浓度分别降至37微克/米³、36.8微克/米³，空气质量均达到有监测记录以来的最好水平。② 目前，京津冀三地生态环境部门通过联合立法、统一规划、统一标准、协同治污，继续推动区域生态环境质量改善。

3.健康社会维度

城市的健康发展应以共享社会建设成果为重点，全面提升医疗卫生、文化教育、养老等保障能力，实现全体国民共享发展成果。2015~2022年，城市健康社会指数的变异系数降幅最为显著，由2015年的0.324缩小至2022年的0.160，表明各城市在提高基本公共服务均等化和社会保障等民生建设方面取得了明显成效，区域间的差距逐渐缩小。近年来，我国不断加大在医疗卫生领域的投入力度，政府卫生支出占财政支出的比重由2000年的4.47%提升至2021年的8.35%，占卫生总费用比重由2000年的15.47%提升至2021年的26.91%，占国内生产总值比重由2000年的0.71%提升至2021年的1.81%（见图7）。与此同时，我国加快优质医疗资源扩容和区域均衡布局，全国已设置13个专业类别的国家医学中心，同时在医疗资源薄弱的地区批复设置76个国家区域医疗中心，组建各种形式的医联体1.5万个，持续推动优质医疗资源下沉。截至2022年底，87.7%的县医院达到了二级医院能力，45.6%的县医院达到了三级医院能力。③

---

① 《国务院新闻办就"加强生态环境保护，全面推进美丽中国建设"举行发布会》，https：//www.gov.cn/lianbo/fabu/202307/content_6895032.htm，最后检索时间：2023年9月10日。

② 《京津冀生态环境联建联防联治新闻发布会》，http：//hbepb.hebei.gov.cn/hbhjt/xwzx/meitibobao/101665709134872.html，最后检索时间：2023年9月10日。

③ 《国家卫生健康委员会2023年4月13日新闻发布会 介绍优质医疗资源扩容下沉和区域均衡布局有关情况》，http：//www.nhc.gov.cn/xwzb/webcontroller.do？titleSeq=11514&gecstype=1，最后检索时间：2023年9月10日。

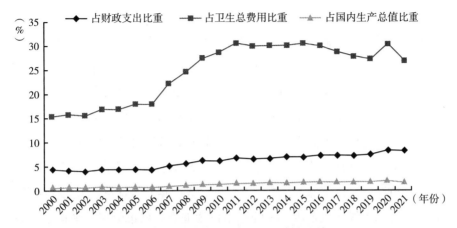

图7 2000~2021年我国政府卫生支出情况

资料来源：根据《中国卫生健康统计年鉴2022》数据计算绘制。

4.健康文化维度

健康文化是城市健康发展的重要支撑，丰富的公共文化设施和良好的人文环境对于促进和维护居民身心健康尤为重要。然而，与城市健康发展的其他分项指数相比，城市健康文化指数的变异系数近年来一直处于高位，由2015年的0.373扩大至2022年的0.421。近年来，我国大力实施文化惠民工程，2015年，中办、国办印发了《国家基本公共文化服务指导标准（2015—2020年）》，2017年3月正式实施《中华人民共和国公共文化服务保障法》，2023年8月，国家发展改革委等部门联合印发了2023年版《国家基本公共服务标准》，明确了公共文化设施免费开放、收听广播、读书看报、少数民族文化服务等7项公共文化服务的对象、内容和标准，为各地市提升公共文化服务供给质量、推进基本公共文化服务标准化和均等化提供了重要依据。然而，我国城乡之间和区域之间的公共文化服务发展差距依然较大。东部地区的健康文化指数高于西部和东北地区。如何进一步推动公共文化资源合理配置、缩小城乡和地区之间公共文化服务差距，让不同地区人民均享有更加充实、更为丰富、更高质量的精神文化生活，仍是我国公共文化事业高质量发展的重要任务。

5. 健康管理维度

城市的健康发展需要城市具有高效的管理能力及确保城市居民生命和财产安全的能力。2015~2022 年，城市健康管理指数的差距变化不明显，其变异系数呈现小幅波动态势。当前，全球经济不确定性、极端天气气候事件和突发重大公共卫生事件等全球问题的出现，给城市健康发展带来前所未有的挑战与压力。为应对上述不确定性风险和挑战，我国各地市把全生命周期管理理念贯穿城市规划、建设、管理全过程各环节，城市体检评估全面开展，城市管理执法体制改革深入推进，互联网、大数据、云计算、人工智能等新一代信息技术手段在城市治理中的运用持续加强，城市管理水平持续提高。南京作为全国健康发展水平前 10 强城市，健康管理指数位居前 10 强城市首位。作为国家城市安全风险综合监测预警平台建设 18 个试点城市之一，南京已初步建成涉及城市地下管网、油气管线、电力运行等 20 多个领域的感知监测系统，在全市 101 个街道（镇）挂牌成立了"应急管理—消防一体化工作站"，不断筑牢城市安全基层组织网络，城市安全风险感知预警能力明显提升。

（三）区域维度评价：城市健康发展水平呈显著的梯度特征

从四大区域来看，中国城市的健康发展水平区域差异依然显著，表现为东部地区最高，中部和西部地区次之，而东北地区发展水平最低，四大区域健康发展指数分别为 47.89、46.12、44.27 和 42.70，健康经济、健康文化和健康社会指数呈现同样的区域差异格局（见图 8）。东部地区除了在健康经济、健康社会和健康文化等方面依然保持领先优势外，健康环境指数亦位居四大区域首位，主要得益于较高的资源综合利用率，东部地区的生活垃圾无害化处理率、工业固体废弃物综合利用率等指标远高于东北、西部和中部地区；西部地区的健康环境指数居四大区域第 2 位，主要得益于优良的生态环境质量，西部地区空气优良天数均值达到 329 天，远高于东部地区（308 天）和中部地区（295 天）。东北地区的健康发展、健康经济、健康文化、健康社会、健康环境和健康管理指数均位居四大区域末位，其经济增长乏力、基本公共服务投入不足、绿色转型发展任务艰巨等问题依然突出。

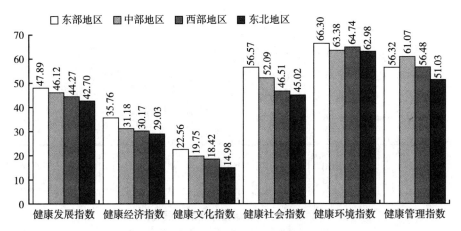

图8 2022年中国四大区域城市健康发展水平

资料来源：根据《中国城市统计年鉴2022》数据计算绘制。

从省域视角来看，全国30个省区市的城市健康发展指数呈现梯度变化特征（见图9），北京和上海的健康发展指数显著高于其他省区市（均超过了60），位居引领全国城市健康发展的第1梯队。浙江、江苏、新疆和福建位居第2梯队，健康发展指数均超过了50。湖南、江西、湖北、重庆等13个省区市位居第3梯队，健康发展指数均超过了45。除了陕西和山西，中部其他四省份健康发展指数均位于第2或第3梯队，中部地区城市健康发展状况改善较为明显。其中，湖北、河南和吉林综合指数排名上升幅度较大，相比2021年分别提高了8位、5位和5位。2022年，湖北省城乡居民健康素养水平达到33.4%，武汉和宜昌入选全国健康样本城市；新创全国示范性老年友好型社区45个，老年友善医疗机构建成率达到88%①，启动37个城市医联体建设，组建县域医共体130个，健康湖北建设成效显著。

---

① 《2023年湖北省卫生健康工作会议召开！十大重点工作》，https://www.hbcdc.com/zdzl/xgftcthfk/9950.htm，最后检索时间：2023年9月10日。

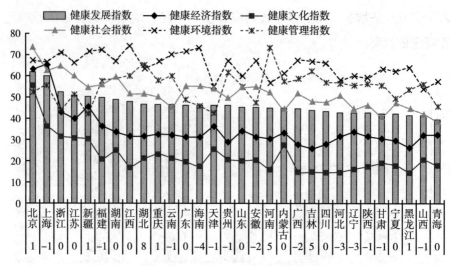

图9 2022年中国省域城市健康发展指数比较

注：下方数字为健康发展指数排名变化情况。

资料来源：根据《中国城市统计年鉴2022》数据计算绘制。

（四）城市群维度评价：长三角城市群健康发展水平位居首位

城市群是国家新型城镇化的核心区域，也是我国经济增长的核心引擎，以及我国参与全球竞争的重要载体，城市群的健康发展对于我国全面建设社会主义现代化国家尤为重要和关键。本报告对全国18个城市群的健康发展状况进行了系统评价①，结果显示，城市群的健康发展水平总体改善明显，但不同维度表现存在差异。长三角、珠三角和海峡西岸城市群健康发展指数居全国前3位，其次是京津冀城市群、长江中游城市群和成渝城市群（见图10）。长三角城市群各项发展指数较为均衡，经济质量、民生保障、生态环境和城市健康运行呈现同步向好的发展态势。

珠三角城市群健康经济指数位居首位，面对严峻复杂的国内外形势表现出较强的经济韧性，2022年，珠三角城市群九市GDP合计达10.47万亿元。从反

---

① 《中华人民共和国国民经济和社会发展第十四个五年规划和2035年远景目标纲要》明确提出构建19个城市群，天山北坡城市群数据缺失较多，故未纳入本年度评价之中。

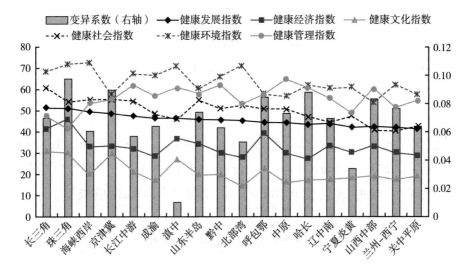

图10 2022年中国城市群健康发展指数及其变异系数比较

资料来源：根据《中国城市统计年鉴2022》数据计算绘制。

映城市群健康水平差异程度的变异系数来看，珠三角城市群的变异系数超过了0.10，存在首位城市或核心城市的健康发展指数显著高于城市群内其他城市的现象，尤其是珠江口东岸与西岸地区的发展差距依然显著。2000~2022年珠江口东岸与西岸地区生产总值的绝对差距由2943亿元扩大到37539亿元，相对差距由2.9倍扩大到4.3倍，亟须通过深化产业协作分工、提升基础设施均衡通达和基本公共服务均等化，推进珠三角城市群一体化高质量发展。

海峡西岸城市群健康发展指数居第3位，主要得益于较高的生态环境质量和安全有序的城市运行管理。其中，福建省的生态环境质量多年来持续位居全国前列，2022年，福建省城市空气质量优良天数比例达到99.2%，单位地区生产总值能耗、碳排放强度为全国平均水平的68%、60%，GDP达到5.31万亿元（跃居全国第8位），GDP同比增长4.7%，高于全国3.0%的平均水平，在推动形成以生态优先、绿色发展为导向的高质量发展路径方面作出了卓有成效的探索。

京津冀城市群健康发展指数位居第4位，健康发展水平相比较2021年有所提升。从各分项指数的变异系数来看（见图11），京津冀城市群健康环境指数的变异系数最小，表明京津冀城市群环境治理质量指标向好且城市间差异性降低，尤其党的十八大以来，京津冀城市群 PM2.5 年均浓度、单位 GDP 水耗和单位 GDP 能耗降幅分别达 53.15%、90.44% 和 30.57%。值得注意的是，京津冀城市群健康文化指数的变异系数最大，表明京津冀城市群公共文化服务发展不均衡的问题较为突出。例如，2022 年，北京、天津和河北人均教育文化娱乐消费支出分别为 3272 元、2546 元和 2441 元，每百人公共图书馆藏书量分别为 512 册、198 册和 99 册。如何有效推动基本公共文化服务均等化发展，实现人民精神文化生活共同富裕，是京津冀城市群面临的重要任务。

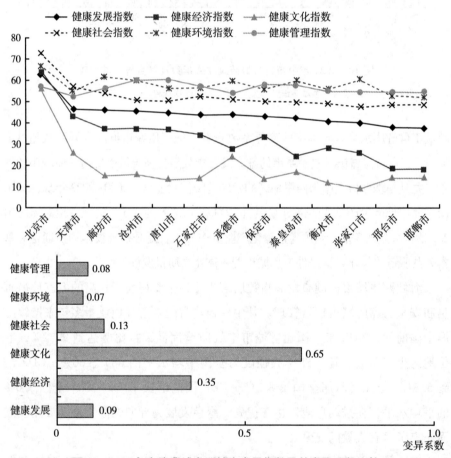

图 11　2022 年京津冀城市群健康发展指数及其变异系数比较

资料来源：根据《中国城市统计年鉴 2022》数据计算绘制。

三　中国城市健康发展的对策建议

习近平总书记指出，现代化最重要的指标还是人民健康，这是人民幸福生活的基础。全面推进健康中国建设是关系我国现代化建设全局的战略任务之一。未来，我国应坚持以人民为中心的发展思想，加快完善健康促进政策体系；坚持因区施策，提升健康服务质量和可及性；坚持健康公平，扎实推动全体人民共同富裕；坚持系统观念，筑牢中国式现代化的健康基础。

（一）坚持人民至上，加快完善健康促进政策体系

党的二十大报告将"健康中国"作为我国 2035 年发展总体目标的一个重要方面，提出"把保障人民健康放在优先发展的战略位置，完善人民健康促进政策"。加快完善以人民为中心的健康促进政策体系成为"健康中国"战略实施的重要内容。一是从重大公共政策制定着手，注重打破部门壁垒，将经济发展、医疗卫生、生态环境、社会保障等领域统筹融合，逐步促进将健康融入重大政策、重大规划、重大项目中，推动卫生健康服务从以治病为中心向以健康为中心转变，充分发挥健康对维护社会公平正义、促进共同富裕的支撑保障作用。二是要健全健康中国战略落实落细的相关机制，包括协调推进机制、监测评估机制、考核评价机制、宣传推广机制、支撑保障机制，引导地方落实党委政府主体责任，确保健康中国行动各项任务有效落实，全方位、全周期保障人民健康。三是应逐渐将宏观层面的制度优势与微观层面的健康塑造相结合，加快完善政府、社会和市场共同行动的健康促进机制，鼓励专业机构建立健全健康监测、调查和评估制度，鼓励各类科技创新主体开展前瞻性研究和应用研究，重点加强重大传染性疾病所需疫苗、新检验检测技术、主动健康干预技术、重大传染病和重大慢性病防治关键技术的研发，形成维护和促进健康的合力。

（二）坚持因区施策，提高健康服务质量和可及性

随着健康中国战略的深入实施，我国城市健康发展水平总体差异呈现逐

渐缩小趋势，但四大区域以及城市群内部健康服务质量和可及性仍存在较大差距。在环境治理和公共服务供给方面完善区域协同机制，增强区域内公共政策的联动性、强化分类分区施策，是破解区域发展不平衡不充分的关键所在。一是坚持以健康公平为导向，坚持发展政府主导、公益性主导、公立医院主导的医疗卫生服务体系，持续均衡医疗卫生资源布局，促进优质医疗卫生资源合理扩容和下沉，推进区域医疗中心及医联体建设，着力加强县域医疗服务能力建设，不断缩小区域之间、城乡之间、人群之间在健康服务质量和可及性上的差异。二是坚持因区施策提升城市健康发展水平。对于东部地区，积极推进新一代信息技术在医疗卫生、文化教育、城市运行和环境治理等领域的应用，加大健康城市试点和智慧城市试点的数据共享、政策协同和联动机制；对于西部地区，积极引进医疗卫生领域的人才和技术，形成西部地区城市健康发展的良性循环机制；对于东北地区，要把握东北全面振兴新机遇，持续推进经济复苏，夯实城市健康的经济基础，加快健全社会保障体系，力争在增进居民健康福祉方面实现新突破。对于中部地区，注重打破行政区划壁垒，推动教育、文化、医疗卫生等优质公共服务资源在都市圈、城市群等更广泛地域空间进行优化配置，加强生态环境保护联防联控联治，积极改善影响健康不公平的各种经济社会环境因素，构建促进城市健康、公平、可持续发展的长效机制。

（三）坚持健康公平，扎实推动全体人民共同富裕

健康是促进人的全面发展的必然要求，是经济社会发展的基础条件，是民族昌盛和国家富强的重要标志，健康也是脱贫和实现共同富裕的基础与动力。党的十八大以来，我国健康扶贫工作取得积极成效，全面实现农村贫困人口基本医疗有保障，累计帮助近 1000 万个因病致贫返贫家庭成功摆脱贫困。[1] 然而，因病致贫返贫仍是农村人口及低收入群体贫困的主要原因之

---

[1] 《国家卫生健康委员会 2022 年 5 月 24 日新闻发布会 介绍党的十八大以来健康扶贫工作成效以及与乡村振兴有效衔接工作进展》，http：//www.nhc.gov.cn/xwzb/webcontroller.do？titleSeq＝11444&gecstype＝1，最后检索时间：2023 年 9 月 10 日。

一，如何进一步巩固拓展脱贫攻坚成果，如何进一步提升脱贫地区的健康福祉，以及如何防止因病返贫致贫的风险，仍是我国当前及今后一段时期面临的重要任务。有鉴于此，一是要加快建立防止因病返贫致贫长效机制，包括健全因病返贫致贫动态监测机制、重大疾病医疗保险救助机制以及低收入人群常态化精准健康帮扶机制，加强对易返贫致贫人口的动态监测，分类建立覆盖农村低收入人口和脱贫人口的参保台账，守牢不发生规模性返贫底线，积极应对脱贫地区和脱贫群体的健康贫困风险；二是要切实将健康因素融入巩固拓展脱贫攻坚成果过程中，促进基本医保、大病保险和医疗救助三重制度互补衔接，即发挥基本医保主体保障功能，增强大病保险减负功能，夯实医疗救助托底保障功能，筑牢脱贫群体及中低收入家庭基本医疗保障"安全网"，扎实促进共同富裕。

（四）坚持系统观念，筑牢中国式现代化健康基础

人民健康是中国式现代化的应有之义，应深刻认识健康在现代化建设中的重要地位和作用，切实把健康放在优先发展的战略位置，加快完善推进中国式现代化的健康促进和健康治理机制，筑牢中国式现代化的健康基础。一是建立涵盖多领域的健康促进机制。WHO《组织法》明确强调，健康促进不仅是减少疾病，更重要的是通过健康的社会、环境和经济决定因素，解决其根源问题。因此，应加快建立涵盖健康经济、健康社会、健康文化、健康环境和健康管理等多领域的健康治理机制，从提升经济韧性、提高社会保障水平、提升文化服务效能、改善环境质量、保障城市安全运行等多维度保障全民健康，全面促进城市健康发展。二是建立涵盖多主体的健康治理机制。城市发展面临的健康风险不是单一系统的风险，而是涉及经济运行系统、医疗卫生系统、交通运输系统、公共服务系统以及应急保障系统，应坚持系统观念，发挥政府的统筹协调作用，强调各部门协同联动；突出依靠群众，调动全社会参与的积极性、主动性、创造性；强化个人作为自己健康第一责任人的责任，构建"政府主导、部门联动、社会协同、人人参与"的多元共治格局，形成维护和促进健康的强大合力。

参考文献

武占云、单菁菁、马樱娉：《健康城市的理论内涵、评价体系与促进策略研究》，《江淮论坛》2020年第6期。

唐立娜、蓝婷、邢晓旭等：《中国东部超大城市群生态环境建设成效与发展对策》，《中国科学院院刊》2023年第3期。

孔艳艳：《坚持中国特色疾病预防之路　助力健康中国建设——专访健康中国行动专家咨询委员会委员、中国科学院院士、中国疾病预防控制中心主任高福》，《健康中国观察》2022年第1期。

杨彦帆：《全面实现农村贫困人口基本医疗有保障》，《人民日报》2022年5月27日。

附录1　评价方法与评价模型

本报告城市健康发展评价指标体系包括健康经济、健康社会、健康环境、健康文化和健康管理等5个方面，涉及大量不同性质的指标和数据，为保证数据的可加性和可比性，本报告先对所有数据进行无量纲化处理和逆指标的同趋化处理，然后通过德尔菲法初步确定各指标的权重，再利用因子分析法进行检验和校正，最后对健康城市指数进行综合评价。

首先，对数据进行如下标准化处理。

正指标的标准化：

$$Y_n = \frac{y_n - \min\limits_{1 \leqslant n \leqslant p}(y_n)}{\max\limits_{1 \leqslant n \leqslant p}(y_n) - \min\limits_{1 \leqslant n \leqslant p}(y_n)} \tag{1}$$

逆指标的标准化：

$$Y_n = \frac{\max\limits_{1 \leqslant n \leqslant p}(y_n) - y_n}{\max\limits_{1 \leqslant n \leqslant p}(y_n) - \min\limits_{1 \leqslant n \leqslant p}(y_n)} \tag{2}$$

公式中，Y_n 为 n 指标的标准化值；y_n 为某城市 n 指标的原始值；$\max y_n$ 为各城市 n 指标的最大样本值；$\min y_n$ 为各城市 n 指标的最小样本值。

其次，利用德尔菲法进行指标赋权。组织城市健康发展领域的专家进行指标赋权，逐级确定各项指标的权重，对健康城市指数进行预评价和预测算。

再次，建立因子分析模型进行检验校正：

$$\begin{cases} x_1 = a_{11} F_1 + a_{12} F_2 + \cdots + a_{1m} F_m + a_1 \varepsilon_1 \\ x_2 = a_{21} F_1 + a_{22} F_2 + \cdots + a_{2m} F_m + a_2 \varepsilon_2 \\ \qquad\qquad\qquad \cdots \\ x_n = a_{n1} F_1 + a_{n2} F_2 + \cdots + a_{nm} F_m + a_n \varepsilon_n \end{cases} \tag{3}$$

其中 x_1、x_2、$\cdots$、x_n 为 n 个原变量，F_1、F_2、$\cdots$、F_m 为 m 个因子变量。通过矩阵转换，求解公因子。

$$X_i = HE_j + \varepsilon_i = \sum_{j=1}^{n} h_{ij} e_j + \varepsilon_i \tag{4}$$

（$1 \leqslant i \leqslant p$、$1 \leqslant j \leqslant m$）

其中：H 为因子载荷阵，E_j 为公因子，h_{ij} 为因子载荷，ε_i 为残差。

利用上述模型，使用 SPSS 软件进行因子分析，采用最大方差正交旋转法（Varima）求解公因子，计算各因子的变量得分和综合得分，并对其显著性水平进行测度。

最后，根据因子分析模型和德尔菲法的预测算结果，调整校正健康城市评价指标体系的指标因子及其权重分布，分别计算得出城市的健康经济指数、健康文化指数、健康社会指数、健康环境指数、健康管理指数，并在此基础上，综合计算和形成健康城市指数。

$$I_h = \sum_{j=m}^{i=n} \lambda_i \lambda_{ij} Z_{ij} \tag{5}$$

$$UHDI = \sum_{h=1}^{5} A_h I_h \tag{6}$$

其中：$I_{h(h=1、2、3、4、5)}$ 分别为健康经济指数、健康文化指数、健康社会指数、健康环境指数和健康管理指数，λ_i 为 i 项指标的权重，λ_{ij} 为 i 项指标下的第 j 因子变量的权重，Z_{ij} 为 i 项指标下的第 j 因子变量的标准化值，m 为各指标所包含的因子数量，n 为各指数所包含的指标数量，UHDI 为健康城市指数，$I_{h(h=1、2、3、4、5)}$ 为各分项指数，$A_{h(h=1、2、3、4、5)}$ 为各分项指数的权重。

经济韧性篇

Economic Resilience Chapters

B.3

数字经济背景下数字创新对产业韧性发展的影响研究

王 菡　端利涛*

摘　要： 提升产业韧性是建设现代化产业体系的重要内容，是增强经济社会韧性的关键环节。数字经济时代，快速迭代更新的数字技术不断催生出新的价值创造，为产业韧性提升提供了新动力。本报告基于数字经济背景，面向着力提升产业链供应链韧性和安全水平的现实需求，研究了数字创新对产业韧性发展的影响。研究发现，数字创新可以通过增强产业自主创新能力、优化要素配置效率、丰富产业业态三个方面提升产业韧性；我国多地区产业韧性水平和数字创新水平均呈现上升趋势，且存在明显的不平衡现象，产业韧性的空间差异性尤为突出；数字创新增长可以显著促进产业韧性水平提升，东部地区数字创新对产业韧性的提升效应

---

* 王菡，中国社会科学院生态文明研究所博士后，研究方向为城市与区域经济、数字经济等；端利涛，中国社会科学院数量经济与技术经济研究所助理研究员，博士，研究方向为数字经济。

明显大于中西部地区。基于研究结论，本报告认为未来应进一步深入实施创新驱动发展战略，大力推动数字创新，同时注重市场一体化和城市化发展的地理集聚效应与数字虚拟集聚优势的空间融合。

关键词： 数字创新 产业韧性 要素配置效率 自主创新能力

一 引言

党的二十大报告提出，要"加快建设现代化经济体系，着力提高全要素生产率，着力提升产业链供应链韧性和安全水平"。维护产业链供应链的韧性与稳定，增强产业链的自主可控能力，是加快建设现代化产业体系的首要任务。我国高度重视产业韧性建设，各地方政府相继出台了推进产业链供应链韧性建设、加快构建现代化产业体系的行动方案，有效提升了产业韧性水平。然而，我国部分地区产业基础薄弱、要素配置效率偏低、基础创新能力不足、重点领域产业链自主可控能力不强等问题依然存在，应对内外冲击的抵抗能力和恢复能力依然偏低。而且，受世界百年未有之大变局加速演进、经济全球化遭遇逆流、国际环境日趋复杂、不稳定性不确定性加剧等多方面因素影响，产业韧性建设面临较大挑战。

2023年国务院《政府工作报告》提出，要"深入实施创新驱动发展战略，推动产业结构优化升级""推进科技自立自强，紧紧依靠创新提升实体经济发展水平，不断培育壮大发展新动能，有效应对外部打压遏制""推动产业向中高端迈进……促进数字经济和实体经济的深度融合"。这为推进产业韧性建设指明了方向、明确了实施路径。数字经济被普遍认为是经济高质量发展阶段新动能的主要构成部分和实现新旧动能转换的主要推动力，其以体现信息生产方式为特质，是一种基于数字技术或新一代信息技术的经济形态。数字创新是因使用数字技术而产生的市场产品、业务流程或设计的创造

（及其随之而来的变化）。根据熊彼特《经济发展理论》，创新被视为对现有生产要素不断进行重新组合的过程。数字创新亦是如此，但是与传统创新又存在本质不同，其必要非充分条件是新的生产要素组合依赖于数字化。数据作为数字经济的核心生产要素，不仅丰富了原有生产要素体系，还丰富了生产要素的组合方式，催生出新的价值创造和价值攫取（分配）途径。数字创新以数据为基础要素，通过对人才、资本、技术等生产要素的重组和延伸不断实现自身的迭代进化，基于旧的数字技术或 IT 能力实现不同生产要素的发展、融合、流通，缩短了创新周期、加速了创新进程。与传统创新相比，不断涌现的数字创新推动数字技术发展，同时基于通用目的性，广泛应用于其他产业，使其他产业的产品形态、业务流程、组织方式、生产方式发生了颠覆性变革，为产业韧性发展提供了更为强大的驱动力。

二 产业韧性的内涵

就经济领域的韧性而言，经济韧性可被描述为一个国家或地区在遭受内外部冲击时自身做出适应性的动态调整能力，是能否长期地、持续地提升经济系统稳定性的关键属性，更为强调在遭受外部冲击时适应性调整的动态过程，一般蕴含着四个维度特征，即抵御冲击和吸收冲击的能力、遭受冲击之后经济系统恢复的速度和程度、遭受冲击之后重新整合要素资源并调整内部经济结构适应新的外部环境的能力，以及遭受冲击之后经济系统的路径创造能力。

产业韧性是经济领域韧性的核心组成部分，国内外相关研究主要围绕产业结构转型、产业结构多样化、产业结构专业化、产业集聚水平等因素对韧性的作用来展开。学者普遍认为产业集聚水平较高地区、产业结构合理化和高级化水平较高地区、产业结构专业化和多样化地区具有更强的适应能力，且在遭遇经济危机之后表现出较强的恢复能力和韧性。

产业韧性提升是建设现代化产业体系的重要内容。根据相关研究，联系经济发展实际，本报告认为产业韧性是指产业应对内外部冲击的能力，具体

表现为产业在遭受国内外冲击时能够维持自身稳定的状态、调整适应并恢复到遭受冲击之前的运行状态，甚至是在后危机时期实现产业转型升级的能力。具有较强韧性的产业在受到内外部冲击引起的环境变化后一般表现出较强的适应调整能力，不仅可以抵御冲击可能带来的损失，还可以在复杂多变的环境中迅速做出反应，消除冲击带来的影响，甚至是在危机后期实现产业结构的优化升级，成为稳定性和适应性更强的产业结构。

三 数字创新驱动产业韧性提升的作用机制

新经济形态下，为实现产业韧性提升，不仅需要明晰产业韧性的内涵，还需要厘清数字创新驱动产业韧性提升的作用机制，本报告结合影响产业韧性的自主控制能力、要素配置能力、产业基础及产业链的完整度等因素，依据数字创新的属性特征，从增强产业自主创新能力、优化要素配置效率、丰富产业业态三个方面，分析探讨数字创新对产业韧性提升的作用路径。

（一）数字创新助力增强产业自主创新能力

数字创新改变了创新的本质，正日益成为增强产业自主创新能力的主要抓手。与传统创新相比，数字创新有三个独特特征，即数据同质化（一旦数字化，任何信息均可被任何数字设备存储、转换、传输和跟踪）、可重编程性（数字信息可通过重新编程的方式进行编辑）、数字技术自我参照性（数字技术既是基础也是数字创新的结果）。这些特点使得数字技术能够实现分布式创新、组合创新，并进一步使得企业能够通过创造具有某种核心功能的数字技术平台而不是单一产品来进行创新。数字技术平台是企业开发新产品、技术或服务的基础，基于数字技术平台，企业可以组织外部力量参与创新过程，能够聚合不同行业不同领域的知识资源，推动形成创新活动活跃度更强、创新产出更多的创新生态。《数字中国发展报告（2022年）》显示，2022年我国信息领域相关PCT国际专利申请近3.2万件，全球占比达37%；数字经济核心产业发明专利授权量达33.5万件，同比增长17.5%；

关键数字技术研发应用取得积极进展，特别是在集成电路、人工智能、高性能计算、EDA、数据库、操作系统等方面取得重要突破。

（二）数字创新助力优化要素配置效率

在要素配置过程中，市场通过价格机制、竞争机制实现对要素的优化配置，以期实现效益最大化。但是受市场分割、信息不对称、交易成本等因素影响，要素配置通常处于非瓦尔拉斯均衡状态，难以实现帕累托最优，造成全要素生产率损失，诱发产业结构失衡。数字技术的不断创新和产业化发展可以改善要素配置结构，提升要素配置效率。比如，数字技术可以影响产业部门生产要素的配置结构，实现对非ICT资本的替代以及非ICT资本之间的替代。再如，基于数字技术发展而来的平台经济将生产、流通、消费空间进行网络化、数据化，为商品的供给方和需求方提供信息交流、共享以及进行交易的空间，实现了生产要素的互联互通、物理空间与虚拟空间的逐步融合，为企业培育发展虚拟空间竞争优势创造了条件。虚拟空间优势在一定程度上可以削弱要素禀赋条件、成本因素、信息不对称对产业发展的限制，降低上下游企业在地理空间上的依存度以及知识技术溢出对地理空间的临近依赖，从而实现产业韧性的有效提升。

（三）数字创新助力丰富产业业态

数字技术的加速迭代创新，以及数字技术跨学科跨行业融合式创新发展，推动数字技术的产业化和传统产业的数字化转型，不断开发出新服务、新产品、新组织、新业态、新模式，不仅面向终端消费者，而且服务企业用户；不仅改变了传统产业的运行模式，还催生了新的细分产业；不仅增强了产业的专业化水平，还提升了产业的多样化水平。比如，工业互联网已融入45个国民经济大类，产业规模突破万亿元，并不断向安全生产、绿色低碳、社会治理等领域拓展。其中，上海以新一代信息技术与制造业深度融合为主线，推进打造形成"链主"平台、智能工厂、超级场景、创新生态"四位一体"的制造业数字化转型发展体系；四川、重庆鼓励支持电子信息、装

备制造、先进材料、能源化工等重点产业和细分领域的产业链重点企业共同建设行业型工业互联网平台，带动产业链上下游企业协同发展。再如，沉浸式业态以文化创意为核心内容，以 AR、VR、全息投影等数字技术为载体形成互动性和沉浸式的新业态，目前已经面向消费者的有沉浸式演艺、沉浸式灯光秀、沉浸式展览、沉浸式主题公园和沉浸式餐厅等。

四　研究方法与变量选取

（一）变量选取

（1）被解释变量为产业韧性水平（INDR）。结合上述分析，本报告从产业结构的合理化水平、产业结构多样化水平、生产性服务业占比三个方面选取指标，并采用熵权法赋权加总合成指数，以表示产业韧性水平。其中，产业结构合理化水平体现产业间的聚合质量，在一定程度上反映了产业间的协调程度和资源的有效利用程度，产业结构合理化水平越高对抗经济波动、内外部冲击的能力越强，危机后期的恢复能力也越强，具体通过使用三次产业产值及三次产业从业人员数据计算泰尔指数得到。产业多样性和异质性集聚对维持地区产业链供应链的韧性与稳定至关重要，产业结构越多样化就越有弹性，对内外部冲击的抵抗力和适应性越强。参考相关研究，采用国家统计局公布的 19 个城镇非私营单位行业数据计算赫希曼—赫芬达尔指数（HHI）来表示产业结构多样化水平，具体见计算公式（1）。生产性服务业具有较强的技术、劳动、资本要素集聚能力，是知识、技术较为密集的产业，是促进产业结构转型升级和经济高质量发展的重要动力，对外界环境变化往往表现出较强适应能力和抗冲击能力，具体以生产性服务业从业人员与城镇单位从业人员之比表示生产性服务业占比。

$$Indiv = \frac{1}{HHI} = \frac{1}{\sum_{i=1}^{n} s_i^2} \tag{1}$$

式中，$Indiv$ 表示产业结构多样化水平，取值越大表示产业多样化水平越高；n

表示细分行业总数量，s_i 表示行业 i 的从业人员与城镇单位总从业人员之比。

（2）核心解释变量。核心解释变量为数字创新增长（PAT），参考创新产出的一般量化方法，以数字技术专利授权量表示。

（3）控制变量。借鉴已有相关研究，选取与产业韧性水平提升密切相关的城市化水平（$URBAN$）、市场一体化水平（MI）、外贸依存度（FT）、产业结构服务化倾向（$INDS$）作为此次研究的控制变量。其中城市化水平以常住城镇人口占常住总人口比重表示；外贸依存度以地区外贸进出口总额与 GDP 之比表示；产业结构服务化倾向以第三产业产值与第二产业产值之比表示；市场一体化水平，综合考虑产品市场、要素市场、市场中介组织的发育程度，政府与市场的关系，以及市场的法制环境多个层面，具体采用王小鲁等[①]编制的市场化指数，表示市场一体化的相对进程。

（二）资料来源与描述性统计

本报告采用 2010~2021 年我国 31 个省（自治区、直辖市）的面板数据（不包括港澳台）。数据主要来自国家统计局编撰发布的 2011~2022 年《中国统计年鉴》《中国科技统计年鉴》。数字技术专利数据来自智慧芽全球专利数据库，根据《数字经济及其核心产业统计分类（2021）》《国际专利分类与国民经济行业分类参照关系表（2018）》匹配得到。对于部分指标变量存在的缺失数据，本报告采用线性插值法进行插补。表 1 是变量的描述性统计。

表 1　变量描述性统计

变量	变量定义	样本量	均值	标准差	最小值	最大值
$INDR$	产业韧性水平	372	0.444	0.136	0.092	0.988
PAT	数字技术专利授权量（件）	372	1322.925	3049.696	0.000	29496.000
$INDS$	产业结构服务化倾向	372	1.325	0.715	0.527	5.244
MI	市场一体化水平	372	7.750	2.227	0.000	12.390
FT	外贸依存度（%）	372	0.272	0.292	0.008	1.464
$URBAN$	城市化水平（%）	372	57.884	13.437	22.632	93.768

---

① 王小鲁、樊纲等：《中国分省份市场化指数报告》，社会科学文献出版社，2021。

（三）研究方法

根据上述数字创新作用于产业韧性的内在机制分析，设定双向固定效应模型，进一步实证检验数字创新对产业韧性的影响，具体模型如下。

$$INDR_{i,t} = \alpha_0 + \alpha_1 PAT_{i,t-1} + \alpha_c X_{i,t-1} + \mu_i + \delta_t + \varepsilon_{i,t} \qquad (2)$$

式中，$INDR_{i,t}$ 为被解释变量，表示产业韧性水平；$PAT_{i,t-1}$ 为核心解释变量，表示数字创新水平，$X_{i,t-1}$ 表示一系列控制变量，μ_i、δ_t、$\varepsilon_{i,t}$ 表示个体固定效应、时间固定效应和随机误差项，i 和 t 分别表示城市和年份。考虑到数字创新与产业韧性可能存在双向因果所带来的内生性问题，进而影响到模型估计结果的可信度，本报告采用当期被解释变量、滞后一期的核心解释变量和控制变量构建双向固定效应模型。

五　数字创新对产业韧性发展的影响分析

（一）数字创新与产业韧性水平的时空演进趋势

本报告采用核密度分析方法刻画我国 31 个省区市的产业韧性水平和数字创新水平的时空演变规律。核密度分析方法是一种非参数估计方法。在本报告中核密度曲线的水平位置表示单期样本数据产业韧性水平或数字创新水平的高低，曲线的高度和宽度体现样本数据在空间上的集聚程度，波峰的数量表示样本数据在空间上的极化程度，分布延展性（曲线拖尾程度）表示样本数据最大值和最小值的差值，拖尾越严重代表差距越大、区域内差异程度越高。对比多个单期样本数据的核密度曲线，可以识别出产业韧性水平或者数字创新水平的动态演进过程。图 1 绘制了 2011 年、2016 年、2021 年产业韧性水平和数字创新水平的核密度曲线，并基于此，进一步汇总了产业韧性水平和数字创新水平的动态演进特征，如表 2 所示。

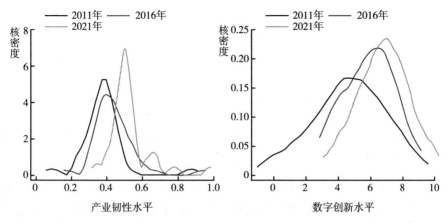

图 1　代表性年份产业韧性水平和数字创新水平的核密度曲线

资料来源：作者自绘。

表 2　我国产业韧性水平和数字创新水平的动态演进特征

变量	分布位置	主峰分布形态	分布延展性	波峰数目
产业韧性水平	右移	高度上升，宽度变小	右拖尾，延展性无明显变化	由单峰演变成多峰
数字创新水平	右移	高度上升，宽度变小	由左拖尾演变成弱拖尾	单峰

资料来源：作者整理。

从核密度曲线的分布位置来看，产业韧性水平和数字创新水平的核密度曲线均发生右移，说明我国大部分地区的产业韧性水平和数字创新水平普遍呈现上升趋势；从主峰分布形态来看，产业韧性水平和数字创新水平的核密度曲线的高度上升、宽度变小，意味着样本内各地区的产业韧性水平和数字创新水平的集聚程度呈现上升趋势，各地区之间的产业韧性水平的绝对差异和各地区之间的数字创新水平绝对差异呈现逐渐缩小趋势；从分布延展性来看，产业韧性水平核密度曲线存在明显右拖尾，延展性无明显变化，数字创新水平核密度曲线由左拖尾演变为弱拖尾，说明我国各地区产业韧性水平存在较大差异，而数字创新水平区域差异有缩小趋势；从波峰数目来看，产业韧性水平核密度曲线的波峰从单峰变成多峰，数字创新水平核密度曲线为单峰，意味着产业韧性水

平空间极化加剧，存在多极分化现象，而数字创新水平无明显极化现象。总体来看，我国各地区产业韧性水平和数字创新水平均呈现上升趋势，且不平衡现象明显存在，特别是产业韧性的空间差异性较为突出且呈现进一步加剧趋势。

（二）数字创新影响产业韧性的固定效应分析

本报告基于全国、东部地区、中西部地区样本数据分别构建双固定效应面板回归模型对其进行实证检验，得到表3的估计结果。由表3可以看出，在基于全国、东部地区、中西部地区样本数据的三个模型中，数字创新对产业韧性的影响系数分别为0.050、0.067、0.030，且分别在1%、5%和10%的显著性水平下显著，表明数字创新增长对产业韧性提升存在显著的正向促进作用，与理论预期一致。对比东部、中西部地区，数字创新对产业韧性的促进作用存在明显的区域差异，东部地区数字创新对产业韧性的提升效应明显大于中西部地区，其原因可能在于东部地区数字技术创新的迭代频率更高，创新成果更为丰富且转化为现实生产力的能力更强，而且向传统产业的渗透速度更快，传统产业的数字化发展更为成熟，对产业结构的优化调整和转型升级的促进作用更大。

表3　数字创新影响产业韧性的固定效应分析结果

变量	ln$INDR$		
	全国	东部地区	中西部地区
lnPAT	0.050 ***	0.067 **	0.030 *
	(3.19)	(2.12)	(1.66)
ln$INDS$	0.018	0.216	0.038
	(0.34)	(1.57)	(0.63)
lnMI	0.097 **	0.024 *	0.080 *
	(2.07)	(1.76)	(1.74)
FT	−0.195 ***	0.092	−0.140
	(−2.63)	(0.94)	(−0.81)
ln$URBAN$	0.425 **	0.138	0.949 ***
	(2.45)	(0.59)	(3.40)
$Constant$	−0.919 ***	−0.973 *	−0.551
	(−3.51)	(−1.80)	(−1.47)
N	341	121	220
$R-squared$	0.742	0.821	0.750

注：括号内是稳健标准误；*** $p<0.01$、** $p<0.05$、* $p<0.1$。
资料来源：作者计算。

控制变量方面，模型估计结果显示，市场一体化对产业韧性的影响系数均显著为正，且中西部地区的影响系数大于东部地区，意味着市场一体化对产业韧性提升存在显著的正向促进作用，但空间差异较为明显。可能的原因在于中西部各省份制订并已落实的市场化制度措施有效消减了要素流通的壁垒，促进中西部地区产业结构的优化调整和转型发展。而东部地区具备相对较高的市场一体化水平却表现出相对较低的产业韧性增长效应，可能是因为一系列市场化制度措施的制订和落实在带来高端要素集聚、实现规模经济以及要素市场化配置等益处之外，同时也加剧了拥挤效应，阻碍了集聚效应带来的发展优势，出现了一定程度的集聚不经济。城市化水平仅在全国、中西部地区表现出显著的积极作用，可能是因为城市化发展的要素、产业集聚效应在大部分省份依然具有明显优势作用，而在东部地区的部分省市逐渐产生了拥挤效应，与市场一体化较为相似。外贸依存度在全国层面的影响系数显著为负，但在东部地区和中西部地区的影响系数均不显著，可能是因为在日趋复杂的国际环境下较高的外贸依存度为产业发展带来了更多的不确定性和不稳定性，增加了产业发展的外部冲击。产业结构服务化倾向的影响系数为正但不显著，可能是因为部分地区在推进产业服务化发展过程中并未实现知识技术密集型产业的高质量发展，未能有效改善产业的内部结构。

六　研究结论与政策建议

（一）研究结论

本报告在回顾相关研究的基础上，从增强创新能力、优化要素配置、生成新业态新服务新模式三个方面探讨了数字创新影响产业韧性的作用机制，并进一步基于我国 31 个省区市（不包括港澳台）2010～2021 年的面板数据，运用双固定效应面板模型对其进行了实证检验。主要结论如下。

一是研究期内，我国各地区产业韧性水平和数字创新水平普遍呈现上

升趋势，且存在明显的不平衡现象，特别是产业韧性的空间差异性较为突出，存在多极分化现象。二是数字创新显著促进了产业韧性水平提升，但这种作用存在明显的空间异质性。相较于中西部地区，东部地区数字创新驱动力更强。三是控制变量方面，市场一体化对产业韧性存在显著的促进作用；城市化水平在全国、中西部地区对产业韧性具有显著促进作用，对东部地区的正向作用不显著；外贸依存度仅在全国层面表现出显著的负向作用；产业结构服务化倾向对产业韧性提升的影响普遍不显著。

（二）对策建议

综上所述，提出如下对策建议。

一方面，深入实施创新驱动发展战略，大力推动数字创新，以数字技术创新驱动产业韧性提升。一是要强化软硬基础设施建设，促进数字创新、人才、知识及其他技术等要素资源的自由流动和市场匹配，增强推进产业韧性建设的要素支撑。研究制订与数字技术创新发展相适应的市场化政策措施，大力推进数据资源统一标准体系建设，探索制订数据确权交易机制、数据安全治理机制、数据高效流通机制等基础性制度，打破技术和协议壁垒；稳步推进通信、算力、融合等数字信息基础设施建设的规模化部署和应用，有序推进传统基础设施的数字化、智能化改造，推进东、中西部基础设施协同联动和互联互通，打通数字基础设施大动脉。二是增强数字技术基础研发能力，提升产业自主可控能力。加大基础性、通用性与公共适用性数字技术的研发强度和深度，围绕人工智能、集成电路、关键软件等重点领域，积聚力量进行原创性引领性数字技术攻关，引导数字经济相对发达地区瞄准数字基础前沿领域培育打造数字技术创新策源地。三是加快推动数字技术成果转化和产业化，不断培育新业态新模式新服务新产品。建立健全与数字技术科技成果转化和产业化相适应的体制机制，构建数字技术成果转化平台，大力支持以企业为主体的中试基地建设，提升企业高质量成果转化能力，推动数字技术成果与企业、金融机构等高效对接，拓宽成果转化融资渠道。

另一方面，要注重市场一体化和城市化发展的地理集聚优势与数字虚拟集聚优势的空间融合。中西部地区应继续推进市场一体化和城市化发展，切实落实市场化制度措施和城市化发展措施，充分发挥二者对要素、产业的集聚效应，有效利用互联网络空间，发展虚拟集聚优势，弥补地理集聚能力的不足。而东部数字经济相对发达地区在推进市场一体化、城市化发展的过程中，应注重二者引致的集聚效应和拥挤效应之间的平衡性。建议在推进产业集群化发展过程中，更为注重数字信息基础设施的建设、网络空间环境的优化，通过实现虚拟空间人才、资本、技术的跨域流通、交流或交易，充分发挥网络空间的虚拟集聚优势，减弱地理集聚的拥挤效应，有效推进产业韧性建设。

参考文献

张明斗、吴庆帮、李维露：《产业结构变迁、全要素生产率与城市经济韧性》，《郑州大学学报》（哲学社会科学版）2021年第6期。

徐圆、张林玲：《中国城市的经济韧性及由来：产业结构多样化视角》，《财贸经济》2019年第7期。

郑涛、杨如雪：《高技术制造业的技术创新、产业升级与产业韧性》，《技术经济》2022年第2期。

王菡、吕本富、徐晓辰：《数字经济、产业结构与城市高质量发展——基于长江经济带的实证分析》，《城市问题》2023年第7期。

郭将、王蓓：《创新能力和产业结构调整对区域经济韧性的影响》，《经济论坛》2020年第8期。

胡树光：《区域经济韧性：支持产业结构多样性的新思想》，《区域经济评论》2019年第1期。

陈奕玮、吴维库：《产业集聚、产业多样化与城市经济韧性关系研究》，《科技进步与对策》2021年第18期。

陈晓东、刘洋、周柯：《数字经济提升我国产业链韧性的路径研究》，《经济体制改革》2022年第1期。

俞国军、贺灿飞、朱晟君：《产业集群韧性：技术创新、关系治理与市场多元化》，《地理研究》2020年第6期。

谭俊涛、赵宏波、刘文新等：《中国区域经济韧性特征与影响因素分析》，《地理科学》2020 年第 2 期。

罗黎平:《协同治理视角下的产业集群韧性提升研究》,《求索》2018 年第 6 期。

张卓群、张涛、冯冬发:《中国碳排放强度的区域差异、动态演进及收敛性研究》,《数量经济技术经济研究》2022 年第 4 期。

B.4
城市金融韧性：测度、存在的问题与政策应对

汪 勇　王远卓*

摘　要： 城市金融韧性是区域经济增长的重要动力，也是地区金融稳定发展的重要保障，深入探讨中国城市金融韧性问题具有重要的现实意义。本报告首先阐述了金融韧性的概念与内涵。在此基础上，遵循系统性、科学性和可操作性原则，从金融稳定性、金融配置效率和金融创新三大维度，构建了中国城市金融韧性测度指标评价体系。其次，开展了中国城市金融韧性的趋势性和差异化分析。最后，针对当前城市金融韧性发展存在的一些问题，如城市金融稳定性趋势下降、金融稳定与金融配置效率的发展不协调、区域间金融韧性发展不平衡性等，提出推进中国城市金融韧性有效提升的政策建议。

关键词： 城市　金融韧性　金融稳定　金融配置效率　金融创新

2008 年全球金融危机的爆发对各国金融体系造成了巨大冲击，引发了多数国家系统性金融风险和金融体系脆弱性问题，并经由实体经济传导，导致世界范围内的经济衰退。为应对上述挑战，各国金融监管当局开始普遍关注金融韧性问题，探讨金融韧性成为金融监管与改革聚焦的一大重点。同时，城市金融韧性是区域经济增长的重要动力，也是地区金融稳定发展的重

---

* 汪勇，中国社会科学院金融研究所副研究员，经济学博士，研究方向为金融科技、宏观金融与经济政策评估；王远卓，中国出口信用保险公司研究员，经济学博士，研究方向为金融创新、货币政策。

要保障。深入探讨城市金融韧性，不仅有助于维护区域金融稳定，持续发挥金融市场功能，还能够促进金融创新，提升金融服务实体经济的能力。

本报告围绕城市金融韧性这一主题，首先阐述金融韧性的概念与内涵。其次构建金融韧性的指标体系。在测算基础上，分析当前我国城市金融韧性的发展现状。最后，提出提升城市金融韧性的政策建议。

一 金融韧性的概念与内涵

对于金融韧性，当前学术研究和各国金融监管政策均未给出清晰明确的概念，同时学术探讨与政策应用方面也存在一定的实践差距。在金融韧性概念出现之前，学术界最先讨论的是经济韧性。

经济韧性是一国遭受外部环境、市场变化和激烈竞争对其发展路径和长期增长造成冲击时，该经济体应对冲击的能力，以及冲击下确保经济体避免偏离增长路径的恢复能力。经济韧性体现了经济体适应社会结构和经济制度等方面变化的能力，即有效利用外部环境和充分使用各种资源，使经济体恢复到冲击前的增长路径，或形成全新的可持续增长路径。

参考经济韧性的概念，本报告将金融韧性界定为：由金融机构、金融市场和金融基础设施所构成的金融体系，在遭受外部冲击和环境变化时，能够防范、抵御和吸收外部冲击，维护自身金融稳定、持续发挥金融配置效率和有效推动金融创新的能力。维护金融稳定、发挥金融配置效率和推进金融创新是金融韧性内涵的三大维度。从宏观层面来看，这三种能力分别对应着防范化解金融风险、服务实体经济和持续转型改革三大宏观政策维度。

二 中国城市金融韧性指标体系

目前，定量测算金融韧性的研究较少，有关城市层面金融韧性测算的研究匮乏。本报告立足金融韧性的概念与内涵，尝试建立城市金融韧性指标体系。熵的概念最早以信息熵引入信息理论，目前已经在经济学和管理学领域得到广泛应用。信息熵的指标越小，其对应指标变异性越高，对样本反馈的信息量越多，该信息熵指标在综合指标的权重也就越高；与之相反，信息熵指标越大，所占综合指标的权重也就越低。鉴于此，本报告选择熵值法测算中国城市金融韧性指数，开展金融韧性分项指标的指数权重计算，继而实现对指标评价体系的总指数计算和整体测度。

（一）中国城市金融韧性指标体系的构建

既有研究表明，金融韧性主要体现在维护金融稳定和防控金融风险、发挥金融功能和提升资源配置效率、持续推动金融创新和金融监管改革三个维度。为此，本报告基于金融韧性的概念与内涵，结合其三大基本特征和现有研究结论，借鉴前沿的指数研究方法，遵循系统性、科学性和可操作性原则，考虑指标全面性和数据可得性构建二级分项指标，并将熵值法引入分项指标指数权重计算之中，最终基于金融稳定、金融配置效率和金融创新三大维度，构建中国城市金融韧性测度指标评价体系。其中，金融稳定是构建城市金融韧性的基础，金融配置效率是发挥城市金融韧性的保障，金融创新是提升金融韧性的技术支撑。中国城市金融韧性测度指标评价体系的构建，为国内城市金融韧性提供了测量工具。本报告以实现科学、准确、定量刻画城市金融韧性变化趋势为目标，总结城市金融韧性在三个维度上的发展差异及存在的问题，进而为提升城市金融韧性提供政策建议。具体指标构成及其权重如表 1 所示。

表 1 中国城市金融韧性测度指标评价体系

一级指标	二级指标	指标性质
金融稳定（1/3）	财政赤字率（0.490）	负向指标
	贷存比（0.510）	负向指标
金融配置效率（1/3）	贷款占 GDP 比例（0.501）	正向指标
	贷款增长率（0.499）	正向指标
金融创新（1/3）	数字普惠金融指数（1）	正向指标

注：括号内的数值为指标权重。
资料来源：作者整理。

（二）中国城市金融韧性分项指标构成

从表1可以看出，三个一级指标在中国城市金融韧性总体指标的比重，均设计为占比1/3。在二级分项指标选取方面，本报告既考虑了城市经济韧性本身，又对城市金融脆弱性加以考量。

对于一级指标金融稳定，选取城市财政赤字率和贷存比的二级指标来反映城市金融稳定。城市财政赤字率和贷存比指标，均与金融稳定呈现为负向关系，即财政赤字率越高，表明政府债务风险越高，金融市场受到冲击的可能性越大，金融稳定性越低；贷存比越高，表明刚性债务比重越高，金融机构受到冲击的可能性越大，金融稳定性越低。引入熵值法计算的财政赤字率和贷存比的二级指标权重分别为0.490和0.510。

对于一级指标金融配置效率，选取贷款占GDP比例和贷款增长率的二级指标来反映城市金融配置效率。贷款占GDP比例和贷款增长率指标，均与金融效率呈现为正向关系，即贷款占GDP比例越高和贷款增长率越快，表明金融服务实体经济的力度越大，反映出金融配置效率越高。通过使用熵值法，贷款占GDP比例和贷款增长率的二级指标权重分别为0.501和0.499。

对于一级指标金融创新，选取数字普惠金融指数来反映金融创新效果。数字普惠金融指数与金融创新呈现正向关系，即数字普惠金融指数越大，表明城市的金融科技与普惠金融的结合效果越好，越有可能打破融资约束对实体经济和小微企业发展的限制，从而提高金融服务实体经济的质效。

本报告使用的数据主要来源于《中国城市统计年鉴》、城市国民经济和社会发展统计公报、财政局和人民银行公开数据、CSMAR数据库，以及北京大学数字金融研究中心发布的数字普惠金融指数。为了保证数据的真实性、可得性和及时性，本报告选取2012~2021年这个时间段[①]，最终国内

---

① 金融创新指标来源于北京大学数字金融研究中心于2022年发布的数字普惠金融指数，该指数最新更新至2021年，考虑到数据的全面性和可得性，将中国城市金融韧性测度的总体指标体系时间区间选取为2012~2021年，金融稳定和金融配置效率指标时间区间选取为2012~2022年，金融创新指标时间选取为2012~2021年。

297 个直辖市和地级市的相关数据进入该指标体系，能够较为有效反映一段时间以来我国城市金融韧性的发展。

三 中国城市金融韧性的发展状况

本报告根据所构建的中国城市金融韧性相关指标，计算得出三个一级指标指数和城市金融韧性总体指数得分。在此基础上，开展趋势性和差异化分析，并基于总体指数、分项指标和三大维度的差异化分析，阐述我国城市金融韧性的发展趋势，提炼各类城市金融韧性的差异化特征。

（一）总体指数变化趋势分析

图 1 显示，城市金融韧性指数得分保持增长态势，表明我国城市金融韧性整体水平不断提升。总体来看，我国城市金融韧性综合指数得分从 2012年的 40.87 分稳步上升至 2021 年的 60.26 分，增长了 47.4%，年均复合增长 4.4%。从历年发展来看，2013 年城市金融韧性综合指数增长最快，达到 10.4%，而在 2018 年增长率为 -0.1%，此后增长率稳步上升，在 2021 年增长率达到 6.7%。

图 2 显示，中国金融韧性总体指数排名前 10 城市分别为上海、深圳、杭州、北京、南京、太原、广州、厦门、东莞、海口。上海市的金融韧性总体得分在国内所有城市排名第一，其金融稳定和金融配置效率均处于较高水平。深圳市金融韧性在国内城市排名第二，其金融配置效率甚至超过了上海市。由于数字金融发展水平突出，杭州的金融创新指数得分最高，而其金融稳定、金融配置效率指标发展均衡，促使其金融韧性得分较高，排名次于深圳。紧随杭州的是北京，其金融稳定指数得分高达 91.42 分，在所有城市中排在第一，表明北京市的财政赤字率和贷存比相对较低，但是较高的金融稳定性下北京市金融机构的信贷投放力度也相对较低，在较大程度上影响了自身的金融配置效率。

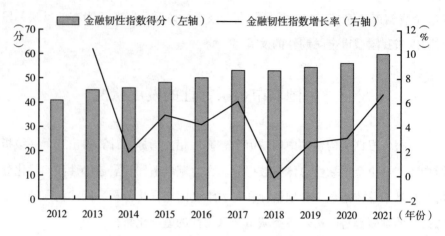

图1 2012~2021年我国城市金融韧性指数的变化情况

资料来源：作者测算。

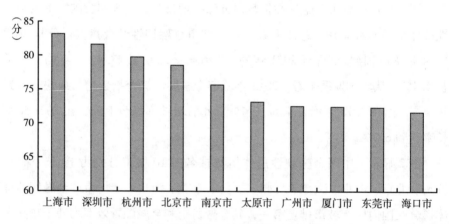

图2 2021年排名前10的城市金融韧性指数得分

资料来源：作者测算。

（二）分项指数变化趋势分析

下面对三个分项指标的发展趋势展开分析。2012~2022年城市金融稳定指数呈现下降趋势。图3显示，该指数从2012年的75.9分下降至2020年的64.2分，总降幅达到15.4%，在2021年出现短暂增长，但随后又有所下降。上述现象背后的原因是，近年来地方政府财政赤字率和贷存比的整体水平上升，导致地方政府债务风险增大。同时，政府部门债务过高可能会降低金融资源的配置效率，致使企业部门在高杠杆率下的债务违约风险增大，引起金融机构的高杠杆风险由表外向表内传导，造成银行机构的风险敞口攀升，加剧金融体系脆弱性，共同导致金融稳定性降低。

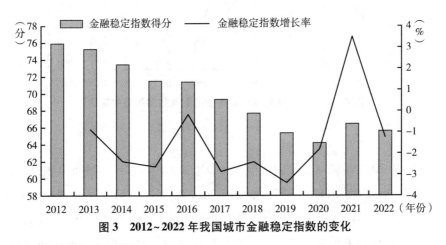

图3 2012~2022年我国城市金融稳定指数的变化

资料来源：作者测算。

2012~2022年城市金融配置效率指数呈现"U"形变化趋势。图4显示，该指标得分从2012年的34.8分下降至2016年的33.3分，此后震荡上行至2022年的39.5分，总体上涨幅度达到13.5%。其中，2019年城市金融配置效率指标增幅最大，增幅达到7.0%。其背后原因可能是，在2012~2016年这段时期，中国经济进入"三期叠加"阶段（经济增长速度进入换挡期、经济结构调整面临阵痛期、前期刺激政策进入消化期），实体经济发展缓慢导致其信贷需求减弱，贷款占GDP比例和贷款增长率整体下降。考虑到这段时期贷存比指标的增长趋势，贷款增长率相较于贷款占GDP比例的下降程度更加显著，拉动金融配置效率指标的整体下行。2017~2022年，为稳定经济增长，我国金融机构加大对实体经济的支持力度，而实体部门也加大了融资需求，特别是新能源、新基建等领域的融资活动，带动融资规模上升。同时，为有效应对疫情冲击，我国政府部门增大了信贷支持力度，引起贷款占GDP比例和贷款增长率的进一步上升。

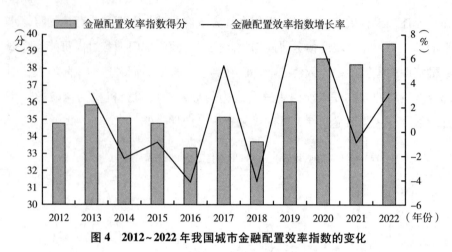

图4 2012~2022年我国城市金融配置效率指数的变化

资料来源：作者测算。

2012~2021年城市金融创新指数稳步增长。图5显示，城市金融创新指数得分从2012年的11.9分持续增长至2021年的76.0分，总体增长幅度达到538.7%。其中，2013年城市金融创新增幅最大，达到102.9%。这表明，金融科技的快速发展和广泛应用，促进了数字技术与普惠金融的有效结合，带动了数字普惠金融创新增长，有效缓解了小微企业的"融资难、融资贵"等问题，从而助力中国城市金融韧性水平的提升。

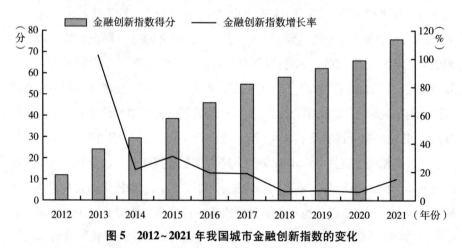

图5 2012~2021年我国城市金融创新指数的变化

资料来源：作者测算。

（三）中国城市金融韧性发展的差异化分析

为对我国城市金融韧性的发展进行更为细致的考察，本报告分别从六大线级城市①、七大城市群、四大区域②等维度展开对比分析。

1. 城市金融韧性在各线城市上的比较

2021 年，一线城市的金融韧性得分最高（79.0 分），其后依次为新一线城市（68.8 分）、二线城市（66.5 分）、三线城市（61.5 分），四线城市（59.9 分）和五线城市（54.7 分）得分最低。

图 6 和图 7 显示，相较于 2012 年，2021 年各线城市金融稳定水平均出现不同比例的下降。对比来看，一线城市金融稳定指数得分下降数值最小（2.64 分），二线城市下降数值最大（13.0 分），其他各线城市下降数值均在 10 分左右。结合财政赤字率和贷存比 2 个二级指标来看，相较于其他各线城市，一线城市的财政自理能力相对较强，财政收入水平相对较高，更加重视财政赤字率和贷存比，地方政府债务风险和金融市场刚性债务比重相对较低，爆发政府财政危机和信用危机的可能性也较低。较低的杠杆率使得企业部门爆发债务违约风险的可能性也较低，金融脆弱性也相对较低。

除了五线城市，相较于 2012 年，2021 年其他各线城市的金融配置效率均有所提高，且城市所处线级越高，该指标的数值上升越大。这表明，金融资源与流动性具有较强的"马太效应"，金融配置效率的提升和相应指标的增长，与城市的人口总数、经济总量和经济活力存在正向关联。一线、新一线和二线城市获取资金的能力更强，其经济的资金需求也更大，特别是新能

---

① 按照城市行政级别、经济总量、人口数量等因素，本报告将我国城市划分为一线、新一线、二线、三线、四线、五线和六线城市，文中对除六线之外的城市做了分析。

② 参考国家统计局的划分标准，本报告将我国城市划分为东部、中部、西部和东北四大区域。东部地区包括北京、天津、河北、上海、江苏、浙江、福建、山东、广东、海南 10 个省（市）；中部地区包括山西、安徽、江西、河南、湖北、湖南 6 个省；西部地区包括内蒙古、广西、重庆、四川、贵州、云南、西藏、陕西、甘肃、青海、宁夏、新疆 12 个省（市、自治区）；东北地区包括辽宁、吉林、黑龙江 3 个省。

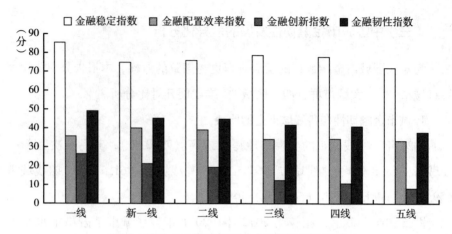

图6　2012年中国各线城市金融韧性指数得分

资料来源：作者测算。

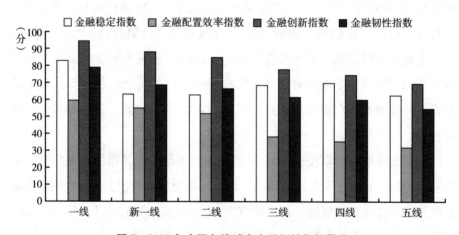

图7　2021年中国各线城市金融韧性指数得分

资料来源：作者测算。

源、新基建等领域的投资活动，带动融资规模上升，金融资源也向这些城市集聚，造成这些城市贷款占GDP比例和贷款增长率增长较快，带动了金融配置效率的大幅提升。相反，五线城市的人口较少，经济总量、经济活力和经济融资需求相对较低，信贷支持力度相对较小，导致贷款占GDP比例和贷款增长率均出现下降，造成金融配置效率指标不升反降。

相较于 2012 年，2021 年各线城市的金融创新水平均出现大幅增长。随着金融科技的快速发展和广泛应用，推动了各地数字普惠金融的增长。特别是从四线、五线城市的金融创新表现来看，尽管与一线、新一线、二线城市仍有差距，但是指标上升数值与后者无明显差异，说明这段时期我国数字普惠金融充分发挥了服务实体经济的重要作用，打破融资约束的限制，通过金融创新渠道提升了城市的金融韧性水平。

综上，尽管各线城市的金融稳定性均出现下降，但得益于金融配置效率不同程度的提升，以及金融创新指标的大幅增长，推动各线城市金融韧性显著改善。

2. 城市金融韧性在城市群维度上的比较

城市群是在劳动地域分工基础上形成的不同层次和各具特色的地域经济单元，依托交通运输干线、地理位置、自然环境等要素，并以经济发达的一个和几个大城市作为核心，发挥经济集聚和辐射功能，联结带动周围不同等级规模城市的经济发展。

2021 年，七大城市群中粤港澳的金融韧性得分最高（69.3 分），紧随其后的是成渝（65.5 分）、长三角（65.1 分），山东半岛（63.8 分）、京津冀（62.9 分）分列第四至五位，海峡西岸（61.9 分）、长江中游（61.0 分）最低。从分项指标来看，山东半岛的金融稳定指数得分最高，成渝的金融配置效率最高，粤港澳的金融创新水平最高。

图 8 和图 9 显示，相较于 2012 年，2021 年各大城市群的金融稳定性均有较明显下降。其中，粤港澳金融稳定性下降数值最大，达到 14.7 分，其次为长江中游（11.4 分）、海峡西岸（11.1 分），山东半岛下降数字最小（4.7 分）。这主要是由于这段时期全国各大城市群内城市开展投资的力度相对较大，因此地方政府财政赤字率攀升，政府财政风险加大，流动性因素支持下的贷存比提高，金融市场刚性债务比重攀升，共同导致其金融脆弱性升高和金融稳定性下降。

相较于 2012 年，2021 年各大城市群的金融配置效率水平均有不同程度的提升。其中，粤港澳金融配置效率指数数值上升最多（19.9 分），远高于

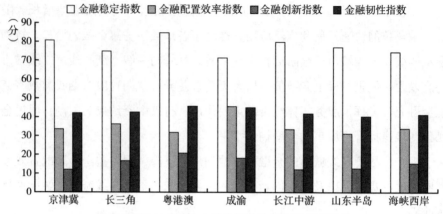

图8　2012年中国七大城市群的金融韧性指数得分

资料来源：作者测算。

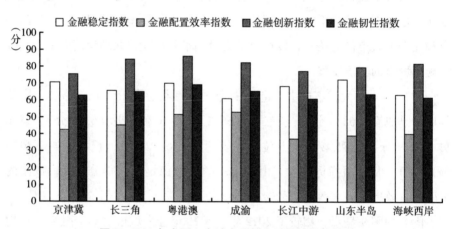

图9　2021年中国七大城市群的金融韧性指数得分

资料来源：作者测算。

其他城市群。这段时期，各大城市群充分发挥区域性、多元化和开放性特征，借助自身优势释放经济活力，充分利用金融资源与流动性因素的"马太效应"，通过增大城市群信贷需求带动融资规模上升，增强金融服务实体经济的能力，从而提高金融配置效率。

3. 城市金融韧性在区域维度上的比较

2021年，四大区域的城市金融韧性得分最高的是东部地区（64.4分），其次为中部地区（60.9分），排在后两位的是东北地区（57.6分）和西部地区（56.4分）。就分项指标而言，东部地区在金融配置效率、金融创新上的得分最高，而中部地区的金融稳定得分最高。

图10和图11显示，相较于2012年，2021年中国四大区域城市平均的金融稳定水平均出现较大程度下降。具体来看，东部、中部、西部和东北地区的城市平均金融稳定指数分别下降了9.9分、9.7分、9.7分和7.5分。其背后原因是，近十年来各城市开展政府投资、固定资产投资和制造业投资的力度较大，造成地方政府财政赤字率攀升，政府财政风险加大，流动性因素支持下的贷存比提高，杠杆率攀升导致其金融脆弱性升高。

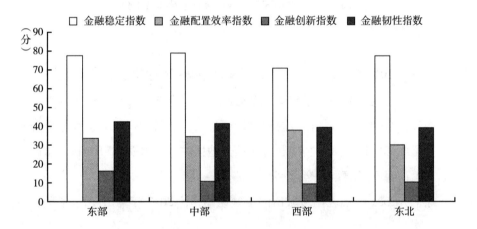

图10　2012年中国四大区域金融韧性指数得分

资料来源：作者测算。

相较于2012年，除了西部地区，2021年其他三大区域的城市金融配置效率水平均有不同程度的提升。其中，东部地区城市金融配置效率上升幅度最高。这表明，金融资源与流动性具有较强的"马太效应"，金融配置效率的提升和相应指标的增幅，与城市的人口总数、经济总量和经济活力存在正向关联；东部城市的经济总量和经济活力较高，其获取资金的能力更强，其经济的资金需求也更大，使得其贷款占GDP比例和贷款增长率增长较快，带动了金融配置效率提升幅度更大。

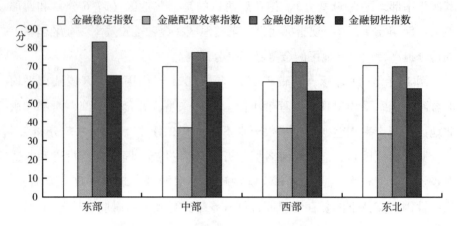

图 11　2021 年中国四大区域金融韧性指数得分

资料来源：作者测算。

相较于 2012 年，2021 年四大区域的城市金融创新均出现大幅增长。这表明，金融科技、数字技术与普惠金融的有效结合成功带动了数字普惠金融创新增长，特别是西部地区金融创新增幅最大，有效说明了数字普惠金融充分发挥了服务实体经济的功能，打破西部地区城市的融资约束限制，通过金融创新渠道提升了城市的金融韧性水平。

综上，2021 年四大区域城市的金融韧性相比 2012 年均出现大幅增长。

四　推进中国城市金融韧性有效提升的对策建议

过去十年来，我国城市金融韧性整体水平不断提升，但依然存在诸多问题，如城市金融稳定性趋势性下降、金融稳定与金融配置效率发展不协调、区域间金融韧性发展不平衡。基于此，本报告提出提升我国城市金融韧性的对策建议。

（一）高度重视金融稳定性并防范化解系统性风险

从城市金融稳定指标测度结果来看，整体、各线、各区域以及各城市群的金融稳定均呈现下降趋势，城市金融风险积聚降低了我国城市金融韧性。为此，未来应加强金融风险防控，高度重视城市金融稳定，有效防范化解系统性风险。一方面，地方政府应高度关注财政赤字率水平，积极防范和化解隐性债务风险。地方政府应严守财政赤字率警戒线，加强隐性债务监测，包括地方政府担保债务、担保的外债、地方金融机构的呆坏账、社会保障资金缺口等，完善常态化监测机制、健全监督问责机制，坚决遏制隐性债务增量，稳妥化解隐性债务存量，谨防债务风险积聚引发财政危机和信用危机。另一方面，高度重视整体贷存比水平，谨防高杠杆水平下金融市场刚性债务比重过高导致金融市场风险增大。各城市金融机构要警惕高杠杆风险由表外向表内传导引发的风险敞口攀升；金融监管机构要通过资管新规等措施，逐步统一资管产品和金融创新产品，打破刚性兑付和反套利，降低金融机构的杠杆水平和金融交易频度。

（二）有效协调金融稳定与金融配置效率的关系

提升金融韧性需要有效协调金融稳定与金融配置效率之间的关系。一是地方政府要进一步完善关于金融韧性建设的顶层设计，既要强化金融配置功能，也要防控金融风险。二是地方政府部门与金融监管机构要加强协调配合，强化金融监管体系，有力减少政府债务风险向金融机构的外溢。三是货币政策既要防止"大水漫灌"，也要保持流动性合理充裕。广义货币 M2 和社会融资规模增速要与 GDP 名义增速相匹配，在保持流动性合理充裕的情况下，降低企业融资成本；构建"宽货币、紧信用"的流动性市场，进一步疏通银行体系与银行体系外的利率传递机制，从而提升金融配置效率和金融服务实体经济的能力。

（三）高度重视城市金融韧性的区域发展不平衡现象

金融资源与流动性具有较强的"马太效应"。城市金融韧性的不平衡性特征与金融业区域发展不平衡、金融资源分配不均衡相关。应充分利用邻近地区、城市之间提升金融韧性的空间联动性和正向空间外溢性，尽量确保各区域、各城市群和各线城市的金融发展条件的优质化、均等化、系统化和完

善化。针对相对不发达的城市和经济相对落后的地区，应当进行适当的金融发展政策扶持和金融资源倾斜，加大金融基础设施的建设投入与高端金融人才引进，强化数字金融支持力度，增加新能源、新基建等领域的投资活动，提高融资需求，从而提升金融资源配置效率和金融韧性。

（四）强化金融创新，提高金融服务实体经济质效

服务实体经济是发展金融的落脚点。我国城市要进一步提升金融韧性，需更好发挥金融配置功能，强化金融产品和服务创新，提升服务实体经济质效。一是要鼓励、引导和规范金融创新，建立多元化的金融市场结构，提升金融服务实体经济的能力，缓解企业的"融资难、融资贵"问题；增加金融机构数量，创新金融服务模式，拓宽企业融资渠道；加快金融技术创新，综合运用互联网、人工智能等技术，促进金融产品更好、更快、更直接地服务实体经济。二是借助金融创新渠道，合理推动产业结构调整。加速推进金融机构与技术创新企业的合作，运用金融机构的资金优势，支持企业的研发创新，提升企业竞争力；根据居民投资储蓄需求，研发新型金融产品、金融工具，促进居民储蓄转化为投资，为产业结构调整提供资金来源。三是加大对高素质及创新型人才的培养力度，完善相关政策激励机制，建立创新平台促进创新信息的实时共享，提升金融机构和实体企业的创新效率。

参考文献

李彤玥、朱太辉：《如何重塑金融韧性？——危机后国际金融监管改革的分析框架》，《金融监管研究》2019 年第 9 期。

刘晓星、张旭、李守伟：《中国宏观经济韧性测度——基于系统性风险的视角》，《中国社会科学》2021 年第 1 期。

宋玉茹：《中国区域金融韧性水平测度与分布特征分析》，《技术经济与管理研究》2021 年第 7 期。

Maguire, Brigit, Patrick Hagan, "Disasters and Communities: Understanding Social

Resilience," *Australian Journal of Emergency Management* 22. 2 （2007）：16-20.

Martin, Ron, "Regional Economic Resilience, Hysteresis and Recessionary Shocks," *Journal of Economic Geography* 12. 1 （2011）：1-32.

Martin, Ron, Peter Sunley, "On the Notion of Regional Economic Resilience： Conceptualization and Explanation," *Journal of Economic Geography* 15. 1 （2015）：1-42.

B.5
平台经济提升城市经济韧性的
思路与对策[*]

张涛 李均超 黄珊[**]

摘 要： 如何促进城市践行更为安全、更具韧性的经济发展路径是当下城市建设的热点问题。目前，平台经济已成为城市经济"领跑者"，能够持续释放内需潜力、赋能传统产业升级、完善财富分配格局、提升城市治理效能，进而推动城市经济行稳致远。然而，作为一种新经济形态，平台经济发展仍面临一系列挑战亟待应对，应从构建新型互联网平台监管体系、加速平台与供给侧深度融合、多举措全过程弥合数字鸿沟、打造高水平国际化平台企业等方面着手促进平台经济规范健康持续发展，以期为提升我国城市经济韧性提供助力。

关键词： 平台经济 经济韧性 平台治理 国际竞争

当下，我国经济总体呈现稳中向好态势，但仍面临消费预期转弱、供需双重挤压、产业链供应链结构调整和重新布局等问题，经济恢复基础并不牢固，提升城市经济韧性迫在眉睫。作为城市经济"领跑者"，我国平台经济

---

* 本报告受中国社会科学院大学人文社科类重大项目培育专项"平台经济影响效应分析及综合治理研究——基于互联网消费大数据的视角"（项目编号为校 20220080）资助。

** 张涛，中国社会科学院大学经济学院执行院长、教授、博士生导师，经济学博士，研究方向为大数据、数字经济；李均超（通讯作者），中国社会科学院大学博士研究生，研究方向为平台经济、零工经济；黄珊，中国社会科学院大学博士研究生，研究方向为绿色转型、城市韧性。

发展已进入创新、深化、提升的新阶段，依托互联网平台和数智算法重构城市生产生活方式，发挥引导产业变革、培育新增长点、畅通经济循环的重要作用。2022 年 12 月的中央经济工作会议明确指出，"要大力发展数字经济，提升常态化监管水平，支持平台企业在引领发展、创造就业、国际竞争中大显身手"。平台经济是未来发展最具潜力和活力的新经济形态，能够推动城市经济向更深层次、更大范围、更高水平发展，展现出强大的抗压耐力与韧性，有助于打造城市"高台"，推动经济发展行稳致远。

一 我国平台经济实践进展

（一）平台经济内涵阐释

"平台经济"一词可追溯至 Rochet 和 Tirole 于 2004 年提出的"双边市场"理论，即在对市场双方收取的总价格保持不变的情况下，价格结构的变动将直接影响市场交易量。经济实践中，"平台经济"被赋予了更多内涵，其是以新一代网络信息技术为基础，依托云、网、端等网络基础设施，通过促成市场双方或多方高效交易互动而获取收益的一种新型经济模式，能够在市场需求愈加个性化、复杂化、动态化的背景下，弱化市场扭曲，提高企业生产效率和精准服务能力。目前，平台经济已成为构建现代化产业体系和畅通"双循环"的重要抓手，是筑基国家竞争新优势的关键领域。根据平台经济主体功能，通常将互联网平台划分为生活服务平台、生产服务平台、科技创新平台以及公共服务平台。

平台经济主要呈现零工效应、规模效应、协同效应、网络效应等典型特征。首先，平台经济拓宽了传统零工边界，使工作模式和劳务关系发生改变，促使部分从业者由线下转为线上、固定转为灵活、一元转为多元，使社会零工比重大幅上升；其次，平台企业的数字化经营令"可变成本""复制成本"趋近于零，在市场极速扩张过程中边际成本递减，而且部分平台企业遵循共享式的发展路径，即采用轻资产运营模式，市场进入门槛低，存在

显著规模效应；再次，平台业务越来越趋向于生态化、多样化、互补化，相较低频业务平台，高频业务平台掌握了更多的业务渠道和市场份额，甚至通过收购低频业务平台形成超级平台，打造"赢者通吃"局面；最后，平台经济呈现显著网络效应，可表现为单边网络效应，即平台价值随用户群体数量的增加而增长，典型如抖音、快手、微信等社交娱乐平台，还可表现为双边网络效应，即平台对一边用户的价值会随着另一边用户数量的增加而增长，典型如淘宝、天猫、京东等电商交易平台。

（二）我国平台经济发展状况

平台经济规范健康持续发展有利于提升城市经济韧性。一方面，平台企业是数字产业化的核心主体，在拓展就业空间、引领产业变革、拉动经济增长方面发挥了重要作用，成为城市经济发展的新引擎。另一方面，"产业+平台"是产业数字化的主要形式，有利于实现人才共享、技术共创、产业联通，提升产业链供应链韧性，促进传统产业降本增效。全球数字化浪潮下，平台经济正与国家力量绑定，成为各国经济甚至政治博弈的资本。相较前三次工业革命，我国在以信息化、智能化为主要内容的第四次工业革命中一直处于国际领先地位，平台经济就是典型例证。我国早期平台企业大多成立在20世纪90年代后期，业务主要集中于网络媒体、电子商务、即时通信等领域，经过20多年的发展，平台经济持续做优做强。从市场价值来看，2015~2022年，中国超10亿美元的数字平台总市值由7702亿美元增加到51194亿美元，年均增速高达31.07%，甚至在经济低迷的2020年仍保持56.3%的逆势高速增长。截至2022年底，价值超10亿美元的平台企业达到254家，相较2015年增加了近3倍，发展态势高涨，展现出强大经济活力和韧性。从业务分布来看，电子商务和社交网络已成为我国数字平台应用较为成熟和规模化的领域，市场价值占据了超10亿美元数字平台总市值的一半以上。另外，我国数字平台发展呈现"多点开花"特点，本地生活、金融科技、数字媒体、医疗健康等也成为近些年平台活跃的领域（见图1、图2）。

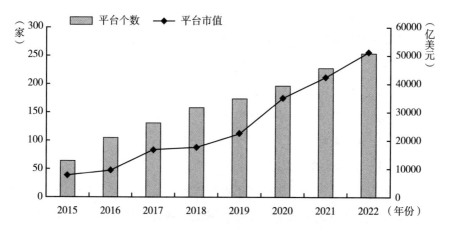

图1　2015～2022年中国数字平台数量和市场价值变动（价值10亿美元以上）

资料来源：中国信息通信研究院、中商产业研究院。

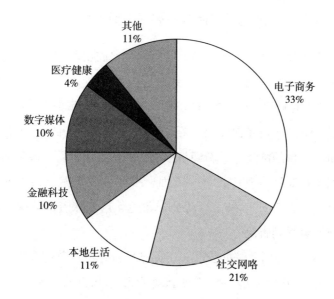

图2　中国数字平台各领域市场占比情况

资料来源：中国信息通信研究院、中商产业研究院。

我国平台经济兴起是多因素综合作用的结果。其一，国内市场广阔。平台盈利的关键在于流量快速变现，我国早期平台应用聚焦于消费互联网领

域，国内广大消费者群体有利于流量的快速变现，该领域附加值低、资本投入少、回报周期短的特点也促使各领域头部企业迅速崛起，加之国内平台经济市场与国际市场基本分隔，为早期平台企业发展创造了一个"温室"。其二，政策红利突出。国家对民营企业持鼓励和支持态度，诸多民营企业也吸纳了大量社会流动劳动力，成为国家重要税源，平台经济得以迅速发展。其三，互联网持续普及和发展。自 1994 年正式接入国际互联网以来，我国互联网经历了近 30 年的高速发展。时至当下，无论是网民规模、互联网普及率、顶级域名注册量，还是网络基础设施存量、场景应用、市场需求，均居于世界前列，其间更是涌现了如百度、腾讯、阿里巴巴等国际知名的中国互联网企业，我国也成为极具影响的国际三大网络市场之一，为平台经济发展构筑了坚实底座。

（三）平台经济规范健康持续发展成为新阶段重要课题

平台经济为我国发展注入了新动能，但也暴露出不少问题亟待解决，例如，交易平台中"大数据杀熟"导致的差异化定价、云平台中"换云难""二选一"导致的隐性垄断、数据共享与隐私泄露权衡带来的数据流通困境以及零工平台下的从业者保障缺失等，当前监管体系仍难以全面应对这些问题。一方面，平台经济是一种新经济形态，我国监管部门、政策法规和标准建设尚未完全将其纳入其中。另一方面，平台企业掌握了相当的规则制定权，同时充当"裁判员"和"运动员"角色，这意味着部分隐性风险在完全暴露之前不会得到解决。

2019 年 8 月，《国务院办公厅关于促进平台经济规范健康发展的指导意见》指出，对于平台经济，要"创新监管理念和方式，实行包容审慎监管"，这意味着中国平台经济发展结束了 20 多年的"野蛮生长"，正式进入规范监管阶段。2021 年 2 月，针对平台经济领域的资本无序竞争问题，《国务院反垄断委员会关于平台经济领域的反垄断指南》进一步明确了平台相关行为是否构成垄断的判断标准，并要求加强和改进平台经济领域反垄断监管。同年 7 月，工信部开展各类互联网整治行动，聚焦市场秩序、用户权益、数据安全等突出领域，敦促相关网站和 App 进行集中整改。2022 年 3 月以来，平台经济再度成为助力稳增长的关键。4 月 29 日中共中央政治局召开会议强调，"要促进平台经济健康发展，完成平台经济专项整改，实施常态化监管"。5 月 31 日国务院发布《扎实稳住经济一揽子政策措施的通知》中明确"促进平台经济规范健康发展"。这些政策信号预示新阶段下，平台经济发展迎来新契机，国家转变以往监管规范为主的发展思路，凝聚起规范和健康发展并重的新共识（见表 1）。

表 1 平台规范文件梳理

时间	部门/代表性省市	文件	相关内容
2022 年 5 月	国务院	《扎实稳住经济一揽子政策措施的通知》	出台支持平台经济规范健康发展的具体措施,在防止资本无序扩张的前提下设立"红绿灯",维护市场竞争秩序,以公平竞争促进平台经济规范健康发展。充分发挥平台经济的稳就业作用,稳定平台企业及其共生中小微企业的发展预期,以平台企业发展带动中小微企业纾困。引导平台企业在疫情防控中做好防疫物资和重要民生商品保供"最后一公里"的线上线下联动。鼓励平台企业加快人工智能、云计算、区块链、操作系统、处理器等领域技术研发突破
2022 年 1 月	国家发改委等九部门	《国家发展改革委等部门关于推动平台经济规范健康持续发展的若干意见》	健全完善规则制度,提升监管能力和水平,优化发展环境,增强创新发展能力,赋能经济转型发展,并要求加强保障措施
2021 年 2 月	国务院	《国务院反垄断委员会关于平台经济领域的反垄断指南》	禁止经营者达成、实施垄断协议,禁止具有市场支配地位的经营者从事滥用市场支配地位行为,禁止经营者实施具有或者可能具有排除、限制竞争效果的集中,禁止行政机关和法律、法规授权的具有管理公共事务职能的组织滥用行政权力排除、限制竞争

续表

时间	部门/代表性省市	文件	相关内容
2019 年 8 月	国务院	《国务院办公厅关于促进平台经济规范健康发展的指导意见》	探索适应新业态特点、有利于公平竞争的公正监管办法,科学合理界定平台责任,维护公平竞争市场秩序,建立健全协同监管机制,积极推进"互联网+监管"
2021 年 7 月	辽宁省	《辽宁省人民政府办公厅关于促进平台经济规范健康持续发展的实施意见》	建立健全规则制度,提升监管能力和水平,推动平台经济为高质量发展和高品质生活服务,加强平台各市场主体权益保护,支持平台企业创新发展,加强网络基础设施建设
2020 年 3 月	江苏省	《省政府办公厅关于促进平台经济规范健康发展的实施意见》	合理设置行业准入规定和许可,推进市场主体登记注册便利化,清晰界定平台企业责任边界,推进"互联网+监管",建立健全协同监管机制,加强平台经济参与者权益保护等
2020 年 2 月	重庆市	《重庆市人民政府办公厅关于促进平台经济规范健康发展的实施意见》	大力培育平台经济增长点,建立健全包容审慎的监管服务机制,加大政策引导和基础支撑保障力度

资料来源:各部门及省市人民政府官方网站。

二 平台经济成为提升城市经济韧性的关键力量

相较于传统经济形态,平台经济能够极大推动生产模式和生活方式变革,有利于发挥稳增长、保就业、促消费的积极作用。新阶段下我国面临劳动力成本高企和国际贸易保护主义抬头等问题,培育城市发展新动能、提升城市经济韧性,应抓牢平台经济发展新机遇。

（一）加快培育新型消费，持续释放内需潜力

新型消费是城市经济的活力和韧性所在，能够辐射带动新供给，有利于夯实城市抗压能力。平台经济在创新消费模式、拓展消费维度、优化消费环境等方面均存在不可替代的作用。具体来说，平台经济通过网络协同和数据驱动高效促成各类线上交易活动，促使直播带货、即时零售、跨境电商等新型消费模式不断涌现，加速产品流通。平台运营的协同效应也颠覆了传统"二八定律"，允许企业低成本覆盖尾部客户，不断塑造新的消费主体和客体。平台经济催生的新型消费借贷、普惠金融更是以前所未有的方式拓展了消费者的跨期预算，为城市消费增长注入新动能。另外，互联网平台与现代物流体系的结合打破了传统交易的空间限制，第三方平台也一定程度上保障了市场双方参与线上交易的权益，提高了全社会的消费意愿。根据国家统计局数据，2022年受疫情冲击较大，我国居民整体消费意愿不高，社会消费品零售总额439733亿元，比上年下降0.2%，相比之下，网上零售保持逆势增长，全国网上零售额137853亿元，比上年增长4.0%。其中，实物商品网上零售额占社会消费品零售总额的比重为27.2%，对我国消费市场的拉动作用较为明显。

（二）催生新业态新模式，推动传统产业升级

产业多样化是城市经济的"自动稳定器"，能够有效钝化经济波动，提升经济的自我修复能力。平台经济不仅能够催生诸如共享出行、在线教育、无人零售等新业态新模式，还能将数字技术和服务嵌入传统行业发展的各领域和全链条，有效促进经营模式革新和产业结构升级。具体来说，平台经济能够拓宽传统交易的价值空间，从大众创业网店、快递、外卖的蓬勃发展，到诸如屈臣氏、唯品会等垂直性平台企业的不断涌现，再到速卖通、天猫国际等跨境流通平台的火热，为传统产品价值创造提供了不竭动力。同时，作为一个多元化开放系统，互联网平台在技术驱动下将传统业务与外界资源相融合，以平台为支撑打通传统产业结构下的部门壁垒，

有利于实现产业间的高质量关联协作，助力产业链横向延长。平台嵌入也将直接提升生产效率，降低销售成本，增强匹配和运营能力，并将消费者反馈更多反映在产品质量的改进上，实现高附加值转变，推动产业链向高端化迈进。另外，区别于传统经济形态的固化机制，平台经济因其网络效应和双边市场效应存在高度创新能力和潜力，互联网平台与传统行业的融合有利于实现创新驱动的内涵式发展。

（三）促进创收机会均等，优化财富分配格局

社会包容增长是城市经济韧性提升的关键，增强了经济发展的"免疫性"，有利于提高经济系统遭受外来冲击的抵抗力和恢复力。实现包容增长的关键在于创收资源的合理配置，平台经济能够促进要素供需的高效对接，对整合优化资源分配、促进收入创造机会均等化具有重要推动作用。具体来说，平台经济打破了传统市场中的时空和信息约束，助推资本、劳动、知识技能等要素匹配效率提升和地区间双向环流，一定程度上突破了城乡区域间的"天然界线"。同时，平台经济催生的新型零工岗位不存在显著的学历门槛和技能要求，基于平台算法将整块工作时间分成零散工作机会，并分配给不同的"独立承包商"，保证了不同人群"同工同酬"的机会，有利于推动中低收入人群创收机会的均等化和下岗工人的再就业。《2023 中国数字经济前沿：平台与高质量就业》指出，包括淘宝、抖音、饿了么在内的诸多互联网平台在 2021 年净创造的就业岗位约 2.4 亿个，约占中国适龄劳动人口的 27%，平台经济发挥了就业稳定器的作用。特别地，在以互联网为代表的"新技术群"持续赋能下，由个体特质带来的网络红利和收入是极为惊人的，出现了以李子柒、丁真为代表的"网络红人"，促进了个体力量的加速崛起。另外，平台经济将由上半场的消费互联网转向下半场的产业互联网，"产业+平台"模式允许中小企业以更低成本和更快速度进行信息化补课，减少了必需的软硬件资金和时间成本，且平台允许产业链上下游企业间进行协同合作和数据共享，有利于促进大中小企业在供给端形成合理竞争态势，实现产业资源和利润的再分配。

（四）完善数字治理体系，提升城市治理效能

安全治理体系是城市经济健康发展的"基石"，体现了城市的自组织和自我调节能力，有利于提高经济运行的功能韧性、过程韧性和系统韧性。当下，互联网平台与城市各领域紧密结合，平台技术特征和功能逻辑必然会引起城市治理模式的变革，特别在数据成为关键性生产要素的背景下，数字治理将成为现代化城市治理体系中的关键一环。具体来说，互联网平台能够有效衔接数字空间与物理空间，促进线上与线下的信息流动和数据共享，拓宽城市治理和服务边界。如新冠疫情期间，健康码赋予了居民数字化身份，在信息采集、查验、共享和追踪等方面发挥了关键作用，有效抑制了潜在疫情发生和风险扩散。依托物联网、云计算、数字孪生等技术的不断升级，互联网平台将海量数据、关键治理资源和多元化社会关系嵌入城市治理生态，激活各类资源要素，并基于平台的低成本整合优势，加强数据、信息与其他治理资源间的重组和配置，有效提高城市对潜在风险的感知、防范和处置能力。如2021年6月上线的"上海城市运行数字体征1.0版"，基于遍布整个城市的泛感知设备和高能级感知神经元，对城市运行态势和潜在风险进行综合研判，并加强了城市资源统筹调度和行动人机协同，从气象信息、水质安全等城市自循环系统，到车流、物流、能源流等要素流通体系，再到居民宜居宜业指标，真正践行了"一网统管"理念。另外，对于具有特定需求的公众，平台线上互联互通消除了线下服务的烦琐中间环节，打破公共服务供需主体之间的信息壁垒，推动开放式多元共治框架的形成，如政府服务App、质量监督热线、市长热线举报平台等，提升了城市治理与公共服务效率，凸显了公众在城市治理中的主体地位。

三 我国城市平台经济发展面临的主要挑战

随着我国新旧动能的逐步转换，平台经济成为构筑我国城市竞争新优势的主要载体，是城市经济未来发展的着力点。当下我国平台经济发展正处于

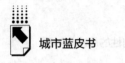

关键时期，持续释放新时期的发展动能、提升城市经济韧性还面临一系列挑战亟待应对。

（一）互联网平台垄断风险不断积累上升

互联网平台运营的特有属性导致企业不正当竞争和垄断行为相较传统模式具有了新样态，挑战了传统反垄断框架。随着平台经济在国民经济体系中占比的不断上升，平台垄断风险处于加速暴露阶段。平台企业能够凭借网络效应不断积累用户流量和数据信息，依托其规模化优势带来的超额收益强化市场势力，引导市场结构垄断走向。同时，一些头部互联网平台发展壮大后，往往依托雄厚资本和市场地位，对一些发展潜力巨大的中小初创企业进行以维护既有垄断地位为目的的猎杀式并购或各类型打压，形成以科技和数据为支撑的垄断性生态圈，使得不具资本优势的企业"望而却步"，构筑行业隐性壁垒。另外，部分平台经营者凭借海量数据和强大算力在没有进行任何沟通的情况下达成算法合谋，具有较强的默示性和难以识别性，导致消费者福利损失，并采用接口准入、运营规则和评级等"数字化之手"取代市场"无形之手"，部分用户被迫增加"黏性"，便于平台实行垄断特权。

（二）供给侧渗透与运用尚未规模化展开

现阶段我国平台经济虽呈蓬勃发展态势，然而相较消费端，互联网平台在供给侧的渗透与运用尚未大规模展开，难以在城市遭受外来冲击时发挥逆向调节作用。我国产业互联网领域技术瓶颈突出，边缘智能、工业大数据分析、工业机理建模、工业 App 开发等关键技术领域发展缓慢，加之与数据安全传输、权益保护相关的信息安全政策发展相对滞后，开源平台和开源社区建设尚未国产化，使得产业互联网发展基础不牢，不能满足企业平台化需求。况且产业互联网建设是一项系统工程，需在企业理念、技术、管理以及商业模式等方面综合布局，组织变革的滞后使其难以在企业内部落地。产业互联网平台构建还表现出高投入、长周期特征，目前资本市场对平台科技创新的支持力度不足导致后者难以对产业发展形成深度赋能，国内领军企业之间的竞争关系也导致跨领域平台建设中的合作不够深入，难以形成功能完备、良性互促的产业网络。

（三）数据交易与安全管理机制亟待完善

数据要素是平台经济发展的关键推动力，也是平台经济提升城市韧性的重要基础。我国数据要素面临流通交易不畅和安全管理滞后两大挑战，数据确权是数据资产化和数据要素安全有序流动的重要基础，因此数据要素兼顾流通和安全的前提在于明确各类数据的权利边界。目前，我国与数据产权相关的法律革新缓慢，难以满足数字技术快速迭代的需求，且数据的可复制性和泛在赋能性延长了全生命周期，参与者众多导致数据确权成为一项复杂的系统工程，不同参与者利益诉求的差异也可能引发数据权利的冲突。在数据流通交易方面，各类大数据表现出经济价值大、价值密度低的特征，单一用户的少量数据如何进行价值评估仍是一个难题。数据产业化发展还有不足，难以将数据要素的使用过程映射到大数据产品在企业、市场、公众之间的生产、流通、消费过程，未形成大数据产业先行的产业链格局。在数据安全管理方面，伴随网络技术日新月异，数据应用场景愈加复杂，流动范围更广，难以实现全过程监管，且数据的虚拟生产特性使得风险源头难以确定，给事后追责带来了难度。

（四）互联网平台企业对外开拓能力不足

平台企业发展决定了各国数字经济发展上的竞争力，我国早期营造的"温室"虽促使平台企业国内市场火热，但也导致平台国际化程度较低，对外开拓能力不足，随着全球化的不断推进，可以预期这种"温室"不会一直持续下去。国内平台企业除字节跳动旗下的 TikTok 在国际上有一定影响力外，其他企业显然更加依赖国内市场，国际业务占比较低。根据联合国贸易和发展会议统计，中国数字企业的海外销售收入份额仅为 7.1%，远低于美国的 37.2% 和日本的 22.4%。究其原因，平台经济不仅在经济发展上发挥重要作用，其政治和社会影响力也在不断加强，已成为国际政治力量博弈

的重要筹码。世界正处于国际力量重塑的关键时期，欧美日韩等国对我国平台企业"走出去"进行战略围堵，恶化了平台发展的国际环境。同时，相较国外头部平台，我国平台企业发展重心往往置于商业模式上，技术创新投入和关注度不足，主要体现在底层数字技术和一些核心软硬件领域，造成平台经济"外循环"的技术堵点，加之国内发展模式无法照搬到国外，使得国内大型平台难以引领中小企业高效开拓国际市场。另外，我国与欧美国家在是否"严格限制跨境数据流动"和"数据本地化存储"等方面还存在明显异议，在数字贸易相关议题的谈判中也往往处于跟随地位，无疑加大了平台企业"走出去"的合规成本和运营风险。

四　以平台经济规范健康持续发展提升城市经济韧性的对策建议

在全球数字化进程持续提速背景下，基于我国城市平台经济发展面临的主要挑战，可以从构建新型互联网平台监管体系、加速平台与供给侧深度融合、多举措全过程弥合数字鸿沟以及打造高水平国际化平台企业等方面着手，以平台经济规范健康持续发展助力城市经济韧性提升。

（一）构建新型互联网平台监管体系

作为一种新型运营模式，互联网平台发展需在法律框架之内有序展开，推动城市生态健康发展。其一，推动平台反垄断框架形成。推动监管重心前移，明确具体监管机构，规范权力行使范围与界限，避免监管"盲点"，并注重协同合作提高监管效益，形成社会、媒体、公众监督合力，通过中立性监管维护市场竞争秩序，建设多元共治的互联网平台治理体系。其二，完善互联网零工权益保障制度。结合从业者工作时长、工作强度、薪资规定等信息综合考察平台对从业者的隐性控制和用工类型，完善"不完全劳动"关系认定，积极探索平台从业者的参保模式和工伤认定程序，拓展平台从业者维权路径，重点关注从业者异地诉讼维权难的问题。其三，强化数据安全与治理体系。推动数据确权建设，严格规范公共、企业、私人等类型数据的应用权限和存储问题，加强数据安全条例之间的措施衔接。推动数据有序开放和共享，并以完善的数据标准与价值评估机制加快数据交易市场建立，打破"数据孤岛"和"数据分割"。另外，需形成规范发展的互联网生态，加强对网络行为的预警、评价和处理体系建设，敦促商业平台形成有利于优质内容生产的自我激励机制，严防"网络红人"的不良言论、不良行为和不良导向。

（二）加速平台与供给侧深度融合

产业互联网平台已成为我国传统行业突破发展瓶颈的"金钥匙"，需为城市经济发展提供新动能。其一，奠定产业互联网体系的发展基础。加大对产业互联网基础通用技术、新型关键技术和集成应用的研发力度，推动用户资源数字化，打造企业间用户共创体验和技术合作平台，构建优质网络信息产业集群。同时，改变企业传统业务发展逻辑，以数字化手段衔接和指导业务流程，促进供应链企业、工业互联网平台、数字用户端的紧密连接，为产业个性化设计和延伸性服务提供技术支撑。其二，完善各级产业互联网平台组织形式。加快升级底层硬件和 AI 支撑技术，实现交易、支付、物流全链条的智能化、企业生产专业化以及智能服务数字化，推动交易平台向高级模式演进。基于数字技术更新产业制造设备，并通过大数据技术进行前沿产品设计和发展战略制定，发挥智能化科技在整合用户资源和生产链上的重要作用，形成智慧制造平台。促进配套完善的物流运营链与供应链高度一体化对接，依托 AI 深化应用和线上实时操作打造数字物流生态，推动物流交付平台的跨越式发展。其三，安全保障仍是产业互联网建设的关键。强化物联网资产的梳理，杜绝"资产信息不清、配置信息不清、管理方式不清"的现象，增强物联网设备的安全可视性。明确安全职能权责划分，加强对产业互联网系统的安全审查，依托第三方机构开展安全能力评估和认证，建立涵盖硬件设备、网络平台、控制系统、生产过程、标识解析的多层次安全保障体系。

（三）多举措全过程弥合数字鸿沟

互联网平台在不同城市和行业的普及应用程度有所不同，平台赋能效应存在显著偏向性，需"硬件+软件+人力"组合发力，全过程消弭"数字鸿沟"。其一，鼓励城市适度超前部署数字基础设施。加强数字基础设施与各产业、智能应用以及其他设施的集成融合，以应用需求和场景牵引互联网平台建设落地，带来更具颠覆性的创新应用。同时，着力消除社会投资流向数字基础设施建设的阻碍，提高投融资效率，构建"政府引导、企业为主、市场运作"的投融资格局。其二，提升全社会数字技术培训与应用水平。鼓励地方政府依托成人夜校、老年大学以及社会服务中心等机构提供网络信息教育，针对落后地区持续推行电信普遍服务，并通过公私合作、政府购买等方式为当地居民提供规范的网络技能培训，实现数字教育的全年龄段全地区覆盖。另外，要求网络科技公司提供低成本易操作的技术产品，提升网络空间的包容性和可接受性，保障弱势边缘群体网络求助发声的权利。其三，弥补网络技术人才的培训短板。一方面，要做好城市引才策略。以政策引才，提供完备、合法的服务保障；以文化引才，营造浓厚、和谐的人文环境；提倡柔性引才，做到"不必为我所有，但必为我所用"。另一方面，创新人才培养模式。提倡产教融合、产学研合作新模式，改变以往对专科职业培训的刻板印象，注重掌握数字应用技能的专业人才培养，打造院校人才与企业需求深入对接平台。

（四）打造高水平国际化平台企业

数智时代下，平台企业是全球产业链创新发展的重要引领者，平台企业的对外拓展不仅有利于平台自身的长久发展，对于打造城市高质量对外开放门户也有重要作用。其一，推动国内平台企业进行国际化探索。敦促企业在保证国内业务持续健康发展的同时，加快整合国内国际资源，构建以头部企业为引领的国际一流平台创新生态和发展高地，以优质产业集群"整体出海"的方式引导企业参与国际竞争。鼓励平台企业境外设立线下体验店、售后中心、仓储基地等，维护海外用户消费权益和质量，完善国际化服务生态。其二，积极探索适合国外市场的企业运作模式。摒弃产品同质化、以量取胜的运营策略，关注境外品牌建设带来的长期效益，全面提高电商平台在产品开发、产品体验、产品配送等方面的均衡发展水平。同时，弱化一般性成本差异竞争，通过增加产品质量和增值服务来提高竞争力，必要时通过第三方权威认证机构增强境外买家对跨境电商产品质量的信任程度，树立品牌形象。其三，积极参与国际平台治理体系建设。跳出传统"美式模板""欧式模板"，在联合国和世界贸易组织的多边框架下，积极参与数字贸易和平台治理谈判，就移动支付、数据存储、平台反垄断、数字税征管等领域进行多方合作和交流。依托"一带一路"倡议、上海合作组织、金砖国家峰会等国际交流合作平台，积极倡导平台经贸合作的"中式方案"，加强我国对数字服务贸易新准则的话语权，为平台"出海"营造良好环境。

参考文献

蔡跃洲、顾雨辰：《互联网平台的技术-经济特征与福利提升及分配机制》，《中国社会科学院大学学报》2023 年第 2 期。

杜创：《平台经济反垄断：理论框架与若干问题分析》，《金融评论》2021 年第 4 期。

韩文龙、晏宇翔、张瑞生：《推动数字经济与实体经济融合发展研究》，《政治经济学评论》2023 年第 3 期。

黄益平：《平台经济的创新与监管》，《金融论坛》2022 年第 9 期。

黄益平主编《平台经济：创新、治理与繁荣》，中信出版集团，2022。

焦勇、韦倩：《平台经济反垄断的理论困境、实践偏差与创新路径》，《理论学刊》2023 年第 1 期。

李海舰、李燕：《对经济新形态的认识：微观经济的视角》，《中国工业经济》2020 年第 12 期。

李力行、周广肃：《平台经济下的劳动就业和收入分配：变化趋势与政策应对》，《国际经济评论》2022 年第 2 期。

毛丰付、胡承晨、魏亚飞：《数字产业发展与城市经济韧性》，《财经科学》2022 年

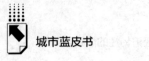

第 8 期。

　　王世强:《平台经济影响共同富裕的微观分析视角研究》,《当代经济管理》2023 年第 6 期。

　　夏杰长、杨昊雯:《平台经济:我国经济行稳致远的重要力量》,《改革》2023 年第 2 期。

　　余文涛、吴士炜:《互联网平台经济与正在缓解的市场扭曲》,《财贸经济》2020 年第 5 期。

　　余晓晖:《建立健全平台经济治理体系:经验与对策》,《人民论坛·学术前沿》2021 年第 21 期。

　　张亚丽、项本武:《数字经济发展对中国市域经济韧性的影响效应》,《经济地理》2023 年第 1 期。

　　卓丽洪:《发展平台经济与监管有效性研究——平台经济实现从专项整改向常态化监管转变》,《价格理论与实践》2023 年第 3 期。

B.6
消费提升城市经济韧性的思路与对策[*]

陈 瑶[**]

摘 要: 消费作为拉动经济增长的重要引擎,对提高城市经济韧性具有重要作用。本报告重点探讨消费对城市经济韧性的影响机理、成效与对策。首先系统阐述消费对提升城市经济韧性的积极作用,然后基于客观事实总结消费提升中国城市经济韧性的成效与问题,最后从加大政策扶持力度、培育多元新型消费需求、推动文化旅游融合发展、推进消费模式数字化转型等方面提出进一步促进城市经济韧性提升的建议。

关键词: 消费升级 城市经济韧性 新型消费

一 引言

经济韧性是指一个经济体或者组织在面对外部冲击、风险和不确定性时,能够快速适应、恢复和调整的能力。在全球化、城市化和数字化等背景下,城市经济韧性越来越受到重视,成为衡量国际竞争力和区域发展可持续性的重要标志。提升经济韧性成为后疫情时代的主要任务,这也是中国实现经济高质量发展的必要手段,只有提升经济韧性,才能更好应对各种风险挑战,并确保经济持续健康发展。2022 年,国家发展和改革委员会发布的

* 本报告受中国社会科学院博士后创新项目"长江经济带生态文明建设和新型城镇化耦合协同推进机制及政策研究"资助。
** 陈瑶,中国社会科学院生态文明研究所博士后,研究方向为新型城镇化与区域经济学。

《"十四五"新型城镇化实施方案》提出"建设宜居、韧性、创新、智慧、绿色、人文城市",将韧性作为新型城市建设的重点。党的二十大报告进一步明确了城市建设目标,即"打造宜居、韧性、智慧城市"。当前,中国正处于践行新发展理念、促进经济高质量发展和实现中国式现代化的重要时期,而消费作为经济增长的重要驱动力之一,其发展情况对贯彻新发展理念具有重要影响,消费需求的变化也直接影响城市经济的质量和韧性。在新发展阶段,促进消费增长成为提升城市经济韧性与实现城市高质量发展的重要抓手。研究消费对城市经济韧性的影响有助于深入了解城市经济的内在机制和特征,提高城市的竞争力和可持续发展能力,还能为城市产业发展、创新能力提升和品牌价值提高等提供科学依据。鉴于此,本报告重在分析消费对城市经济韧性的作用和贡献,总结中国消费发展现状,从消费视角提出提升城市经济韧性的思路和对策,以期为相关部门制订消费政策提供理论支持。

二 消费是提升城市经济韧性的重要支撑

随着经济全球化的推进,世界各国之间的经济联系日益紧密。然而,这也对经济系统的稳定性和抗风险能力提出了更高的要求。消费对城市经济韧性的贡献和作用是多方面的,它不仅是城市经济增长的重要驱动力,也是税收收入稳定、产业结构升级、居民生活质量提高等方面的重要支撑点,通过深入探究消费与城市经济韧性的关系与影响机制,可以揭示消费对城市经济韧性的具体作用方式。

(一)消费直接拉动经济增长,夯实城市经济抵抗力

消费作为城市经济的重要组成部分,直接影响着城市的经济韧性。消费增长不仅能够拉动城市经济增长,还能为城市经济发展提供充足的动力。

消费直接拉动城市经济增长。消费对城市经济增长的促进作用主要表现在以下几个方面。一是消费刺激企业生产。消费者的需求不断推动企业创

新、提高产品质量，从而促进企业的生产。企业在生产过程中需要购买原材料、设备和服务等，带动了更多的生产活动，促进了城市经济的增长。二是消费带动商业服务。消费可以创造更多商业机会，为城市商业服务提供更多需求。随着收入水平的提高，居民对各类商品和服务的需求也日益增加。这种消费需求不仅可以促使企业扩大生产规模，还能够带动相关产业链条的发展。三是消费扩大就业机会。随着消费需求的增加，企业需要加大生产力度，从而增加就业机会。这有助于缓解城市就业压力，提高城市经济的稳定性。

消费稳定城市经济发展基础。消费作为城市经济发展中不可或缺的一环，在稳定城市经济发展方面起着至关重要的作用。一是消费引导投资趋势。消费是城市经济发展中最为稳定可靠的支柱之一，稳定的消费水平可以为投资提供可靠的市场预期和商业信心。这种积极反馈有助于形成良性发展格局，推动城市经济持续健康发展。二是消费增强城市经济的抗风险能力。城市作为经济活动集聚区域，面临着来自内部和外部多方面的风险挑战，消费可以为城市防范和应对风险提供经济支撑，加快经济复苏。城市消费水平和居民消费观念的提升，也使得城市经济具备更强的适应力和抗风险能力。三是消费提高财政收入。消费可以增加城市财政收入，为城市提供更多公共服务和基础设施建设的资金支持。

（二）消费促进经济结构优化，提升城市经济适应力

城市经济韧性还表现在其应对外部冲击和内部变化的能力上。消费可以增强城市的适应能力，帮助城市转型升级，应对市场竞争和经济周期波动等挑战，促进城市经济发展和转型。

消费引领产业升级与转型。随着人们收入水平的提高，消费需求呈现多样化、个性化和高端化的趋势。这种消费升级不仅能推动城市经济的增长，还能促进产业结构升级和转型。首先，消费引领产业升级。为了满足消费者的新需求，企业不得不加大研发投入，提升创新能力，推动新兴产业蓬勃发展，消费引领的产业升级为城市经济注入新的动力和活力。其次，消费引领

产业转型。随着消费者对环境保护和可持续发展关注度的增加，绿色、低碳、环保等概念逐渐成为消费者选择产品和服务的重要因素。在这种趋势下，企业需要调整自身的生产方式和经营模式以适应市场需求。通过消费引领产业转型，城市经济可以实现从传统经济向绿色经济的转变。最后，消费引领壮大服务业。随着人们对生活品质和体验要求的不断提升，服务行业成为满足消费需求的重要渠道。消费引领的服务业发展不仅创造了大量就业机会，还提升了城市形象和吸引力，促进了人口流动和资源配置。

消费促进市场供求平衡。消费是影响市场供求关系的重要因素，市场的供求关系在一定程度上取决于消费者的需求。在消费者需求增加的情况下，企业生产和投资也会相应增加，从而推动市场供求平衡，提高市场的稳定性。一是消费促进要素自由流动。当消费者、资本和技术等要素能够自由地在不同城市之间流动时，不仅使资源配置更高效，还能够促使各个城市在创新、服务质量和产品品质等方面进行竞争和改善。二是消费驱动区域经济协调发展。通过建立开放的市场环境和加强交流合作，消费促进要素的自由流动可以促使资源和机会更加公平地分布到各个地区，从而缩小地区间的差距，实现经济社会的均衡发展。三是消费扶持小微企业发展。小微企业是城市经济的脆弱环节，政策引导消费扶持小微企业发展，可以增加小微企业的收入、增添就业机会，提高城市经济韧性。四是消费拓展外延推动城市国际化。随着经济全球化的深入发展，消费也在向全球化方向发展。城市企业可以通过开拓国际市场，拓展消费外延，促进城市经济向全球化、国际化的方向发展。

（三）消费联动市场主体创新，激活城市经济进化力

消费对城市经济的影响不仅体现在需求驱动上，也反映在市场主体创新能力的提升上。消费的不断升级和变革对市场主体提出了更高要求，推动市场主体自主创新以适应消费需求的变化。这种消费联动市场主体创新的机制不仅能够促进城市经济增长，还可以激活城市经济的进化力。

消费引领市场创新。消费者的需求不断升级，对高品质、高附加值、高科技含量的产品和服务的需求也日益增长。为了满足消费者的需求，市场主

体不断进行创新和产业升级，这有利于城市经济结构向更加先进、智能、创新的方向发展，从而提高城市经济韧性。一是消费作为经济活动的核心驱动力，通过激发需求和扩大市场规模，为城市创新提供空间。在数字化时代，以电子商务、移动支付为代表的新型消费方式催生了一批互联网科技企业，并推动了相关技术和服务的快速发展。二是消费行为变革和市场竞争促进市场升级。随着互联网技术的普及和电子商务平台的兴起，传统零售行业面临巨大挑战，这种市场竞争的加剧推动企业不断进行产品、服务、营销等方面的创新。在新发展理念下，城市新型消费多元化发展带动了城市文化创意产业、物流、金融、教育等领域发展，在城市经济中形成良性循环。

消费转变城市发展方式。加强消费引导，促进居民消费能力提升，对提升城市品质、促进城市低碳绿色转型具有重要意义。一是消费驱动城市空间布局调整。消费者需求的多样化使得商业模式不断创新，并且需要更多类型和规模的商业设施来满足不同需求，这带来了城市空间布局的调整与重塑。二是消费引领城市基础设施建设。消费对城市基础设施建设有着直接影响。随着人们对出行、居住和工作环境要求的提高，以及互联网驱动消费方式的转变，消费发展需要匹配相适应的基础设施。三是消费提升城市品牌。消费可以提高城市品牌价值，提升城市知名度，塑造城市形象，提升城市品质与体验，传承城市文化。在消费需求的推动下，城市品牌将更具吸引力和竞争力，为城市经济发展带来积极影响。

三　消费提升中国城市韧性的成效与问题

当前国际和国内的形势发生重大变化。国际环境中，全球经济滞胀的风险日益上升，不稳定不确定因素明显增多。国内方面，高温干旱等自然灾害频发，需求收缩、供给冲击、预期转弱三重压力叠加，使得保持经济增长和稳定就业变得更加困难。然而，在这样的严峻形势下，中国城市经济发展仍然表现出韧性强、动力足、潜力大的特征，而消费对提升中国城市经济韧性起到关键作用。

（一）消费需求持续扩大，政策效应持续释放

在新时代全面建设社会主义现代化国家的要求下，必须加快构建新发展格局，而消费作为拉动经济增长的重要马车已成为新时代扩大内需、推进经济高质量发展的重要动力来源。稳经济促消费政策推进落实后，我国消费市场总体呈现恢复增长态势。然而，受疫情等超预期因素影响，实体零售、餐饮、住宿等行业仍面临着不小的压力。为扩大内需促进消费，党和国家出台了一系列支持政策（见表1）。党的二十大报告中明确指出："把实施扩大内需战略同深化供给侧结构性改革有机结合起来，着力扩大内需，增强消费对经济发展的基础性作用和投资对优化供给结构的关键作用。"2022年12月14日，中共中央、国务院印发《扩大内需战略规划纲要（2022—2035年）》，全面阐释我国实施扩大内需战略的规划背景，明确总体要求，提出政策举措。扩大内需是"十四五"乃至未来相当长一个时期的重要战略。随着扩大内需各项政策措施的落地生效，中国内需潜力持续释放，尤其是消费对经济增长的拉动作用明显增强。这为中国经济的稳定发展提供了有力支撑。

表1　支持消费的部分政策文件

部门/文件号	政策
中共中央、国务院（2022年）	《扩大内需战略规划纲要（2022—2035年）》
国办发〔2022〕9号	《关于进一步释放消费潜力促进消费持续恢复的意见》
国发〔2022〕12号	《扎实稳住经济的一揽子政策措施》
国发〔2021〕32号	《"十四五"旅游业发展规划》
办产业发〔2022〕55号	《文化和旅游部办公厅关于抓好促进旅游业恢复发展纾困扶持政策贯彻落实工作的通知》
国办发〔2020〕32号	《国务院办公厅关于以新业态新模式引领新型消费加快发展的意见》
国办发〔2019〕42号	《国务院办公厅关于加快发展流通促进商业消费的意见》
国办发〔2019〕41号	《国务院办公厅关于进一步激发文化和旅游消费潜力的意见》
发改产业〔2019〕967号	《关于印发〈推动重点消费品更新升级畅通资源循环利用实施方案〉（2019~2020年）的通知》
国办发〔2018〕93号	《国务院办公厅关于印发完善促进消费体制机制实施方案（2018~2020年）的通知》

资料来源：作者根据政府官方文件整理。

（二）城市消费总量整体回升，消费趋势总体向好

现阶段，全球范围内多个主要经济体都出现了增长放缓的迹象，也给我国经济带来了诸多挑战。尽管面临着各种挑战和压力，中国依然能够保持良好的发展势头。随着经济社会全面恢复常态化运行，消费政策的推动效果逐渐显现。与此同时，消费场景也在不断拓展，为居民提供了更多的购物选择。居民的消费支出呈现明显恢复态势，经济社会稳定发展为消费创造了条件。2022 年，中国国内生产总值达 121 万亿元，成功实现增长 3.0%，增速在世界主要经济体中保持了领先地位。2022 年，中国 CPI 仅上涨 2%，远低于美国（8.0%）、英国（9.1%）等发达经济体，与"全球通胀"趋势形成对比。这些事实充分展示了中国经济发展的强大韧性。2023 年上半年，中国社会消费品零售总额 227588 亿元，同比增长 8.2%。服务性消费支出呈现较快的增长态势，2023 年上半年中国居民人均服务性消费支出 5675 元，比上年同期增长 12.7%，占居民消费支出比重为 44.5%，同期上升 1.7 个百分点。这一现象主要得益于餐饮、出行、旅游和文化娱乐等接触型和聚集型服务消费场景的快速恢复。从消费结构来看，医疗保健、教育文化娱乐、交通通信、其他用品及服务支出增长快于消费支出平均增速。

（三）消费模式数字转型，新型消费增势良好

中国消费市场正在经历着快速恢复和优化升级的过程，新型消费的快速发展将进一步推动消费市场的繁荣，为经济增长注入新动力。互联网技术的普及和应用为消费者提供了更便捷、个性化、多元化的购物方式。同时，新技术如移动支付、虚拟现实等也为消费体验带来了全新的可能。在国家"双碳"政策推动下，产业绿色化发展成为大势所趋，绿色家电、绿色家居等绿色产品实现较快发展，绿色消费正成为促进消费高质量发展的重要方向和新的增长点，为经济增长和可持续发展提供了新的机遇。同时，在我国老龄化程度不断加深的背景下，养老需求得到释放，正成为拉动消费增长的新动能。此外，在 5G、大数据、人工智能等新一代信息技术的支撑下，国家

采取了一系列措施来推动消费新业态和新模式的发展，线上线下消费正在深度融合，带来了一系列新的商业模式和服务创新。许多实体店面通过线上渠道拓展销售，提供线上下单、线下取货的便捷服务，满足了消费者线上购物、线下体验的需求。随着技术和服务的不断升级，消费者将享受到更加便捷、高效和个性化的购物体验。同时，企业也将获得更多机会与消费者建立紧密的联系，并根据其需求进行产品和服务创新。

（四）国际消费中心城市建设加速，城市消费形成新发展格局

中国经济已经从高速增长阶段迈向了高质量发展阶段。在新的发展阶段，扩大内需成为"十四五"时期乃至未来很长一段时间内经济发展的战略基点，我国提出了培育建设国际消费中心城市的战略目标，以点带面带动全国消费的增长和提质升级。通过国际消费中心城市建设，进一步提升消费对经济增长的拉动作用，推动经济高质量发展，中国培育建设国际消费中心城市为消费发展带来了新机遇。2021年7月，上海、北京、广州、天津、重庆这五个城市率先获得批准开展国际消费中心城市的培育建设。2023年3月，广州市政府发布全国首部国际消费中心城市主题规划《广州市建设国际消费中心城市发展规划（2022—2025年）》，锚定国际方向、提升消费核心功能，加快建成具有全球影响力、美誉度的国际消费中心城市，增强"买全球、卖全球"的辐射力。北京正在积极推进国际消费中心城市建设，提出到2025年建成全球消费者心中的时尚购物之城。除首批试点城市之外，全国其他重点城市也在积极布局。成都、深圳、武汉、济南、西安等城市积极对标建设国际消费中心城市的相关标准，致力于吸引更多的国际消费资源，大力推动消费场景创新。全国重点消费城市不断构建内外互通的消费环境，提升城市消费能级，激发城市消费新活力，走上消费促进城市韧性提升的新赛道。

（五）文旅消费再燃城市经济动力，地方政府拼服务成新亮点

2022年底中央经济工作会议提出"要把恢复和扩大消费摆在优先位

置"，旅游消费成为城市经济韧性提升的重要工具。2023 年，我国多个地区旅游消费数据创下了历史新高。五一假期期间，旅游市场繁荣，全国国内旅游出游合计超 2 亿人次，同比增长超 70%，按可比口径超过 2019 年同期。这不仅体现了消费者对旅游需求的日益增长，也显示出旅游业强大的恢复力和潜力。地方文旅部门在城市营销方面"搭台唱戏"，在优化旅游消费供给以及完善城市消费配套环境方向积极比拼，淄博、徐州、大同、上饶、芜湖、恩施等小众旅游目的地成功出圈。

（六）消费促进城市韧性提升的不足与短板

尽管中国城市消费形成了新发展格局，但在国际化、影响力、品质化等方面仍然存在短板。一是中国城市中高端商品和服务的供给明显不足，城市商圈消费同质化问题突出，缺乏多样化、高品质的供给，这导致大量高端和新型服务消费流失。北京、上海、广州等一线城市在优质产品、优质品牌、优质餐饮、高端养老等方面有所发展，但供给短板仍然明显。中高端消费的集聚度较低，不同行业的集聚联动效果不理想，跨境消费的竞争力不强。中国一线国际消费城市在"全球跨境零售商吸引指数"及"跨境奢侈品零售商吸引力"等方面仍有较大的提升空间。二是消费文化影响力不足，知名本土品牌和大型商圈的数量不多。对于国际消费中心城市来说，拥有全球强影响力和高美誉度的商圈是国际化的重要标志。然而，国际消费中心城市对商圈资源的挖掘还有待提升，例如与纽约第五大道、东京银座、法国香榭丽舍大道等国际知名商圈相比，北京国贸等商圈还存在明显的差距，高端定制消费供给能力不足，金融信用等消费支撑体系的发展相对滞后。三是吸引国际消费方面的优惠力度不足，北京、上海等城市免税退税政策力度不足，难以吸引更多的入境消费者。四是城市消费者满意程度下降。2022 年，《100 个城市消费者满意度测评报告》中，全国综合得分为 78.81 分，比 2021 年的 80.59 分略微下降 1.78 分，这是城市消费者满意度测评工作开始 6 年来首次出现得分下降。这些问题的存在不利于中国城市消费品质、国际影响力和吸引力的提升，进而不能充分激发消费对城市韧性提升的支撑作用。

四 消费提升城市经济韧性的思路和对策

（一）多措并举，加大政策扶持力度

政府应积极制订相关政策，并加强监管和评估工作，确保消费政策实施的效果。一是完善财税政策。通过减税降费、优化税收结构等方式，激发企业活力，促进就业增长，推出针对中低收入群体的消费补贴政策，提高农村居民的消费能力。二是支持科技创新。鼓励企业增加研发投入，并给予相应的财务和税收支持，加大对新型消费业态的开发力度，以科技支撑新型消费新场景。城市应该鼓励科技企业进行研发创新，在生活方式、出行方式、智慧家居等领域推出具有前瞻性和创新性的产品和服务。通过科技创新带来的便利和体验升级来激发消费欲望。同时，建立健全知识产权保护制度，重视保护创新成果，鼓励更多企业进行科技创新。三是加强金融支持。通过优化金融服务体系、推动金融创新等方式，提供更加便捷、灵活的融资渠道，为企业创新发展提供有力支持。四是积极改善营商环境。进一步简化行政审批流程，减少企业办事成本；建立健全市场监管体系，打击不正当竞争行为；进一步提升城市的投资环境和创新氛围。

（二）积极引导，培育多元新型消费

通过建立丰富多样的消费环境、注重创新和品质提升、推动居民收入增加等措施，可以有效引导消费需求的多元化，并进一步促进城市经济的发展和提升经济韧性。一是建立丰富多元的消费环境。城市应该积极完善各类设施，为居民提供更加便捷、舒适、有趣的消费体验，包括建设购物中心、超市、餐饮街区等商业设施，以及剧院、博物馆、公园等文化娱乐场所。通过建立多样化的消费环境，满足不同层次的消费需求，进而推动消费水平提升。二是注重创新和品质提升。城市应该培育和吸引一批具有创新意识和能力的企业家和创业者，在产品设计、服务模式等方面进行创新。同时，加强对产品质量和服务质量的监管，提高产品品质和服务水平，从而吸引更多消费者选择优质产品和服务，促进消费需求的增长。三是注重推动居民收入的增加。城市应该采取措施来提高居民的收入水平，增加其可支配收入来提高消费能力，从而推动消费需求扩大。四是积极拓展农村市场。注重农村地区的扶贫开发和乡村振兴，提升农民收入水平，并加强农产品品牌建设和营销渠道拓展。通过发展特色农产品和乡村旅游等形式，吸引城市居民前往农村地区进行消费。

（三）跨界合作，推动文化旅游融合发展

文化旅游融合发展不仅可以为城市经济注入新的活力，还能提升城市形象和吸引力。应积极推进跨界融合，打造多元化的文化旅游产品、加强基础设施建设、建立产业联盟、加强宣传推广，促进文化旅游融合发展，并为城市经济注入新的动力。一是积极开发文旅融合产品。在文化产品开发中应充分挖掘本地独特的历史、传统和文化资源，将其转化为各具特色的旅游产品，打造独具魅力的文化旅游品牌。二是建立平台机制促进跨界对接。为促进不同领域的跨界合作，应建立区域合作平台机制，促进资源共享、信息交流和合作对接，推动不同领域之间的跨界合作项目落地。三是建立文化旅游产业联盟。通过促进相关企业、机构和组织建立紧密合作关系，实现资源共享、互补发展，提高整体竞争力。政府部门可以引导和支持文化旅游企业间的合作，促进文化旅游产品创新和品牌打造。四是强化人才培养与交流。促进文化旅游融合发展需要加强人才培养与交流，培养创意型人才。政府可以设立专门的培训机构或基地，针对跨界合作领域进行人才培养。同时，组织国内外专家学者开展交流讲座、研讨会等活动，提升从业人员的专业素养和国际视野。五是加强市场监管与品牌建设。政府可以加大对文化旅游行业的监管力度，规范市场秩序，保障消费者权益。同时，鼓励企业通过跨界合作打造自身的品牌形象，并加强知识产权保护，提高产品和服务的质量。

（四）科技赋能，推进消费模式数字化转型

数字化已经成为城市经济韧性提升的重要手段之一，通过科技赋能，推

进消费模式的数字化转型，以提升城市经济韧性。一是加大消费者需求洞察与数据分析力度。通过收集、整理和分析大数据，企业可以更好地洞察消费者需求、喜好和行为习惯。借助人工智能等技术，可以实现对海量数据的快速处理和深度挖掘，从而更精准地预测市场趋势，并根据消费者需求调整产品定位、营销策略等。二是将创新科技应用于消费体验提升。数字化转型为企业提供了丰富的创新科技工具从而改善消费者体验。在线支付、虚拟现实、增强现实等技术可以为消费者提供更便捷和个性化的购物体验。同时，通过人工智能技术实现智能客服、推荐系统等，可以提高消费者的满意度和忠诚度。三是推进电子商务与线下实体店融合发展。通过建立线上线下一体化的销售渠道，将消费者从线上引流到线下实体店，提供全方位、多样化的购物体验。四是建设智慧城市，推进基础设施升级。数字化转型不仅为消费领域带来了变革，也对整个城市经济产生了深远影响。通过建设智慧城市，借助物联网、大数据等技术，可以实现城市基础设施和公共服务的智能化管理和优化，为扩大消费提供更好的基础设施支撑。五是加强网络安全保障。在数字化转型过程中，网络安全问题不容忽视。企业需要加强网络安全意识和技术防护能力，确保消费者的个人信息和交易数据得到有效保护。同时，政府也应加大对网络安全的监管和执法力度，建立健全网络安全体系，为数字化转型提供可靠的保障。

参考文献

龚勤林、张冰冰：《数字金融对城市经济韧性的影响研究》，《云南财经大学学报》2023 年第 8 期。

肖春梅、黄桂鑫：《数字经济是否提升了城市韧性？——来自中国 285 个城市的经验证据》，《区域经济评论》2023 年第 4 期。

吴烨：《数字金融、绿色创新对城市经济韧性的影响》，《中国流通经济》2023 年第 3 期。

李世美、郭福良、谭宓：《双循环新格局下居民消费升级促进我国经济高质量发展的作用机制与实现路径》，《学术探索》2022 年第 3 期。

任朝旺：《共享经济对城市经济韧性的影响机制及指标构建》，《贵州社会科学》2021 年第 8 期。

佟明亮：《消费结构升级对经济韧性的影响——基于动态 GMM 面板的实证分析》，《商业经济研究》2021 年第 15 期。

李世美、谭宓、狄振鹏：《双循环新格局下我国居民消费升级的制度经济学分析》，《重庆社会科学》2020 年第 12 期。

社会韧性篇

Social Resilience Chapters

B.7

培育城市社会韧性的对策研究

——基于城市社会网络视角[*]

陈湘满　陈泽昊　陈　瑶[**]

摘　要： 培育城市社会韧性既是对日益增长的外在压力与潜在冲击的主动回应，也是保护发展成果的现实需要。本报告基于社会网络的视角，分析了居民间、组织间、居民与组织间三种重要的城市社会网络对社会韧性的影响机制。并从当前社会韧性建设中尚欠缺的资源调动、抵御风险、风险保障、应急决策四种能力出发，提出加强主体社会联系、提高城市居民收入、健全社会保障体系、优化信息传播机制四大对策，为建设更有韧性、更可持续的城市建言献策。

---

[*] 本报告受湖南省教育厅重点项目"乡村振兴背景下绿色金融对县域经济韧性的作用机理及效应研究"（项目编号为22A0080）资助。

[**] 陈湘满，湘潭大学商学院教授、博士生导师，博士，研究方向为人口资源与环境经济、城市与区域经济；陈泽昊，湘潭大学商学院硕士研究生，研究方向为城市与区域经济学；陈瑶（通讯作者），中国社会科学院生态文明研究所博士后，研究方向为新型城镇化与区域经济学。

关键词： 社会韧性　社会风险　社会网络　城市安全

一　引言

近年来，全球范围内自然灾害、卫生危机、经济危机等风险事件频发，不仅给城市社会带来了巨大的冲击，也凸显了城市社会的脆弱性。城市作为人口密集、资源集聚的地区，其社会系统的稳定性与韧性建设成为当务之急。2020年突发的新冠疫情是城市风险集中暴露的代表性事件，也是对城市社会韧性的重大考验。由公共卫生风险引发的城市治理风险、医疗风险、供应链风险、居民收入风险等社会危机集中显现。尤其是在尚未形成有效应对措施前，公共卫生部门的风险向全社会各部门迅速蔓延，逐渐演变为全面的、多层次的系统性社会风险。在此背景下，发生概率逐步上升的社会风险，引发了学界及政策研究者对培育社会韧性的高度重视。

城市社会韧性的概念来自韧性城市的建设理念。城市是包含社会、经济、文化、生态等一系列子系统的复杂系统合集，社会韧性是韧性城市建设中必不可少的重要组成部分。本报告所指的社会韧性，是社会主体应对具有破坏性力量的风险冲击时，利用自身特性与资源抵御风险、维持稳定、恢复发展的能力，并以此提高整体社会系统的安全能力。可以看出，社会韧性与风险和安全两个概念息息相关，风险是韧性的起因，安全则是韧性的目标。

培育社会韧性是贯彻落实总体国家安全观、统筹发展和安全两件大事的重要举措。但是，不同于以往片面削弱风险的观点，韧性观点在承认风险发生与社会威胁的客观性与必然性的基础上，接受甚至鼓励一定的风险发生，这不仅能够提高社会的危机意识，帮助社会在风险中强化自身能力，更有助于降低社会遭受更大风险的概率。并且，不同于单方面加强应急措施的观点，韧性观点旨在构建一个以韧性建设促进社会发展、以社会发展保障社会安全、以社会安全创新韧性建设的良性循环，并强调通过强化能力建设与调动主体能动性，从而吸收风险冲击，降低风险损失，并利用风险实现自我再生。

二 社会网络对城市社会韧性的影响机制

城市的社会网络是城市社会中的居民、企业、政府等社会主体基于彼此关系纽带，纵横交错、相互交织而形成的一种稳定的关系体系。一般而言，连接多、中心化程度低的社会，能够有效分散风险冲击对单一主体造成的负面影响，并保持整体社会活力，在有条件的时候迅速恢复，从而增强社会韧性。社会网络的形式与形成方式具有相对稳定性，其转变大多是因社会变革引发的生产关系改变所导致的，单次的社会风险对社会网络整体的形式作用有限。但是，网络中的个体和连接渠道极易受到单次风险的冲击，并迅速发生质变，影响整个网络中的其他个体。因此，如何抑制社会网络中的个体风险向整体蔓延，防止个体间联系发生"脆断"，成为培育社会韧性的重要问题。

社会网络包含三种要素：结点、连接和所处位置。结点涵盖了城市中所有的社会主体，既有城市居民，也有如私人企业、社会组织、政府职能部门等组织单位，这些结点通过不同的渠道建立连接，构建起社会网络的基本形态。如图1所示，按照结点所处位置可将城市的社会网络简单地分为三种形式：中心式、去中心式以及分散式。中心式是指所有结点都只与单一中心点相连，而其他结点则没有任何连接。去中心式则有多个中心点共同与不同个体产生连接，再由各中心点相互连接。分散式中的每个个体都至少与两个个体产生连接，并没有单一的中心点。从中心式到分散式，社会网络中单一结点的中心化程度不断下降，可替代性增强。单一个体所遭遇的冲击，既容易因多渠道连接化解风险，也可用同样功能的个体替代该结点，难以形成系统性的负面危害，从而提高了社会韧性。但值得注意的是，社会个体的中心程度同样也可能带来资源的集聚，受到规模经济、比较优势等因素的影响，一定程度的中心化才可能使社会网络达到最优形态。极端分散的社会网络可能在抵御风险和恢复的过程中难以有效调动全部的社会资源，极端中心化的社会网络，一旦中心结点遭到冲击，可能面临严重的社会瘫痪。城市社会是一个高度复杂的系统，三种形式的社会网络同时存在，相互交织，互相影响。

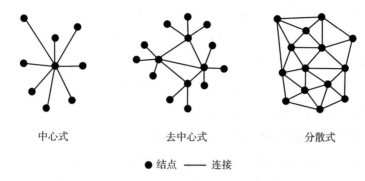

中心式　　　　　　去中心式　　　　　　分散式

● 结点 ——— 连接

图1　社会网络的三种形式

资料来源:〔德〕马库斯·布伦纳梅尔:《韧性社会》,余江译,中信出版集团,2022。

从居民间的社会网络来看,城市居民间的社会网络是城市社会最基础、最重要的社会网络。这个网络由居民的亲属关系、工作关系、社交关系等构成,中心化程度较低,连接替代性程度较高,整体韧性相对较强。但居民间的社会网络对城市社会韧性的影响需要从两个层面分析。一是个体层面的居民间社会网络呈现极强的中心式状态。每个居民都通过互动与交流建立起个人社会网络,这种社会网络是以居民个人为中心,成为一个小范围内的"结构洞"。一旦该居民受到风险冲击而衰落,则该范围内的社会网络都可能陷入瘫痪。二是社会层面的居民间社会网络呈现极强的分散式状态,每个个体在整体上都具有极强的替代性。小范围的个体衰落并不会影响整个社会网络的运行,对社会韧性的影响极为有限。但值得注意的是,随着互联网的发展,舆情传播速度倍增,小范围的个体衰落可能会通过"回声室效应"将恐慌情绪散播至更大范围,从而削弱社会韧性。总体而言,一个良好的居民间社会网络在风险中可以为个体提供情感支持、物质资源与社会资本,帮助个体化解风险、获得机会并实现个人发展。在这个过程中,居民需不断通过参与社会活动获取社会资源,并实现社会价值,从而加强社会韧性。

从居民与组织间的社会网络来看,居民与组织间的社会网络是城市社会中较为复杂的社会网络,尤其是居民与组织间的联系是通过雇佣关系、服务关系、层级关系等建立的关系网络,涉及多种主体类型、多重关系网络,具

有一定的中心化特征。在城市中，居民与组织的社会网络是城市运行和发展的重要组成部分，组织需要获取居民的劳动力完成生产，居民需要从组织中获取收入，并通过组织的管理完成协同化生产。良好的居民与组织间社会网络可以为居民提供就业机会、教育机会、医疗保障等各种社会资源，提高居民抗击风险的能力。另外，居民与组织间的社会网络还有助于信息流通和风险抵御。紧密联系的社会网络可以促进信息的传递和共享，使得居民和组织之间的沟通更加便捷和高效，提高城市的运作效率和社会主体的决策质量。同时，这种社会网络也可以减少连接渠道"脆断"的可能性。如果居民和组织之间的联系非常薄弱，一旦某条连接渠道中断，将对城市的运行和发展产生严重影响。而通过建立紧密的社会网络，可以降低这种风险，并增强组织调动资源以抵御风险的能力。此外，居民与组织之间的社会网络还起到连接居民间和组织间两个社会网络的桥梁作用。居民和组织之间的联系可以促进信息和资源在不同社会网络之间的流动，增强社会网络的整体效能。这有助于减少社会分割和隔离现象，推动社会更加团结一致。通过建立健全的居民与组织间的社会网络，可以促进城市社会的发展和进步。

从组织间的社会网络来看，组织间的社会网络是统筹城市社会资源调配最为重要的社会网络，无论是产业链上的企业间关系还是政府与企业、社会组织间的联系都具有较强的中心化特征。健康的组织间社会网络既可以强化协作也可以促进良性竞争。通过建立合作伙伴关系，不同组织可以共同协作、共享资源、互相支持，从而提高整体效率。例如，在城市交通领域，公共交通运营商与出租车公司可以合作共享数据，优化路线规划，提高交通运输效率。在医疗保健领域，医院与社区卫生中心可以建立紧密的合作关系，共同提供全面的医疗服务，满足居民的健康需求。通过组织间的协作，可以促进城市资源的共享与优化利用，推动城市的经济发展与社会进步，并在风险发生时强化社会韧性。组织间的竞争则可以激发创新，提高资源分配效率。组织间的社会网络可以进一步传导至居民间社会网络，居民可以获得更多的服务和便利，提升生活质量，对居民的生活和福利产生重要影响。例如，不同组织之间的合作可以提供更好的城市交通、医疗保健、教育等服务，满足居民的需求。企业之间的合作也可以提供更多的就业机会和经济机会，改善居民的生活状况。

三种社会网络相互联系，共同构成了中心式与分散式相互交织、组织与居民间相互传导的多层级、立体化的社会网络，共同构筑了城市的社会韧性（见图2）。从居民间的社会网络到组织间的社会网络，非正式关系的比重逐步降低，更多依靠竞争、激励、规则等正式关系完成构建。

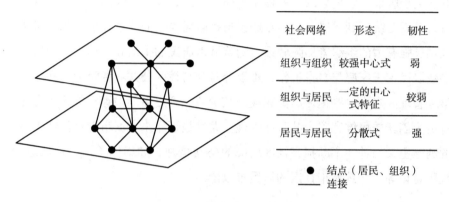

社会网络	形态	韧性
组织与组织	较强中心式	弱
组织与居民	一定的中心式特征	较弱
居民与居民	分散式	强

● 结点（居民、组织）
—— 连接

图2　三种社会网络关系

资料来源：作者自绘。

三　社会韧性的发展困境与现实不足

（一）社会联系网络稀疏，资源调动能力不足

马克思指出："人的本质不是单个人所固有的抽象物，在其现实性上，它是一切社会关系的总和。"[①] 虽然，马克思的这一命题并非是一个严格的定义，但依旧表明了社会关系对人的重要性。城市居民拥有大量的社会关

---

① 马克思：《关于费尔巴哈的提纲》，载马克思、恩格斯《马克思恩格斯选集（第1卷）》，2012。

系，既有正式关系如工作关系、层级关系等，也有非正式关系如亲缘关系、邻里关系等。社会关系为社会居民缔结一种非正式的制度保障，促进社会居民调用社会资源。同时，紧密的社会关系也为政府和统筹部门奠定良好的信用基础，能够保证在风险发生时集中社会力量，共同抗击风险。

但城市内的社区人际交往逐渐由熟人社会向半熟人社会甚至是陌生人社会转变，社区居民间的信任水平与熟络程度正逐渐下降。特别是，居委会与群众逐步脱节、业委会的发展程度不高、小区物业管理体制不完善难以让政府力量真正统筹到居民。大多数居民与社区居委会的联系逐渐淡化，居民间也难有强有力的组织者加强联系。随着城市居民的生活和工作压力增加，大多数居民忙于家庭与自身工作，难以分身参与社区公共事务管理。社区公共事务管理大多由一些退休居民完成，较少照顾到更多的中青年群体，也无法有更为创新的思维完善公共事务管理。尤其是近年来在城市青年群体中蔓延的利己主义精神，不断损害社区居民的公共精神，如集体意识、责任意识、规则意识等，导致城市社区的居民难以团结一致。

（二）中等收入群体偏少，抵御风险能力不足

居民收入不仅是个人生活质量的重要指标，也是城市经济社会繁荣的重要标志。较高收入水平的居民能够享受更好的教育、医疗和社会福利服务，提高生活水平和幸福感，能够更好地应对各种风险和挑战，保持稳定的生活状态。中高等收入水平的居民拥有更多的经济储备和资源，能够在风险事件发生时不会立即降低自身的生活水平，从而帮助其能够更好地应对和适应风险。

但是，城市居民的收入分配结构仍不尽合理，尚未形成"橄榄形"的分配结构，抑制城市社会韧性的培育。分配结构可按高、中、低收入群体的比例分为"金字塔形"、"橄榄形"以及"哑铃形"三种形态。其中，"橄榄形"的分配结构是中等收入群体占比最多，而高、低等收入群体占比较少的分配结构。但目前我国中等收入群体数量仍然较小，对贫富差距的缩小作用较小，社会中的财富与资源难以合理分配到每一个人，抑制了城市社会

的凝聚力与稳定性。城市居民的初次劳动报酬相对较低，难以激发居民的才能与潜力，抑制了社会创新力与竞争力。当面对风险冲击时，城市居民难以主动发挥更多才能解决风险，体现在社会层面则是整个社会难以快速适应风险变化。

（三）社会底部防线薄弱，风险保障能力不足

社会保险是社会保障体系的核心，遵循着"互助共济、共担风险"的原则，保证社会稳定。健全的社会保险制度能够为城市居民提供全面保障，覆盖居民生活中的各个方面，保证居民在面临各种风险和困境时能够得到必要的资金支持。此外，社会保险为居民提供基本的社会保障，确保满足其基本生活需要。并通过提供较为平等的保险机会，促进社会稳定，缓解贫富差距，提高社会公平性。

失业保险、工伤保险和生育保险等社会保险依然较弱（见图3）。城市居民在养老保险和医疗保险方面已基本有较强的社会兜底能力，但在其他社会保障方面的供给仍然不足，保障水平仍然较低。其一，失业保险金的数额较低、覆盖范围有限，失业人员在失业期间无法获得满足其基本生活需求的保险支持。其二，工伤保险的覆盖范围相对较窄，可以给付的伤种规定较为严苛，大多数职工在受到工伤时无法获得充分的保险赔偿。其三，生育保险的支持力度相对较弱，无法满足女性在孕期和产后的具体需求。并且，生育保险在男性群体中的覆盖率极低，未能有效发挥生育保险对全社会的生育保障作用。

此外，平台经济的社会保障体系建设尚不完善。以平台经济为重要载体的灵活就业群体规模逐步扩大，其工作内容既具有短期性、项目性、碎片化、灵活性的传统特征，又具有远程化合作、知识技能应需及时分配的新兴特征。[①] 但是，由于就业的可持续性较差、工资收入差距较大、参与社会保

[①] 国家和发展改革委员会：《灵活就业重在做好服务和保障》，https：//www.ndrc.gov.cn/fggz/jyysr/jysrsbxf/202205/t20220520_ 1324918. html，最后检索时间：2023 年 6 月 30 日。

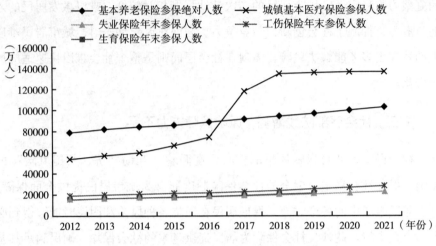

图3　2012~2021年城镇各类社会保险参保人数

注：根据《国务院办公厅关于全面推进生育保险和职工基本医疗保险合并实施的意见》（国办发〔2019〕10号），不再单列医疗保险基金收入，在职工基本医疗保险统筹基金待遇支出中设置生育待遇支出项目。因此，2020年起无生育保险具体数据。

资料来源：中国人力资源和社会保障部。

障的意愿和能力不足，灵活就业人员的风险承受能力普遍较低。尤其是在失业保险和工伤保险等方面，灵活就业群体的失业认定较难，工伤缴费主体、费用分担等仍未做出明确安排，灵活就业人员与社会保障体系逐步脱节，既导致劳动者个人福利受损，也不利于社会整体稳定。

（四）风险感知时滞较长，应急决策能力不足

风险感知是人们对特定风险的态度、判断与反应。除个人因素外，社会信息传播是风险感知的重要方式。无论是政府采集社会信息形成正确决策，还是居民利用社会信息有效规避风险，良好的信息传播机制对培育城市社会韧性的积极作用是毋庸置疑的。良好的信息传播机制还可以促进不同利益相关者之间的沟通和合作，使各方能够共享风险信息，共同制订风险管理策略，提高城市对风险的应对能力。

但是，目前无论是居民自身决策还是政府决策，在对待重大风险事件

时，仍然存在较强的时滞，削弱了风险的应对能力。一方面，由于自媒体与互联网迅速发展，推动公众感知风险的方式由亲身体验转变为媒体中介。这种转变带来的直接问题是，人们需要从更加庞杂的信息中收集可供做出决策的信息，这一过程增加了决策的时间成本。另一方面，基层信息采集制度不完善导致许多重要信息无法迅速向上传递，从而导致决策层对整体风险的把握不准确，难以做出有效应对。此外，信息传播中可能存在大量信息不准确或不全面的问题，这都将导致居民和相关机构对风险的认知不准确，无法采取有效的预防和应对措施，增加风险发生与扩散的可能性。

四 培育城市社会韧性的对策建议

本报告以高质量发展和总体国家安全观为根本出发点，针对上述提出的影响机制与现实不足，提出以加强主体社会联系提高整体韧性、以提高城市居民收入增强主体韧性、以健全城市社会保障体系筑牢底部防线、以优化信息传播机制强化风险感知的四大对策，为培育我国社会韧性、推动城市高质量发展提供参考建议。

（一）加强主体社会联系，提高整体韧性

一要加密城市居民间的社会联系。其一，应推动一批城市公共场所的建设，如城市公园、剧院、图书馆等，为城市居民社交提供实体场所。尤其是加快一些微型的社交场所建设，如口袋公园等，加强区域微循环。其二，要鼓励居民组建社区组织，引导城市居民建立互动合作关系。大力推进业委会建设、居委会持续改革创新。推动社区基层服务单位定期组织社区、小区活动，增进居民间的交流与互助。其三，推动更高质量、更广范围的数字社交平台建设。利用数字技术突破时空限制的优势，让城市居民能够通过数字社交平台与更大空间范围的居民建立联系。通过数字社交平台，社区居民可以在更广空间范围内分享资源、提供帮助，建立更紧密的社会网络。

二要加强居民与组织间的社会联系。一方面，要加强居民与企业之间的

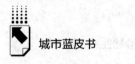

联系。其一，鼓励企业开展公益项目。建立良好的激励机制，推动企业积极主动开展公益项目。增强企业对优秀人才的吸引力，推动改善城市的就业结构。其二，推动企业参与城市规划。提升居民的危机应对能力，并能够及时了解居民的需求变动，不断创新产品和服务，增强与居民的双向互配。通过与居民共同制订和实施应急预案，提供物资支持，加强社会的灾害防范和救援能力，提高社会面对自然灾害、突发事件等危机时的应对能力。另一方面，加强居民与政府的联系。其一，要持续加强"阳光政府"建设，加强信息公开建设，及时向城市居民公布政府各项工作与决策信息，使市民能够及时了解政府工作动态与决策方向。其二，建立多种沟通渠道，如开设咨询热线、设立市长信箱等，为居民表达意见和参与决策提供机会。

三要加强组织间的社会联系。其一，要着重突出政府服务职能，深化商事制度、投资审批制度及行政审批制度改革，更好降低企业制度性成本，提高企业对市场变化的反应能力，更专注于企业自身发展。其二，持续加强政企合作，共同推动经济的发展。政府可以与企业共同开展项目、技术创新等方面的合作，实现互利共赢。其三，建立企业交流平台。通过定期的座谈会、研讨会、交流会等活动，建立企业间的合作机制与互信机制，推动城市企业建立长期、稳定的合作伙伴关系。

（二）提高城市居民收入，增强主体韧性

一要提高城市居民劳动报酬占初次分配的比重。其一，提高企业经营性收入。一方面，要完善金融市场内部机制，打造公平、有序、透明、规范的金融生态环境，引导资金更多流向具有创新能力、符合未来经济发展态势的中小微企业。另一方面，要持续完善法治环境，秉持公平公正的理念，减少企业寻租行为。让市场主体在有法可依的环境下公平竞争，增强市场活力。其二，推动企业经营性收入转化为劳动者报酬。一方面，要切实保障和提高劳动者在工资等利益协商中的话语权，有效保护劳动者权益。加强《中华人民共和国劳动法》的宣传与普及，让劳动者了解自己的权益和义务，并逐步学法、懂法、用法，用法律保障劳动权益；加大对违法用工行为的打击

力度，确保劳动者的权益得到有效保护。另一方面，要促进企业工资集体协商机制建设。逐步引导企业建立劳动关系协商机制，提高劳动者参与工资协商的能力和水平。并加强对劳动关系协商结果的监督和执行，确保协商结果能够得到有效实施，将劳动者的权益保护落到实处。

二要增加就业岗位。其一，大力促进城市中小企业发展，推动产业融合发展，加强产业间的交流与合作，为社会带来更多高质量产品与服务。其二，促进数字经济发展，推动平台就业。要逐步推广复制浙江"数字经济'一号工程'"的典型经验，加快推动产业数字化、数字产业化，培育新增长点、形成新动能，提高经济发展速度，提升经济增长质量。[①] 其三，要健全平台收入分配机制。着力推动平台收入所得由多数劳动者共享，降低某些平台公司不合理的抽成比例，提高劳动者平台所得，并深入推进平台反垄断。促进多种平台和谐发展，严厉打击平台垄断行为。

三要加大居民职业培训与技能提升支持力度。其一，加强企业新型学徒制建设。加大政府政策扶持力度，鼓励学校与企业双向开展合作，提供更为强大的产业师资力量，为学徒提供更加全面的培训机会。与时俱进更新学徒制的管理与评估制度。以经验技能更新、劳动水平提升、毕业工作去向等为核心考核指标，严格把控学徒制建设企业成果，将学徒制的教育落实到位，切实提高劳动力与新技能的适应力。其二，推进继续教育建设。由政府提供足够的资金支持和政策保障，并通过设立继续教育基金，为参与继续教育的终身学习者提供奖学金和补贴，鼓励更多的人参与继续教育，并组织更多社会力量共同参与继续教育的建设，保证继续教育课程质量与实用性。

（三）健全社会保障体系，筑牢底部防线

一要提升城市基本公共服务供给。其一，鼓励国有经济多种方式提供公共服务、降低公共服务成本，并引导国有资本参与社会公益事业，推动城乡

[①] 国家发展和改革委员会印发《浙江高质量发展建设共同富裕示范区第一批典型经验的通知》，https://www.ndrc.gov.cn/xxgk/zcfb/tz/202303/t20230323_1351675.html，最后检索时间：2023年7月2日。

社会福利、社会救助水平提升。其二，积极扩大政府购买服务范围，培育能够承担公共服务的社会力量，适当引入竞争机制，以政府购买的方式向社会提供公共服务产品。允许部分公共服务领域开展市场化运营，在确保政府投入为主的基础上引入社会资本，充分发挥市场机制作用，采用"基础+补充"的方式，在发挥兜底作用的同时赋予城市居民更多的选择权和灵活性。其三，要畅通社会互助渠道，开放更多渠道引导社会组织和慈善基金会等社会力量参与社会救助和社会福利建设，推动全社会参与公共服务均等化建设。其四，科学规划城市公共服务内容布局架构，综合考虑人口分布、需求层次、供给覆盖范围，统筹规划公共服务半径。服务半径按区域内人口和需求梯度进行划分，如幼儿园和小学、卫生站等服务对象多、需求频率高的设施，应实现社区全覆盖。

二要优化社会保险制度。其一，降低城镇职工保险进入门槛，建立职工保险和居民保险便捷转化机制，保障进城务工人员在城市务工福利，使其在城市的投入与收获成正比。其二，要建立城市群社会保险协同发展机制。需以特大城市为引领，加强城市间合作，在区域内增强城市居民社会保险一体化，保障流动人口享受服务在流入地和流出地均等。其三，要加强失业保险、工伤保险和生育保险建设与推广。尤其是要提高失业保险中职业教育补贴的比例，提高高危工种工伤保险赔偿比例，全方位保障城镇居民可能面临的风险。其四，要重点照顾灵活就业群体。逐步加强对灵活就业人员的个性化社会保险管理办法，简化灵活就业人员参与社会保险的渠道，逐步提高对灵活就业群体的保障力度。其五，加快发展巨灾保险。加强风险评估和预警系统，强化产学研合作，共同研究城市的灾害风险，收集并分析历史气象数据和地质数据，提高自然灾害预测的准确性，并评估灾害的可能性和影响范围。

（四）优化信息传播机制，强化风险感知

一要优化信息披露机制。其一，加强数字政府建设，推广数字政务平台在全社会的应用，集合城市内各职能部门信息发布渠道。在确保信息的可靠

性和权威性的前提下，及时发布有关经济运行状况、城市社会动态等相关信息，让社会居民切实了解实际状况，做出有效判断与决策。其二，管理当局应及时举办新闻发布会，向公众提供详细的信息，明确回应重大社会问题关切和疑问。其三，加强对社交媒体等新媒体平台的监管，防止谣言的传播和扩散。

二要提升舆论引导水平。其一，引导发布积极信息。通过发布科学合理的风险数据和成功抗击风险的案例，向社会传递积极的信号，增强人民对未来发展的信心。这种正面信息可以激励企业和居民增加投资和消费，推动社会从风险状态中逐步脱离，同时也可以鼓舞民众积极面对生活中的困难。其二，建立全面的媒体传播体系。不断提供优质内容增强官方媒体的吸引力与竞争力，推动内容逐步适应消费需求变化，提供更多有力论据增强说服力。同时，要不断加强技术支撑，增强5G、4K、大数据等技术应用，提升传播效果。

三要及时回应负面信息。其一，建立专门负责处理负面信息和舆情的领导小组，吸纳多名专业人士、媒体和具备丰富公共关系处理经验的人员，紧密关注社会舆情动态，及时做出反应，以减少负面信息的传播和对社会的负面影响；利用专家网络对负面信息和舆情的解读和分析，提供专业的意见和建议，增加信息的可信度和公信力。其二，政府应充分利用媒体力量，及时回应负面信息和舆情，并宣扬政府信心。定期举办公众听证会或座谈会，邀请公众参与政策制订和决策过程，增加公众对政府事务的参与感。其三，政府应注重回应信息的准确性和透明度。政府回应负面信息应准确、全面，规避虚假和误导性的内容。

四要加强媒体监督和自律建设。其一，加强对媒体的监督和指导，鼓励媒体积极传递正面、客观、真实的信息，遏制不负责任的报道和传播。其二，加强媒体自律组织建设，提高媒体从业人员道德规范和职业操守，增强媒体的公信力和可信度。其三，媒体应加强内部管理，建立健全新闻编辑与审核机制，确保公布信息经过严格的审查和核实。

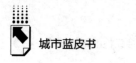
参考文献

李卫东、彭静：《社交网络平台信息传播的回声室效应仿真实验分析》，《现代传播（中国传媒大学学报）》2019 年第 4 期。

李子豪、顾海：《互联网使用对公众风险感知的作用机制研究——基于差异化人际信任视角》，《浙江社会科学》2023 年第 6 期。

芦恒：《重大公共危机应对与社会韧性建构——以"抗逆性"与"公共性"为中心》，《南开学报》（哲学社会科学版）2020 年第 5 期。

任远：《后疫情时代的社会韧性建设》，《南京社会科学》2021 年第 1 期。

石晓军、杜宝瑞、秦国庆：《社会网络分层与中国城镇家庭保险消费——基于风险分担与知识溢出双重视角的分析》，《保险研究》2022 年第 4 期。

舒诚忆：《资本视角下城市社区社会韧性定量评价方法研究》，东南大学硕士学位论文，2019。

王俊秀、张衍：《风险认知、社会情绪和未来预期：疫情不同阶段社会心态的变化》，《社会科学战线》2022 年第 10 期。

杨保清、李贵才、刘青：《基于 DPSRC 模型的国际社区社会韧性评价分析——以广州小北 16 个国际社区为例》，《地域研究与开发》2020 年第 5 期。

B.8
中国城市管理韧性的发展、
经验与优化路径

苗婷婷*

摘　要： 城市管理韧性是城市韧性的重要内容和重要表现。城市管理具有强
韧性，意味着政府面临已知和未知扰动时，拥有高效的领导力、韧
性的法律制度及规划政策、先进的应急管理流程、协调的部门间关
系、基于学习的适应力、赋权的基层治理。北京的韧性城市建设方
案、上海的韧性城市建设实践以及南京的应急管理均对城市管理韧
性做出了相关部署，取得了一些成效。未来，中国城市管理韧性的
优化提升应该从管理理念、组织领导、规划政策、现代化的应急体
制建设和多元参与入手，系统提升城市管理韧性水平。

关键词： 城市韧性　管理韧性　北京　上海　南京

近年来，提升城市韧性成为我国城市研究和政策领域的热门议题。中央
层面，2020 年 11 月，在党的十九届五中全会审议通过的《中共中央关于制定
国民经济和社会发展第十四个五年规划和二〇三五年远景目标的建议》中，
建设"韧性城市"正式写入中央文件。在地方，一些城市或制订专门的韧性
规划，或出台韧性城市建设指导意见，或将其写入政府工作报告并纳入规划
体系，积极开展韧性城市建设。从我国韧性城市的建设经验可以看出，政府
发挥着主导作用，政府管理韧性是城市韧性的主要内容和重要体现。国际层

---

* 苗婷婷，首都经济贸易大学讲师，博士后，研究方向为城市韧性、空间政治。

面，管理韧性也愈发受到重视。例如，联合国减少灾害风险办公室（United Nations Office for Disaster Risk Reduction，UNDRR）于 2010 年发起"让城市更具韧性"（The Making Cities Resilient，MCR）运动，构建了"城市风险、城市规划以及地方政府"三元框架，认为地方政府在"将减灾和韧性建设纳入城市规划以减轻风险灾害"中发挥着核心作用。MCR 运动通过提升地方政府防灾减灾意识，提供工具和技术援助，增强城市间互助学习，提高城市管理韧性并推动全球城市韧性建设。一些全球一线城市，如纽约、伦敦等，也意识到政府在城市韧性建设中的作用，在其韧性规划中通过增进韧性战略与其他规划政策文件的协调性，强化部门间协同，增强政府的管理能力和韧性实施能力。放眼未来，提升城市管理韧性是全球城市韧性建设的题中应有之义。

以此为出发点，本报告对城市管理韧性的定义进行界定，对我国城市管理韧性的建设历程进行回顾总结，提炼当前我国代表性城市的管理韧性建设经验，并提出未来提升城市管理韧性的路径方向。

一 城市管理韧性的概念与范畴

对于城市管理韧性的界定，主要存在两种视角。从广义视角出发，城市管理韧性涉及作为有机体的整个城市系统，包括政府、企业、社会组织、公众等城市治理的参与性主体，通过合理准备、缓冲和应对不确定性扰动，实现城市经济、社会、生态、环境与文化等各方面正常运行。广义视角的城市管理韧性是一种"雨伞概念"（umbrella concept），在内容上包容甚广，操作执行上具有模糊性。而从狭义的视角看，城市管理韧性主要侧重于城市管理的权力主体，主要包括执政党和政府，通过主动维持和提升调适能力来有效对抗内外部威胁对城市系统整体的冲击，并在事后迅速再生治理功能的能力。① 为具体描画城市管理韧性的实际情况，防止其概念泛化虚化，本报告借鉴相关国际组织对城市管理韧性内容范畴的阐释，从狭义视角展开探讨。

---

① 《韧性治理：推动应急管理现代化新方向》，《学习时报》，http：//www.qstheory.cn/llwx/2020-04/20/c_ 1125879127.htm，最后检索时间：2023 年 7 月。

参照国际组织的阐释（见表 1），洛克菲勒基金会提出城市韧性的 "领导与战略" 包括：高效的领导与管理、赋能的利益相关者、集成的发展规划。韧性联盟提出适应性治理包括：促进集体行动和网络建设、加强制度化的社会学习以更加理解系统动态、为适应环境变化而组建机构、从管理经验中进行学习以制定政策、解决不确定性和复杂性的策略、强调减少脆弱性和加强应对适应能力的解决办法、协作过程模型中正确理解城市系统的行为和确定关键阈值、鼓励机构多样性、多层治理。① 世界经合组织（OECD）提出治理韧性包括：清晰的领导与管理、领导者的战略和整合方式、公共部门拥有正确的技能、政府的公开透明。② 联合国减少灾害风险办公室从为地方政府提供技术工具的视角提出，城市韧性十要素包括：灾害韧性的组织动员，识别、了解和使用当前与未来的风险情景，增强财政韧性，追求韧性城市发展与设计，保护自然缓冲系统以增强自然生态系统的保护功能，增强机构韧性，理解并增强社会韧性，提高基础设施韧性，确保有效的备灾和救灾，快速的恢复与更好的重建。③

表 1　代表性国际机构对城市管理韧性的阐释

组织机构	具体阐释
洛克菲勒基金会 "领导与战略"	1. 高效的领导与管理:综合性的政府应急管理、全面的危险监测和风险评估、积极的多元合作、与其他政府部门的有效协调、恰当的政府决策;2. 赋能的利益相关者:有效的政府参与机制、普遍的共同体意识和预备充分的全民教育;3. 集成的发展规划:完善的规划审批流程、适宜的土地利用和分区、协商性的规划过程、全面的城市监测与数据管理

① Resilience Alliance, Assessing Resilience in Social-Ecological Systems: Workbook for Practitioners (Revised version 2), cited from https://www.resalliance.org/files/ResilienceAssessmentV2_2.pdf, last accessed on June 13, 2023.

② OECD, Resilience Cities, cited from https://www.oecd.org/cfe/regionaldevelopment/resilient-cities.htm#:~:text=Resilient%20cities%20are%20cities%20that%20have%20the%20ability, is%20investigating%20how%20cities%20can%20increase%20their%20resilience, last accessed on May 8, 2023.

③ UNDRR. 2015a. The Ten Essentials of Making Cities Resilient. Online resource: http://www.unisdr.org/campaign/resilientcities/assets/documents/ten-essentials.pdf, last accessed on March 31, 2023.

组织机构	具体阐释
韧性联盟 "适应性治理"	1. 促进集体行动和网络建设;2. 加强制度化的社会学习以更加理解系统动态;3. 为适应环境变化而组建机构;4. 从管理经验中进行学习以制定政策;5. 解决不确定性和复杂性的策略;6. 强调减少脆弱性和加强应对适应能力的解决办法;7. 协作过程模型中正确理解城市系统的行为和确定关键阈值;8. 鼓励机构多样性、多层治理
OECD "治理韧性"	1. 清晰的领导与管理;2. 领导者的战略和整合方式;3. 公共部门拥有正确的技能;4. 政府的公开透明。 衡量标准:收入来源、社区组织的数量、公共部门工作人员的数量、地方政府的数量
UNDRR "城市韧性十要素"	1. 灾害韧性的组织动员:通过拥有强大领导力、协调能力和责任明确的组织结构,将减轻灾害风险列入城市发展愿景及发展计划中; 2. 识别、了解和使用当前与未来的风险情景:维护和更新关于致灾因子危险性、承载体脆弱性的即时数据,通过多元主体参与编制风险评估报告,并将其作为城市发展及实现长期目标的基础; 3. 增强财政韧性:通过了解和评估灾害的重大经济影响,准备一份财务计划,确定支持韧性活动的财政机制; 4. 追求韧性城市发展与设计:根据最新的风险评估,开展风险指引的城市规划设计,特别关注弱势群体,应用和执行务实的、风险一致的建筑法规; 5. 保护自然缓冲系统以增强自然生态系统的保护功能:识别、保护和监测城市内外的自然生态系统,并加强对其利用; 6. 增强机构韧性:了解政府组织、私营部门、学术界、专业组织、民间社会组织等降低风险的能力,从而甄别和弥补韧性能力差距; 7. 理解并增强社会韧性:透过社区和政府的倡议及多媒体沟通渠道,确立和加强社会联系和互助文化; 8. 提高基础设施韧性:制定保护策略,对关键基础设施进行维护,并根据需要开发风险减缓的基础设施; 9. 确保有效的备灾和救灾:制定并定期更新应急预案,连接早期预警系统,提高应急管理能力; 10. 快速的恢复与更好的重建:建立与长期规划相一致的灾后恢复、修复和重建战略,改善城市环境

资料来源：作者根据 Rockefeller Foundation & ARUP. City Resilience Index：Understanding and Measure City Resilience；Resilience Alliance，Assessing Resilience in Social-Ecological Systems：Workbook for Practitioners（Revised version 2）；UNDRR，The Ten Essentials for Making Cities Resilient 等资料进行整理。

虽然各大国际组织的表述不尽相同，不过其阐释具有四个共性特征：一是强调政府高效的领导力；二是注重政府规划政策和应急管理能力；三是仰仗部门间合作和社会协同治理；四是尤为注重政府学习应变力。因此，城市管理韧性的范畴包括，城市政府面临已知和未知扰动时，拥有高效的政府领导力、韧性的制度和政策、先进的应急管理流程、协调的部门间关系、赋权的基层治理、基于学习的适应力（见表2）。其中，应急管理方面的韧性是城市管理韧性的重要落脚点，先进的应急管理流程是城市管理韧性的支柱，包括拥有先进的感知技术、风险研判和预警、应急救援、物资保障、交通通信保障等方面的内容。

表 2　城市管理韧性的范畴

管理韧性	1. 高效的政府领导力：拥有强大的政府领导力和责任明确的组织机构。
	2. 韧性的制度和政策：根据脆弱性分析和风险评估制订的城市规划政策和法律制度。
	3. 先进的应急管理流程：拥有先进的感知技术、风险研判和预警、应急救援、物资保障、交通通信保障等。
	4. 协调的部门间关系：基于大应急，拥有协调的规划、应急、交通、财政、生态等部门间关系。
	5. 赋权的基层治理：基于赋权的基层响应力和教育培训形成的社会责任。
	6. 基于学习的适应力：基于政府自主学习、专家咨询和群众参与等的政策有效迭代。

资料来源：作者自绘。

二　中国城市管理韧性的建设演变历程

中华人民共和国成立以来，中国城市的管理韧性建设大致经历了"波折起步阶段（1949~1978年）"、"发展提升阶段（1979~2002年）"、"转折提速阶段（2003~2012年）"和"系统优化阶段（2013年至今）"四个发展阶段，城市管理韧性的要素体系逐步完善，城市韧性不断提高。

（一）波折起步阶段（1949~1978年）

中华人民共和国成立初期，我国城市安全本底薄弱，国家高度重视卫生防疫、灾害救援、生产保护等方面的管理工作。组织领导层面，灾害管理实行党的一元化领导，政府各部门根据党的决议负责具体执行。1950 年，国务院成立中央救灾委员会，主管全国救灾事宜，地震局、气象局、海洋局、水利部、林业部等承担与其职能相关的一些救灾管理工作。[①] 应急管理层面，我国应急救灾制度开始尝试性建立，灾害预报、应急动员、物资保障、灾情督查、灾后安置和救济等机制建设积累了不少经验。但这一时期的应急管理以运动式动员为主，包括军队在内的全社会广泛参与，虽短时期内提高了应急救援效率，但应急管理法律的缺失、各部门应急响应能力和技术的落后使得城市应急管理规范性低，受到干扰后的适应及恢复过程较为缓慢、艰难。

（二）发展提升阶段（1979~2002年）

改革开放后，随着社会经济发展水平的不断提高，中国城市的管理韧性建设获得迅速发展。这一时期的主要成就体现在应急组织领导机构的建设。1989 年国务院机构改革后，国家层面组建了一些常设性的灾害应急管理机构，包括国家计委的安全生产调度局、民政部的救灾救济司、国家地震局的灾害防御司。临时性灾害应急领导机构包括国务院生产办公室的全国救灾工作领导小组、国家救灾防病领导小组，水利部的防汛总指挥部和抗旱领导小组等。而 1989 年成立的中国国际减灾十年委员会[②]配合联合国的"国际减灾十年"倡议开展活动，使我国的减灾救灾工作可以向国际先进经验学习，应急管理的科学性有所提高。同时，《中华人民共和国矿山安全法》《中华人民共和国劳动法》《中华人民共和国安全生产法》《中华人民共和国防震减灾法》《中华人民共和国传染病防治法》等一系列规范各领域安全的专项

---

① 参见刘智勇、陈苹、刘文杰：《新中国成立以来我国灾害应急管理的发展及其成效》，《党政研究》2019 年第 3 期。

② 2000 年 10 月更名为中国国际减灾委员会。

法律相继出台，城市管理韧性的法律规则体系逐步完善。《中华人民共和国减灾规划（1998—2010）》的出台标志着我国减灾体系初步形成。基于遥感和地理信息系统技术建立的重大自然灾害监测与评估信息系统建立，洪水、干旱、森林火灾、雪灾、地震、病虫害等自然灾害的预测水平有所提升。这一阶段，我国城市的管理韧性获得迅速提升，城市应急管理的组织领导、机构协调、学习适应、政策法律、应急管理流程等要素体系逐步建立，减灾应急工作开始走向规范化。

（三）转折提速阶段（2003~2012年）

总体而言，改革开放至新世纪初，我国城市的应急管理模式仍以分散协调、临时响应为主，而2003年突发"非典"疫情成为我国城市管理韧性建设的转折点。面对突如其来的严峻考验，国家顶层意识到我国"突发事件应急机制不健全，处理和管理危机能力不强，一些地方和部门缺乏应对突发事件的准备和能力"①，做出了全面加强安全管理工作的重要决策。在总结抗击"非典"经验的基础上，国家构建了"一案三制"的城市安全管理体系。② 在组织领导层面，2006年国务院办公厅设置国务院应急管理办公室，履行值守应急、信息汇总和综合协调职能，省区市、地级市和县级市政府也在办公厅（室）内部设立了应急办。③ 在法律制度和规划政策层面，2007年全国人大通过了《中华人民共和国突发事件应对法》（简称《突发事件应对法》），将自然灾害、事故灾难、公共卫生事件和社会安全事件明确为城市安全应急管理工作的主要对象，进行分类分级管理。"十一五"期间，很多城市出台了突发事件应急体系建设规划，对城市安全规划的整体布局和总体任务、安全能力建设的主要项目、保障措施做出了重点部署，安全管理体

① 引自胡锦涛同志在2003年全国防治"非典"工作会议上的讲话。
② "非典"后我国全面加强应急管理体系建设，而其核心内容被概括为"一案三制"，包括应急预案、应急管理体制、应急管理机制和应急管理的法制。
③ 《我国应急管理事业迈入新阶段》，https://news.tezhongzhuangbei.com/hydt_date_5329.html，最后检索时间：2023年6月。

系不断完善。这一时期，我国应急救援的志愿者队伍也逐步发展起来，初步形成了全社会参与的应急管理格局①，应急管理专家决策咨询制度也开始建立。至此，我国城市管理韧性取得了里程碑式的发展。

（四）系统优化阶段（2013年至今）

党的十八大以来，以习近平同志为核心的党中央强调全面深化改革，推动国家治理体系和治理能力的现代化。安全问题受到国家的高度重视，2013年国家安全委员会设立。2014年，习近平总书记提出了"总体国家安全观"的概念，指出要"以人为本"，构建集各类传统安全和非传统安全于一体的国家安全体系。2018年，国家应急管理机构改革开始启动，从上到下相继组建了应急管理部②和应急管理厅局。应急管理"从组织协调走向政府部门"③，以往"党委领导、政府负责"的应急管理体制改革成为"党政同责、分级负责"的中国特色应急管理体制。④ 2019年新冠疫情在全球突发，城市安全韧性几乎上升至与可持续发展等同的战略高度。⑤ 随着国家层面对城市韧性的高度重视，北京、济南、上海、南京等城市通过制订韧性规划、出台韧性城市建设方案、实施韧性战略等方式积极开展韧性城市建设，很多城市韧性管理的规划政策体系开始建立。同时，在当前全球迈入数字化、智能化时代的背景下，很多大城市推动新兴技术为应急管理赋能，在应急管理平台建设、信息数据开放共享、风险研判和预警能力提升等方面加快创新发展。这一阶段，城市

---

① 汶川地震后，社会救灾力量开始蓬勃发展，2008年也被称为我国公益元年。
② 2018年，我国将国家安全生产监督管理总局的职责、国务院办公厅的应急管理职责、民政部的救灾职责、水利部的水旱灾害防治、中国地震局的震灾应急救援职责以及国家防汛抗旱总指挥部、国家减灾委员会等11个部门的13项职责进行整合，组建了应急管理部，全灾种、大应急、大安全的应急管理框架得以建立。
③ 参考王宏伟《从协调组织到政府部门，中国应急管理制度之变》，《新京报》2019年。
④ 2016年12月发布的《中共中央国务院关于推进安全生产领域改革发展的意见》提出，要坚持各级党委和政府在防灾减灾救灾工作中的领导和主导地位。参见任群委《我国应急管理体制的演进历程、基本经验及未来展望》，《云南行政学院学报》2023年第4期。
⑤ 党的十九届五中全会和国家"十四五"规划也明确提出建设韧性城市，以提高城市的风险防控和安全治理水平。2022年底，习近平总书记在《国家中长期经济社会发展战略若干重大问题》的重要文章中指出，要打造韧性的城市，建立高质量的城市生态、安全系统。

管理韧性的各要素在实践中不断创新完善，组织领导软实力不断增强，新技术在应急管理领域大量应用，应急管理重心向基层延伸，社会参与更加有序有效，政府学习决策力取得较大进步，城市韧性水平得到进一步提升。

三　当前我国城市管理韧性建设的实践：以北京、上海和南京为例

在国家应急管理和治理体系整体提升的基础上，各城市管理韧性也不断提高。而北京、上海、南京等城市高度重视韧性城市建设，也在城市管理韧性建设方面取得了丰富的经验，对其他城市管理韧性提升有很高的参考价值。

（一）北京市的城市管理韧性实践

作为我国首都和超大型城市，北京地位特殊，受关注度高，城市系统复杂，面临的风险挑战更多，遇到灾害容易发生链式反应和放大效应。建设韧性城市关系首都的安全发展。2017 年，北京发布《北京城市总体规划（2016 年—2035 年）》，成为国内第一个明确提出韧性目标的城市总规。2021 年 11 月，北京市率先发布《关于加快推进韧性城市建设的指导意见》（以下简称《指导意见》），提出要全方位提升城市韧性，形成全天候、系统性、现代化的城市安全保障体系。

北京的韧性城市建设方案，即《指导意见》将政府管理韧性视作城市韧性建设的重点工作。具体来说，北京提出加强顶层设计和引领，坚持"党委领导、政府主导，部门联动、条块结合，专业处置、社会参与"，打造高效顺畅的指挥协调机制，以健全韧性制度体系。北京市突发事件应急委员会是城市应急管理和韧性管理的龙头，市应急管理局为办事机构。如北京市突发事件（Ⅱ级）由市应急委统一指挥，市专项指挥部具体指挥。[①] 不过

[①] 根据《北京市突发事件总体应急预案》，四类突发事件为：一般突发事件（Ⅳ级）、较大突发事件（Ⅲ级）、重大突发事件（Ⅱ级）和特别重大突发事件（Ⅰ级）。

对于特别重大且影响首都社会稳定的突发事件（Ⅰ级），则由北京市委统一组织和领导。在应急管理方面，北京强调大力引入新技术新装备提高城市应急监测和预警能力。例如，怀柔区建设了韧性城市监测平台，针对城市消防、地质灾害、积水内涝、生态环境等进行风险监测预警。在首批建设中，选取燃气、消防以及和怀柔区产业发展高度相关的技术迭代平台作为试点，构建了韧性城市典型的应用场景。在多主体合作方面，北京强调系统整合全市应急力量和资源，完善跨部门、跨区域的快速协作和应急处置机制，发挥消防救援及各类专业应急救援队伍的骨干作用和应急志愿者队伍等社会力量的补充作用，统筹调配使用各类应急救援力量。北京市应急救援指挥平台和重点应急资源信息管理系统在保障部门之间顺利衔接、政企之间无碍沟通、救援队伍信息及时传递、各方救援力量资源共享等方面发挥了重要作用。

依据《指导意见》，在北京的韧性城市建设中，管理韧性发挥着穿针引线的重要作用，在应急管理、韧性规划政策、高效的政府领导、协调的部门间关系、适应变革的学习、赋权基层治理等方面均进行了部署。目前，以管理韧性为牵引，北京市的韧性战略已进入实质性建设阶段，打造了清华园社区地震安全韧性评估示范工程，实施了大中城市地震灾害情景重点专项等。现阶段，北京正在加快构建韧性城市评价指标体系和标准体系，并计划建成50个韧性街区、社区或项目，形成可复制推广的管理韧性建设经验。①

（二）上海市的城市管理韧性实践

上海市作为国家中心城市、超大城市，是中国的经济、交通、科技、工业、金融、贸易、会展和航运中心。与此同时，城市规模的巨型化、人口的高度流动性、高异质性导致各种传统和非传统安全风险聚集，给城市安全带来了严峻挑战。《上海市国民经济和社会发展第十四个五年规划和二〇三五年远景目标纲要》明确提出"安全韧性"理念，并指出"全面落实城市安

---

① 《各地因地制宜建设'韧性城市'让城市发展更加可持续》，中国经济网，http://district.ce.cn/newarea/roll/202207/25/t20220725_ 37901327. shtml，最后检索时间：2023 年 6 月。

全运行主体责任、领导责任、监管责任和属地责任，完善城市安全常态化监管和应急管理体系，提高风险防控和应急处置能力"，"强化安全韧性适应理念，在基础设施建设、应急物质储备及保障等方面保持弹性，提高城市应对灾害能力"。

管理韧性被视为上海韧性城市建设的重要保障，在顶层设计、党的领导、组织体系、基层管理等方面进行了积极探索，积累了很多实践经验。在顶层制度层面，上海推出了一系列法律法规和政策文件，包括《上海市推进城市安全发展的工作措施》（2019）、《上海市人民政府关于进一步加强城市安全风险防控的意见》（2021）、《上海市应急管理"十四五"规划》（2021）、《上海市公共场所人群聚集安全管理办法》（2021）等，为上海管理韧性建设提供了支撑。党的领导是上海管理韧性建设的重要抓手。如在长宁区开展的"聚力工程"建设中，区委总览全局、协调各方，各街道党（工）委发挥领导核心作用，充分整合各方力量，调动各类资源推动区域韧性发展。此外，通过龙头企业和枢纽性组织带动，依"业缘""趣缘"联建、选派党建指导员等，长宁创新党组织建设方式，消除党建空白点，做强韧性管理核心。在组织体系方面，长宁区委、区政府分管领导"双组长"和16个部门组成的领导小组牵头抓总，形成了党政主导构建韧性城市的组织架构，并在市安委会框架内，成立城市安全发展专业委员会协调市级部门和单位，为各区韧性建设提供指导。在部门协调方面，徐汇区通过区行政服务中心、区城运中心和区大数据中心"三中心合一"，实现了全区11个委办局，包括公安、执法监管和城管等一些重要的委办局及13个街道的联合办公，提高了政府管理效率。在基层治理中，闵行区创新实行了以小区治理权责法定为依据，以小区物业安保为抓手，由公安机关启动，物业企业响应实施，房管等职能部门和居民委员会、业主委员会等社会组织多方联动的小区治安"田园管理"模式①，充分调动了物业企业和业委会的安全治理积极

---

① 该模式最早在2013年由闵行区公安分局田园新村派出所首创，并在区综治委的指导和培育下逐渐固化经验，形成了一套行之有效的基层协同治理机制。

性和责任心。"田园模式"在多个小区推广后，区入民宅盗窃"110"报警数逐年下降，群防群治水平不断提升。

上海的城市管理韧性建设从顶层设计、党的领导、组织体系建设和基层治理着手，在市域和街区层面均有相当多的创新实践探索，形成了丰富的经验，对其他城市管理韧性建设提供了很高的参考价值。

（三）南京市的城市管理韧性实践

南京作为江苏的省会城市、长三角的特大城市和中心城市，2020年提出加快推进韧性城市建设，提高城市防灾减灾和安全保供能力。2021年11月，南京出台了"十四五"重点专项规划——《南京市"十四五"应急体系建设（含安全生产）规划》（以下简称《应急规划》），着力构建城市现代化的应急管理，为提升城市管理韧性奠定了基础。

南京市城市管理韧性建设的经验主要体现在应急管理领域。在风险监测和预警方面，南京正在加快推进智慧应急的信息化升级，分专题开发跨部门城市灾害风险耦合预警模型，结合实战场景，推动完成市级各类专项应急预案、区级重点应急预案和高危行业企业应急预案的数字化、可视化和智能化改造工作。在隐患排查方面，南京市正上线"181"危化品流向管理模块，强化危化品使用流动"前延后伸"的全流程监管；聚焦重点区域，每年定期组织对全市466个危化品重大危险源开展"地毯式"隐患排查，定期开展大型油气储存基地和储罐区安全风险评估整治。在应急救援方面，为提升南京应急指挥的信息化保障水平，南京积极推动实现公安、消防、卫健、建委等20多个相关应急联动单位的实时视频会商；打造应急通信保障队伍，基层各类专业救援队伍小型便携式应急通信终端配备率达100%；同时，南京持续推广"金陵应急宝"的运用，实现专家的"同框会诊"以及应急资源的快速调配，使应急处置更精准、更高效。在应急队伍建设方面，南京市提出"十四五"时期在市级增加5支以上的重点专业应急救援队伍，在区级增加3支以上的重点专业应急救援队伍，针对洪涝灾害、森林火灾、地质灾害等自然灾害和危化品、矿山、地铁（隧道）等重点领域建立32支市级专业应急救援队伍；加快应急救助，将灾害发生后受灾群众的有效安置时间由 12 小时缩短为 10 小时之内。①

可见，南京市的应急管理强调脆弱性诊断、风险评估、智慧化即时响应、部门联动、外脑参与、强化队伍，以提升应对不确定性的能力。这体现了南京以自身韧性基底构建为出发点的动态、稳健、灵活、充盈的应急管理模式，是城市管理韧性的重要支撑。

四 未来优化提升城市管理韧性的思考

从北京、上海和南京的经验可以看出，现阶段我国城市的管理韧性有了很大提升。但总体而言，我国多数城市对韧性理念的理解不够深入，政府在专业应急和综合管理的融合方面还有很多工作要做，城市韧性制度体系还不健全，多主体的高质量协作不足，智能技术对应急管理的正面赋能有待进一步挖掘。在新的历史时期，我国国际国内形势都出现了一些新变化，尤其是随着城市规模的持续扩张，以及城市群资本互投、人员往来、物流和信息流交互的不断增强，概率高且影响大的"灰犀牛"危机日益凸显，城市安全仍然面临严峻挑战。城市政府应紧密结合现实，通过深入探索强韧化的管理模式，不断提高城市未来应对不确定性扰动的能力。

（一）在大安全框架下，以"人民安全"为宗旨推进城市韧性管理

新的发展时期，城市安全隐患多似庞大的冰山，牵连广而隐藏未知性强。强韧化的管理应在"大安全"框架下，将城市视作一个超级复杂的体系，扩大城市安全的内涵和外延，延伸城市安全的时空领域，重视安全内外影响因素的交叉互动，构建集生产安全、生态安全、食品安全、交通安全、社会安全、信息安全、网络安全、能源安全、公共卫生安全和防灾减灾于一

① 南京市政府办公厅：《南京市未来五年注重提升城市安全韧性》，http://www.jiangsu.gov.cn/art/2021/11/5/art_33718_10104996.html，最后检索时间：2023 年 8 月。

体的全视域城市安全体系，系统化解风险。同时，在注重安全的基础之上，要坚持做到"人民城市为人民"。城市强韧化的管理需坚持"以人为本"的原则，以"人民安全"为根本宗旨，不仅要追求物的安全，更要厘清人民群众在安全中的主体、核心地位，为安全找到最根本的支撑和依托，从而实现安全的终极价值。[1]

（二）在党的领导下，构建职责明晰、协同合作的政府组织体系

党的领导贯穿着城市强韧化管理的全过程，是城市管理韧性和城市韧性提升的重要抓手。在我国城市韧性建设中，首先，应该织密党的领导组织体系，持续推进基层党建，提高城市韧性建设的凝聚力和战斗力。其次，还可以在城市层面设置一个韧性城市建设的总体协调部门，统筹推进城市整体的韧性建设过程。最后，在政府组织体系内部，需要通过不断完善组织框架结构，进一步明确部门职责，确保各部门履职到位；强化指挥领导机制，通过集约化领导，建立高效的信息沟通和资源分配机制，提高城市管理的系统性和协调性；优化部门间协调机制，通过数据互联和力量整合等统筹各部门协作联动，提高城市韧性建设中的组织韧性。

（三）制订韧性规划，形成互相衔接的韧性城市政策体系

韧性城市建设，涉及城市的土地合理利用、工程建设和管理的方方面面，所以必须纳入城市的发展规划，或制订专门的韧性规划以指引城市整体的韧性建设。首先，城市规划人员应该转变思路，既要注重效益，又要注重安全，既要考虑工业、商业、房地产业等的发展需要，又要考虑重要建筑的选址安全、人员密集建筑的应急防疫、城市应急物资的储备布局等问题。其次，依据韧性的城市规划流程，城市韧性规划制订过程中应遵循区域现状分析、气候变化风险和脆弱性评估、提出适应性方案、实施措施、动态监测五

---

① 颜晓峰：《人民安全是国家安全的基石》，人民网，http：//theory.people.com.cn/n1/2020/0612/c40531-31744671.html，最后检索时间：2023 年 8 月。

个步骤科学编制和落实城市韧性规划。最后，在韧性城市建设的统一目标下，可由市级层面的城市韧性协调办公室对城市不同层级的规划、不同行业的规划和相关政策进行梳理，确保韧性城市建设中形成配套衔接的韧性政策体系。

（四）依托城市数字化转型和智慧赋能，构建现代化的应急管理体制

随着时代发展，物联网、大数据、人工智能、云计算等新一代信息技术的应用为城市韧性管理提供了新机遇。首先，在当前城市数字化转型的时代趋势下，城市韧性管理或应急管理应该与时俱进，推动图谱识别分析技术、移动信息追踪技术、生物特征识别技术、探测传感技术、人工智能算法在各类灾害，包括桥梁倒塌、道路塌陷、燃气爆炸、供水爆管、城市内涝、地质灾害等领域的深度运用，对城市生命体或城市部件进行实时监测，构建风险模型，第一时间感知风险进行预警研判和预警发布，提高城市风险响应能力。其次，借助城市数字孪生技术，构建城市灾难风险地图，加强对脆弱地区和脆弱人群的重点关注。最后，创新城市韧性管理智慧模式，打造城市大脑智能管理中枢，建立融合共通的公共安全大数据平台，推动从人工分析向智能分析、从分类分片管理向全面综合管理转变，实现韧性管理决策的科学化，进而推动城市从静态向动态、从事后向事前、从单点向全局联动的应急管理模式转变。

（五）深化基层赋能，强化多元参与，提升城市适应性学习能力

随着不确定性风险的日益增多，城市安全的隐蔽性和衍生性不断增强，单纯依靠政府或单一部门难以有效负担起发现、预警、响应、应对、恢复等一系列城市韧性管理职责，需要政府相关职能部门、企业、社会组织和专家、民众的全面参与。首先，要转变政府在城市管理，尤其是应急管理中大包大揽的传统思路，通过授权、委托、外包等形式将部分职能交于社会第三方机构，引入市场机制、社会力量提高政府韧性管理效率；同

时，不断完善社会组织、研究专家、居民团体、社会公众等多元主体参与城市韧性建设的体制机制，畅通参与渠道，搭建共治平台。其次，基层作为第一响应者，在城市韧性构建中至关重要。因此，可依托城市基层网格化建设，在网格的基础上构建扁平化的、集成化的现代韧性管理单元，缩短城市强韧化管理的反应链条，提高应对速率；加强基层组织和管理队伍建设，完善群防群治和群防群控体系；减轻基层组织的不合理负担，同时加强对基层安全治理的人力、物力和财力支持，解决基层应急资源不平衡、不充分的问题。

参考文献

蔡勤禹、姜志浩：《新中国成立以来我国应对重大灾害体制变迁考察》，《中国应急管理科学》2021年第3期。

陈玉梅、李康晨：《国外公共管理视角下韧性城市研究进展与实践探析》，《中国行政管理》2017年第1期。

李蔚：《安全韧性城市建设：理论演进与上海实践》，上海人民出版社，2022。

林雪、张海波：《城市系统的软实力：地方政府韧性能力概念框架的构建》，《行政论坛》2020年第5期。

刘智勇、陈莘、刘文杰：《新中国成立以来我国灾害应急管理的发展及其成效》，《党政研究》2019年第3期。

邱爱军、白玮、关靖：《全球100韧性城市战略编制方法探索与创新——以四川省德阳市为例》，《城市发展研究》2019年第2期。

孙绍聘：《中国救灾制度研究》，商务印书馆，2005。

陶希东：《超大城市韧性建设：美国纽约的经验与启示》，《城市规划》2023年第7期。

赵瑞东、方创琳、刘海猛：《城市韧性研究进展与展望》，《地理科学进展》2020年第10期。

薛澜、沈华：《五大转变：新时期应急管理体系建设的理念更新》，《行政管理改革》2021年第7期。

Cutter S. L., Ahearn J. A., Amadei B., et al., "Disaster Resilience: A National Imperative," *Environment: Science and Policy for Sustainable Development* 55 (2013): 25-29.

Davoudi S. , "Resilience: A Bridging Concept or a Dead End?" *Planning Theory & Practice* 13（2012）：299-333.

Fox-Lent C. , Bates M. E, Linkov I. , "A Matrix Approach to Community Resilience Assessment: An Illustrative Case at Rockaway Peninsula," *Environment Systems and Decisions* 35（2015）：209-218.

B.9
韧性社区常态化建设与精细化治理研究[*]

卢阳春　胡珊珊^{**}

摘　要： 在国家治理体系中，基层治理是根基，而社区治理则是基层治理
　　　　的关键。党的二十大报告指出要"提高城市规划、建设、治理
　　　　水平，打造宜居、韧性、智慧城市""完善网格化管理、精细化
　　　　服务、信息化支撑的基层治理平台"。社区作为社会治理、城市精
　　　　细化治理的基本单元，是打造韧性城市的基础和关键。后疫情时
　　　　代，韧性社区建设已经走向常态化，本报告回顾了我国韧性社区
　　　　常态化建设的历程，探讨韧性社区常态化建设与精细化治理的互
　　　　动关系。以四川省成都天府新区为例，分析了新区在精细化治理
　　　　下的韧性社区常态化建设实践，在此基础上提出了坚持党建引领、
　　　　加强队伍建设、整合社会力量、搭建信息平台等建议，以期为我
　　　　国其他地区的韧性社区常态化建设与精细化治理提供借鉴和启示。

关键词： 韧性社区　精细化治理　治理现代化

近年来，我国城市化进程的快速推进引发了对社区可持续发展和韧性建
设的广泛关注。国家治理体系和治理能力现代化战略的实施，相关政策落地

　＊ 本报告受农村土地利用监测与评价四川省哲学社会科学重点实验室 2023 年度重点项目"数
字经济赋能四川省农用地利用综合调查及配套政策研究"（项目编号为 NDZDSB2023003）
资助。
＊＊ 卢阳春，农村土地利用监测与评价四川省哲学社会科学重点实验室研究员，硕士生导师，经
济学博士，研究方向为区域经济与社会发展；胡珊珊，农村土地利用监测与评价四川省哲学
社会科学重点实验室助教，研究方向为社会治理。

落实的效果，与我国广大社区建设和治理的高质量发展密切相关。在全面建设社会主义现代化国家的新征程中，社区作为人们日常生活的核心和基本单元，其建设和治理的高质量发展面对日益复杂的挑战和压力，要求其必须具备适应变化、抵御冲击和恢复重建的能力。在此背景下，韧性社区常态化建设与精细化治理成为应对多元风险和提升社区发展质量的重要路径。

韧性社区常态化建设强调，通过提高社区的适应力和抗风险能力，使其能够在面临压力和灾害时维持正常运转。精细化治理则注重通过科学、规范的管理和决策机制，提高社区治理的效能和效果，以应对日益复杂的社会问题。精细化治理为韧性社区常态化建设提供了重要的支持和保障，通过精细化治理，社区能够更加高效地组织和管理资源以应对各种风险和挑战，从而增强社区的韧性。同时，韧性社区常态化建设也为精细化治理指明了方向，精细化治理通过更高效、科学、便捷的方式实现韧性社区常态化建设，与韧性社区常态化建设形成互为支持、相互促进的关系。本报告通过梳理我国韧性社区常态化建设历程，进一步厘清韧性社区常态化建设与精细化治理的互动关系，结合具体案例深入探讨我国韧性社区常态化建设与精细化治理的关键问题和路径，以期提高我国社区建设的韧性和可持续发展能力，为我国社区治理效能的提升提供有益的借鉴和启示。

一 韧性社区建设历程

1994 年，第一届世界减灾大会开始关注社区层面应对灾害的意识、技能提升，以及工作网络的建设。1999 年，第二届世界减灾大会提出全面建设社区防灾减灾体系。相对于英美等先行国家韧性社区的建设实践，我国韧性社区建设起步相对较晚，大致经历了起步萌芽、发展探索和全面推进三个阶段。

（一）起步萌芽阶段（2009年之前）

在此阶段，我国各级政府部门和广大群众对于韧性社区建设的意识还相

对薄弱。面对频发的自然灾害，灾后重建是这个阶段我国探索韧性社区建设的重要途径。1989 年成立中国国际减灾十年委员会（后更名为国家减灾委员会），将减灾工作纳入国家发展战略，主要关注自然灾害的应对和社区灾后重建。2008 年汶川地震后，为了指导和保障汶川地区在灾后的恢复重建工作，国务院陆续颁布了《汶川地震灾后恢复重建条例》《汶川地震灾后恢复重建对口支援方案》《汶川地震灾后恢复重建总体规划》等一系列政策法规。上述系列制度建设，为我国韧性社区建设的起步萌芽奠定了基础。虽然在 2008 年以前对韧性社区建设的探索相对有限，但这一时期减灾意识的提升、灾后重建的实践、应急基础设施建设的改进等，都为后续韧性社区建设发展提供了经验。

（二）发展探索阶段（2010~2019年）

2010 年 5 月，国家减灾委员会办公室制定了《全国综合减灾示范社区标准》，标志着我国韧性社区建设进入发展探索阶段。2017 年，国家地震局将"韧性城乡"纳入《国家地震科技创新工程》，成为四项科学计划之一，从而正式将"韧性"理念纳入国家政策。此后，各地方政府也纷纷出台政策规划探索韧性社区建设。比如，上海市防震减灾"十三五"规划的重点项目中，"韧性城市"就是二个主要建设方向之一。2018 年，国务院安全生产委员会主导了"安全发展示范城市"的创建与评价工作，这被视为我国城市韧性建设的首次大规模实践。

（三）全面推进阶段（2020年至今）

2020 年初新冠疫情突发，暴露出我国社区公共服务体系存在韧性不足的问题。2020 年，党的十九届五中全会首次从国家战略的高度提出"建设韧性城市"。2021 年发布的《中华人民共和国国民经济和社会发展第十四个五年规划和 2035 年远景目标纲要》明确指出，要求"建设宜居、创新、智慧、绿色、人文、韧性城市"。习近平总书记在中国共产党第二十次全国代表大会上作的题为《高举中国特色社会主义伟大旗帜 为全面建设社会主义现代化国家而团结奋斗》的报告中明确指出，"打造宜居、韧性、智慧城市"。建设韧性社区是打造韧性城市的关键，在国家规划的指引下，各地方政府纷纷出台相关政策，要求持续加强本地韧性社区建设，我国韧性社区建设进入全面推进阶段。

"十四五"时期，各地政府持续加大对韧性社区建设的政策、资金、人才等支持力度，推动科技创新和社区居民参与，不断提高社区应对突发危机的能力。2021年，北京市发布的《关于加快推进韧性城市建设的指导意见》中提出，到2025年，韧性城市评价指标体系和标准体系基本形成，建成50个韧性社区、韧性街区或韧性项目，形成可推广、可复制的韧性城市建设典型经验。2022年，珠海市市场监督管理局发布《韧性社区构建指南》，为韧性社区建设提供标准化工作导则。2023年在成都市民政局的指导下，成都市金牛区发布了《金牛区韧性社区建设指南》，为全区持续推进韧性社区建设工作提供了专业化、标准化参考和规范化指导。韧性社区建设的相关指导性、支持性政策的陆续出台，推动我国韧性社区建设实践不断创新。上海市华建邻里巷韧性社区创新探索社区企业深度参与公益服务及民生保障类业态的打造，持续探索将商业力量融入社区食堂、社区卫生服务中心等带有公益性质的便民基础设施配套的日常管理与品质提升当中，推动一刻钟便民生活圈便利化、标准化、智慧化的提质升级，增强了社区应对公共突发事件的能力及灾后的恢复能力，成为政企合作提升社区韧性的实践代表。此外，还有成都的麓湖两级公益会韧性社区、温江原·聚场韧性社区和南京的建邺区上新河社区等实践探索，为我国韧性社区常态化建设与精细化治理的互动提供了现实案例和成功经验。

二　韧性社区常态化建设与精细化治理的互动关系

韧性社区常态化建设强调社区的适应性和持续性，精细化治理强调数据驱动和技术支撑，两者的互动主要表现在数据支撑与科学决策、需求反馈与资源精确配置等方面。韧性社区常态化建设为精细化治理提供了需求反馈和

数据支撑，精细化治理则为韧性社区常态化建设提供了科学决策和资源精准配置等方面的支持，共同推动社区治理向更加科学、高效和可持续的方向发展。这种互动关系使得韧性社区常态化建设和精细化治理相辅相成、相互促进，为社区的稳定发展提供了有力保障（见图1）。

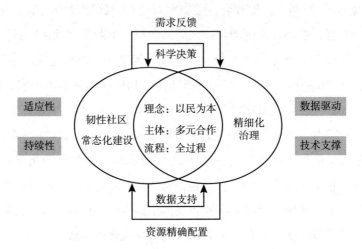

图1 韧性社区常态化建设与精细化治理的互动关系

资料来源：作者自绘。

（一）韧性社区常态化建设与精细化治理的一致性

韧性社区常态化建设与精细化治理在理念、主体和流程中都有其共性特征。两者均将人民群众的利益和需求置于优先地位，强调以人民为本的发展理念。在韧性社区常态化建设中，注重居民的参与和自治，将社区居民视为治理的主体和核心，关注居民的安全、健康和福祉。而精细化治理也将居民的需求和利益放在首要地位，通过数据驱动和精准配置资源，满足居民的各类需求，提高居民的满意度和幸福感。多元合作是两者共同的主体特征。韧性社区常态化建设和精细化治理都鼓励社区居民、政府部门、企业和社会组织等各利益相关者共同参与，形成多元治理的共建格局。两者都强调治理的全过程。在韧性社区常态化建设中，注重社区建设和管理的全过程，包括灾前风险评估、预警、灾中应急、灾后恢复等各个环节，从而确保社区的韧性得到全面提升。而精细化治理则强调数据驱动和科学决策，关注治理的全过程，从问题的识别到决策的制订，再到措施的实施和效果的评估，形成闭环的治理过程。

（二）韧性社区常态化建设引领精细化治理

风险管理是韧性社区的核心要素之一，精细化治理通过风险评估和管理机制，制订针对性的预防和应对策略，提高社区的抗风险能力。资源优化与节约是韧性社区的关键需求，精细化治理通过精准的资源配置和优化利用，实现资源的高效利用和可持续发展。此外，社区参与共治也是韧性社区的重要组成部分，精细化治理通过建立有效的参与机制和合作平台，促进社区居民的参与和合作，增强社区的凝聚力和自治能力。另外，信息化与科技创新在韧性社区常态化建设中发挥重要作用，精细化治理通过信息化支持，实现智能化管理和智慧化服务，满足居民的需求。此外，基础设施也是韧性社区的关注重点，精细化治理通过大数据分析提供个性化的基础设施建设规划，提高社区的功能性和适应性。

（三）精细化治理助力韧性社区常态化建设

精细化治理通过数据驱动的决策支持、资源的精准配置、灵活的治理机制、多元化的合作与伙伴关系以及持续的监测与评估等方式，促进韧性社区常态化建设的实施。首先，精细化治理通过科学的数据支持，为决策者提供准确、及时的社区信息，帮助制订有效的韧性社区常态化建设策略和措施。其次，精细化治理能够根据不同社区的特点和需求，将有限的资源进行精准配置，确保资源优先满足韧性社区常态化建设的需求，提高资源利用效率。此外，精细化治理注重灵活性和适应性，能够根据不同社区的发展阶段和治理需求，制订灵活的治理机制，促进社区的韧性建设。同时，精细化治理强调合作共建，整合政府、社区居民、非政府组织和企业等多方资源，形成合力推动韧性社区常态化建设。最后，精细化治理倡导持续的监测与评估，通

过监测和评估机制，及时发现问题和挑战，并调整策略和措施，确保韧性社区常态化建设的可持续性和有效性。

三 精细化治理下的韧性社区常态化建设实践案例

2011 年《四川省成都天府新区总体规划（2010—2030）》获得批准，位于成都市中心城区南部的四川省成都天府新区的建设正式启动，辖区面积564 平方公里，管辖 9 个街道，是我国城市发展方面的重要战略示范区之一。四川省成都天府新区致力于构建一个面向未来、具备韧性、可持续发展的公园城市，着力打造一个更加安全健康、繁荣活力、品质宜居的国家级新区。面对快速城市化带来的挑战，四川省成都天府新区积极探索精细化治理和韧性社区常态化建设的路径，构建了"1+3+8"的韧性城市发展体系，为新区的可持续发展奠定基础（见图 2）。

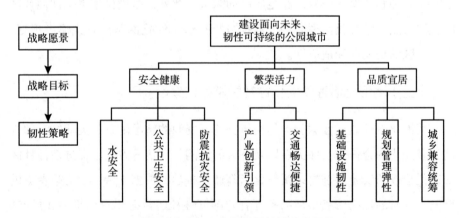

图 2　四川省成都天府新区韧性城市发展体系

资料来源：笔者根据奥雅纳（ARUP）发布的《2021 城市韧性白皮书》绘制。

（一）党建引领

四川省成都天府新区在韧性社区常态化建设中充分发挥党的领导作用，

成立区党建引领小区治理工作专班和工作小组，出台《四川天府新区党建引领小区治理三年攻坚行动实施方案》、《四川天府新区党建引领小区治理工作专班及运行机制》和六大专项行动实施方案，全面实施"党组织体系筑基行动"，通过加强社区党建工作，统筹深化"微网实格"党建、社区党建"四有一化"、社区物业党建联建，增强社区党组织政治功能和组织功能，健全社区党组织体系，实现网格党组织与社区党组织深度融合。按照自治机制建立完善专项行动实施方案，加强社区自治支持体系建设，深入参与社区治理指导服务。积极推进民事共议、遇事共商、难事共解、成事共享"四事四共"机制建设。

通过党组织的引领，加强了社区居民的组织意识和参与意识，形成了党员干部与社区居民之间紧密联系的工作机制。党组织在社区中起到桥梁和纽带的作用，动员和组织居民参与社区治理，推动社区韧性建设与管理常态化。

（二）网格治理

四川省成都天府新区推进韧性社区常态化建设和精细化治理的又一重要举措是引入"微网实格"模式。该模式将社区划分成若干网格，每个网格配备专职工作人员，负责为网格内的居民提供服务。目前，四川省成都天府新区拥有119个村（社区），其中包括61个城镇社区。由于存在老旧院落多、管理难和流动人口多、排查难等治理困境，为了解决相关问题，四川省成都天府新区在全市统筹的基础上，结合现有资源基础，进行了深入调研总结。优化设置了5172个微网格，并配备了6300余名微网格员，同时划分了971个专属网格，并配备了1000余名专属网格员。为保障"微网实格"治理效果，各社区会定期组织网格员参与专业培训，提升微网格员业务素质和工作能力。按照"试点+扩面"的模式，在华阳街道安公社区率先开展试点建设，探索出了一套可复制、可推广的"微网实格"社会治理模式。

安公社区共有9个居民小区和1个拆迁自建集中居住区，根据社区情况，划分了7个一般网格并建立了网格党支部，同时划分了党建引领网格治

理片区，成立了 56 个微网格党小组，全面构建了党组织领导下的网格运行机制，推动基层党组织体系融入网格。社区将居民小组长编入对应基础网格，引导小区业委会、院委会和楼栋长等群众自治力量加入微网格员队伍，实现自治组织成员和微网格员交叉任职、双向互动，推动群众自治体系融入网格。在治理过程中将"微网实格"治理与综治、信访、民政、环保等行业网格功能有机融合，创新应用"四川天府新区公共服务码"数据采集终端，建立人房基础信息数据库，实现网格信息动态更新和交互共享，推动行政管理体系融入网格。建立街道网格指挥调度中心、社区网格站、基础网格队、微网格工作组等四级治理架构，依托"微阵地""微治理""微服务""微活动""微社群"构建"五微"治理模式。

（三）多元协同

四川省成都天府新区在韧性社区常态化建设过程中强调个体和社会组织的重要性，着力构建参与主体多元、参与方式多样、参与途径多种的社区治理模式。华阳街道采用创新方式推行参与式社区治理，将其总结为"五线工作法"，分别是党员线、自治线、志愿线、社团线和服务线。以"党员线"强化领导核心，突出党建引领的核心作用。依托"微网实格"进一步完善党组织结构和互联互动机制，不断创新党员教育管理。以"自治线"夯实治理基础，彰显居民的主体地位。积极成立社区、居民小组以及小区议事组织，严格遵循"四议两公开"程序，坚持分层分类议事原则，确保决策和议事过程的民主化。以"志愿线"凝聚社区力量，促进社区共建。积极打造志愿者队伍，完善志愿服务机制，打造志愿服务品牌。以"社团线"整合社会资源，推动多元参与。进一步加强社会组织参与社会治理，街道社会组织覆盖了教育、文化和人居服务等多个领域。根据居民兴趣爱好和自身需求发展自组织，建立自组织激励机制和管理规范，目前街道备案社区组织近 300 个，内容涵盖了京剧、阅读、体育、绘画等。积极动员老人协会、妇女联合会等群团组织参与，参与人员不仅包括离退休干部，还包括各领域的精英人士和企业高管等。以"服务线"提升社区品质，满足居民需求。加强社区配套设施建设，积极打造共享共建模式和商业运作模式，构建长效机制，加快社区"自我造血"功能的实现。

（四）智慧赋能

以"智慧蓉城"平台为核心引擎，四川省成都天府新区加快构建"天府大脑"城市运营平台，涵盖物联感知、数据治理、数字孪生、人机协同、综合枢纽等方面，进一步完善社区感知体系，实现全链条闭环管理，实时监测、主动探测、快速响应，不断提升基层治理智能化水平和安全应变能力。"天府大脑"推进四川省成都天府新区城市运行"一网统管"，信息资源数据接入率高达90%以上。通过构建自然灾害立体防御系统，"天府大脑"实现了90%的灾害预警信息覆盖率，同时在建筑工程方面全面实现抗震设防标准。未来，该系统将全面提升城市防洪排涝能力，计划实施锦江流域、赤水河等防洪能力提升工程，并对城市雨污管网进行新建和改造，总长度将达到200公里以上。大力推进智慧韧性安全城市建设，着力强化"城市大脑"，细化"神经末梢"，以进一步巩固城市安全防线，确保社会环境的安全与稳定。通过全域实时分析、指挥、调控、管理，"天府大脑"将实现精准分析、整体研判和协同指挥的功能，为城市精细化管理和韧性社区常态化建设提供有力支持。

2023年2月，全国首个公园城市标准体系《四川天府新区公园城市标准体系（1.0版）》正式发布，为了支持该标准体系的实施，四川省成都天府新区公园城市标准化信息服务平台应运而生。该平台综合了公园城市标准化数据管理、信息发布、在线学习和互动交流等多种功能，旨在为相关部门、街道、企业等各个主体提供全面、及时、准确的标准化数据支持。平台致力于构建数据共享和数据检索功能，形成一个标准化信息的"高速公路"，覆盖了整个四川省成都天府新区的18个部门、9个街道、119个村（社区）以及其他相关社会主体，实现了多层级、跨行业的联通。另外，该平台还建立了数据采集链条，包括创新策源、生态环境等八个方面的数据矩阵。平台与新区政务系统、"天府大脑"等系统实现有效联通，实现了信息

的全面共享。通过这一综合性信息服务平台的运用，四川省成都天府新区将更好地推进公园城市标准体系的建设，促进各个部门和社会主体之间的合作与协调，从而更好地营造绿色生态、宜居宜业的城市环境，推动韧性社区常态化建设和精细化治理进程。

新区创新开发"矛调在线"系统，旨在构建一个集感知、研判和预警功能于一体的线上发现系统。通过打通跨部门、跨行业的数据壁垒，实现信访、网络理政、大联动·微治理、天网等平台数据的融合共享，推进矛盾纠纷治理数据合理流转和综合应用。运行"群众下单统一登记、中心派单对口分流、部门接单归口管理、中心调度联调联处、限期办理协同销单、社会评审自查督办"的工作机制，形成"全链条、全响应、全方位"的闭环化解流程，分层分类推动责任单位及时回应群众诉求。推进"一体化"调处模式，发挥机制作用在末端分流响应。形成集矛盾调解、信访处置、法律援助、争议仲裁、司法诉讼和心理疏导等多个力量于一体的矛盾纠纷综合调处体系，让矛盾在一线化解、问题在一线解决、隐患在一线消除，推动建设"安全"与"韧性"高度统一的公园城市。

四 精细化治理下韧性社区常态化建设的启示及建议

推动韧性社区常态化建设和精细化治理有助于应对突发事件和公共危机，增强社区稳定性和凝聚力，同时通过信息化和智能化手段提高城市治理效率，促进我国治理体系和治理能力的现代化。

第一，坚持党建引领，加强顶层设计，推动制度韧性常态化。首先，要充分发挥党组织的核心作用，将党的领导贯穿社区治理全过程，加强组织建设和党员队伍建设，确保党的路线方针政策得到有效落实。其次，制订长远发展规划，明确社区建设的发展目标和路径，统筹资源配置，使得社区治理和服务能够更加高效地运行，确保社区发展的协调性和稳定性。最后，建立科学有效的治理制度体系，包括自治、参与、协商和法治等方面的制度安排，形成常态化、规范化的治理方式。

　　第二，加强队伍建设，激活内生动力，推动能力韧性常态化。在韧性社区建设中充分发挥人的主观能动性。一方面，通过专业培训来提升能力素质，使社区工作人员具备更加全面的知识和技能；创造良好工作环境和激励机制，激发工作人员的责任感和积极性；引进专业人才，为社区服务和治理注入新动力。另一方面，运用宣传教育引导居民树立正确的共同风险抵御理念，克服职业身份和社会地位上的差异，鼓励社区居民之间建立相互信任与合作的社会关系网。提高居民的参与意识和社区归属感，在日常实践中以网格为单位开展风险排查和监控等实践活动，多形式多渠道向社区居民讲授相关知识，塑造积极向上的社区氛围，激发社区内生动力。

　　第三，整合社会力量，提升治理效能，推动组织韧性常态化。一方面，要促进政府、企业、社会组织、居民等多方参与韧性社区建设，建立多元合作机制，实现资源共享和优势互补；支持和培育社会组织，发挥其灵活性和专业性，更好地满足社区居民的需求；引导居民参与社区事务，建立积极的自治组织，让居民成为社区建设的参与者和推动者；建全社区治理主体的沟通机制，定期召开座谈会、社区协商会、专家咨询会、社区微讲坛进行面对面沟通，借助网络媒介，搭建线上沟通平台，运用信息化手段拓展社区居民的议事方式和协商形式。另一方面，要进一步明确各个参与主体在城市社区韧性建设中的责任和义务，要求在应对突发事件的各个应急管理阶段积极协助社区居委会和网格员的工作；建立健全社区治理的监督和评估机制，建立以本社区居民为主体的考核评价制度，将居民满意度作为评估韧性社区常态化建设和精细化治理有效性的重要指标，定性与定量相结合，科学设置指标及权重，借助考核机制，及时发现问题并不断修正。

　　第四，搭建信息平台，助推精细化治理，推动技术韧性常态化。首先，制订信息平台建设规划，整合政府、企业和社会组织等资源，确保平台定位与社区治理需求契合。其次，建立数据采集系统，整合各类数据，利用智能技术进行深度分析和挖掘，为精准决策提供支持。同时，加强信息安全，保障数据隐私，提高平台的可信度。整合信息平台与韧性城市建设，促进城市治理协调发展。建立运行和维护机制，不断优化平台功能，适应社区治理的

发展需求。综合运用这些措施，信息平台将为精细化治理提供科学支持，优化资源配置，提高治理效率，为社区的持续发展奠定坚实基础。

参考文献

Beunen R. , Patterson J. , Assche K. V. , "Governing for resilience: the role of institutional work," *Current Opinion in Environmental Sustainability* 28 (2017): 10-16.

Fu H. , "Research on the Promotion Strategy of Urban Community Fine Governance," *World Scientific Research Journal*, 10 (2020) pp. 188-196.

布成良：《党建引领基层社会治理的逻辑与路径》，《社会科学》2020年第6期。

成方圆：《党建引领未来社区治理精细化发展研究》，《世纪桥》2022年第10期。

戴均：《韧性治理：探索社区风险治理创新逻辑》，《中国社会科学报》2020年9月16日。

董幼鸿、周彦如：《国内精细化治理研究的主题演进及未来展望——基于Citespace的可视化分析》，《上海行政学院学报》2022年第6期。

刘佳燕、沈毓颖：《面向风险治理的社区韧性研究》，《城市发展研究》2017年第12期。

廖茂林、苏杨、李菲菲：《韧性系统框架下的城市社区建设》，《中国行政管理》2018年第4期。

汪超、李志远、罗贻文：《基于CNKI数据的中国韧性社区知识图谱构建研究》，《中国矿业大学学报（社会科学版）》2021年第4期。

吴晓林：《建设"韧性社区"补齐社会治理短板》，《光明日报》2020年3月25日。

张辉：《精细化治理助力韧性社区建设》，《北京观察》2022年第10期。

张勤、宋青励：《韧性治理：新时代基层社区治理发展的新路径》，《理论探讨》2021年第5期。

臧鑫宇、王峤：《城市韧性的概念演进、研究内容与发展趋势》，《科技导报》2019年第22期。

《周先毅带队调研天府新区党建引领"微网实格"治理工作》，http://www.cdtf.gov.cn//cdtfxq/c20200918/2023-06/15/content_ 8f9600f8f39846059b6d565840310c3b.shtml，最后检索时间：2023年7月30日。

柯燕燕、李雨蓉、樊睿：《韧性视角下老旧小区改造质量评价与实证研究》，《建筑经济》2022年第5期。

朱正威：《海绵城市的实践探索与韧性治理》，《人民论坛》2021年第32期。

生态韧性篇

Ecological Resilience Chapters

B.10

推动城市气候韧性发展的适应性规划应对

冷红　栾佳艺*

摘　要: 城市作为承载各类活动的复杂系统受气候变化影响十分显著，这也使得城市成为应对气候变化问题的关键载体。本报告阐释了适应性规划对推动城市气候韧性发展的重要意义，同时梳理了推动城市气候韧性发展的适应性规划研究及实践进展。当前，推动城市气候韧性发展的适应性规划仍面临诸多问题与挑战，包括气候适应性规划研究重点模糊、与空间规划尺度不匹配以及技术基础匮乏等。本报告结合国家适应气候变化战略与国土空间规划体系重构的背景与目标，提出增强城市气候韧性的适应性规划建议，以期探索能够推动城市气候韧性发展的中国路径。

* 冷红，哈尔滨工业大学建筑学院、自然资源部寒地国土空间规划与生态保护修复重点实验室教授，博士生导师，研究方向为气候适应性城市规划、健康城市规划等；栾佳艺，哈尔滨工业大学建筑学院、自然资源部寒地国土空间规划与生态保护修复重点实验室博士研究生，研究方向为气候适应性城市规划、健康城市规划等。

关键词： 气候变化　气候韧性　适应性规划　气候适应型城市　国土空间
规划

一　引言

受人类活动与自然变化的共同影响，全球气候正在发生以极端天气和气候事件频发为主要特征的显著变化，给人类的生产、生活乃至城市的可持续发展带来了严重威胁。气候变化被国际社会视作 21 世纪威胁人类健康最重要的因素之一。《柳叶刀气候变化与健康 2030 倒计时》报告指出，气候变化不仅意味着发生对生态系统产生损害的高温热浪、洪涝、干旱等极端气候事件，还会对慢性病患者、婴幼儿等脆弱人群产生巨大影响，同时也会威胁经济社会的发展。

城市作为复杂的社会—生态复合系统正面临着巨大的气候风险挑战，如何通过规划视野有效应对气候变化引发的各类城市风险已成为亟待解决的重要课题。全球气候治理对气候风险始终保持着较强的防范意识，联合国气候变化框架公约早在 1992 年便提出"减缓"与"适应"两项应对气候变化的重要措施。基于此，规划领域的学者分别提出"低碳城市"与"韧性城市"两种空间层面的干预手段对上述两类措施进行响应。联合国政府间气候变化专门委员会（IPCC）在 2023 年的第六次评估报告第二工作组报告《气候变化 2022：影响、适应和脆弱性》中明确了将适应气候变化的措施与减少温室气体排放的行动相结合作为实现气候韧性发展的前进方向，同时进一步指出城市是气候变化影响的热点地区，也是提高全球气候韧性的关键区域。"减缓"与"适应"作为应对气候变化的两条重要路径，为提升城市气候韧性指出了明晰的方向。

中国从自身实际情况出发积极应对气候变化风险，其战略抉择始终坚持"减缓"与"适应"并驾齐驱。近年来，在气候变化对人类社会造成严重影响和突发灾害风险急剧增大的背景下，与"减缓"路径相比，"适应"路径

的研究和实施显得更加急迫和紧要。2022 年中国发布《国家适应气候变化
战略 2035》，提出了未来应对气候变化的工作重点，其中包括加强气候变化
监测预警和风险管理，明确不同维度下重点领域的适应任务，部署了通过将
适应气候变化与国土空间规划结合，从而构建适应气候变化区域格局的重点
工作任务，同时强调了应更加注重机制建设和部门协调等工作内容。

目前，中国适应气候变化工作已取得积极成效，但是面对气候变化所具
有的长期性、复杂性等特点，现阶段气候变化影响和风险评估、气候适应性
规划政策、技术及其和国土空间规划工作的衔接等方面仍存在欠缺。在国家
战略指引的背景下，如何从规划领域推动城市气候韧性发展已引起了学界的
广泛讨论。基于此，报告梳理了现阶段中国城市气候韧性发展的瓶颈，并提
出未来气候适应性规划的发展建议，以期从规划领域为推动城市气候韧性发
展提供新思路与新方向。

二　适应性规划推动城市气候韧性发展的重要意义

由于城市系统像有机体一样承载了众多相互依存且密切联系的部门与人
类活动，气候变化对城市的影响十分显著，因此城市成为应对气候变化风险
的重点基本单元，也是解决气候变化问题的关键部分。复杂的城市系统使原
有的经验主义城市规划方法以及现行的城市规划政策与法规无法预测并解决
未来的城市气候问题。面对未来城市气候的不确定性和不可预测性，城市气
候韧性发展理念这一时代性议题应运而生。针对当前严峻的气候变化风险，
如何在短期内减轻各类气候灾害的风险并建立有效的应对机制是城市气候韧
性发展的工作重点。与传统的城市发展模式研究相比，城市的气候韧性发展
更加具备系统性、长效性，同时也更加尊重城市系统的自然演变规律，以期
有效降低城市系统在面对气候变化与极端灾害时的脆弱性。因此，将城市作
为气候韧性发展的关键载体，探索城市层面能够有效推动气候韧性发展的规
划路径十分必要。

实施气候适应性规划对推动城市气候韧性发展具有重要意义（见图 1）。

首先,气候适应性规划将城市作为关键载体,基于自然的解决方案推进韧性城市建设,在物质系统与人类社区两个层面建立有效应对机制、协调并优化系统功能,同时缓冲并吸收气候风险,从而提升城市气候韧性。其次,气候适应性规划能够长期提升城市社会、经济、生态等维度的韧性水平,适应的目的是在增强适应能力和减小脆弱性的同时开发潜在的发展机会,从长远发

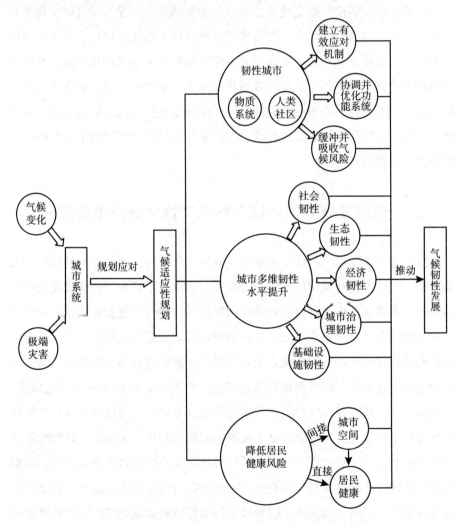

图1 气候适应性规划对提升城市气候韧性的重要意义

资料来源:作者自绘。

展视角来看，其目标与可持续发展存在一定相似之处。因此，气候适应性规划所收获的不仅是短期的协同效益，还会在长期时间跨度上减缓气候变化，具体效益体现在城市社会、生态、经济等多维度的发展变化之中。最后，气候适应性规划能够降低气候变化风险对人类健康产生的多重影响。一方面，适应性规划通过干预城市空间要素降低居民健康风险；另一方面，气候适应性规划直接促进居民健康与社会安定。目前，气候适应性规划尚处于起步阶段，其规划理念与框架尚无统一标准，将适应气候变化的理念融入城市规划与建设的全过程至关重要，关乎能否有效推动城市气候韧性发展，提高城市综合韧性水平。

三 推动城市气候韧性发展的适应性规划研究及实践进展

城市作为受气候变化影响的重点区域，提高其气候适应能力是增强全球气候韧性的关键环节。应对气候变化的适应性规划能够使城市系统在面对温度变化、海平面上升、干旱、洪涝以及极端事件时做出降低其脆弱性并增加弹性的调节，从而解决气候变化所带来的各类风险。由此，能够抵御城市灾害风险并提升城市气候韧性的适应性规划的必要性逐渐凸显。近年来，为增强城市系统面对气候变化风险的适应能力，国内外学者已对增强气候韧性的适应性规划进行了丰富的理论与实践研究。

在气候适应性规划理论研究方面，发达国家较早意识到城市规划在应对气候变化风险的积极作用，并通过颁布相关政策与战略为气候适应性规划的研究实施奠定了坚定的基础。美国规划协会（American Planning Association）于 2008 年发布了《规划与气候变化政策指南》，通过政策与方法的创新推动气候适应性规划的实施。随着提升气候韧性的适应性规划备受重视，各国逐步将各项适应行动融入政策规划，如英国颁布的《气候变化法》、日本颁布的《适应气候变化法案》，德国、法国、澳大利亚等国家也先后制定了《适应气候变化战略》。随着世界各国对气候适应性规划研究的逐步深入，

现已初步形成了气候适应性规划体系，进而为应对气候变化风险提供可操作的思路，具体内容如图2所示。首先，对未来多年气候变化的趋势进行预测，并基于预测结果对气候变化为城市系统带来的脆弱性与各类风险进行分析与评估，据此制订能够降低气候变化风险的适应性规划策略。其次，对各项适应性规划方案进行成本效益分析、方案优选，并实施最优方案。再次，由于气候变化存在较强的不确定性，为气候适应性规划带来了较大的难度，日常监测与方案评估是必不可缺的过程。最后，需要根据不同阶段气候变化趋势对规划方案进行不断调整与修正，从规划的手段将气候变化的不确定性降至最低，这也使得气候适应性规划体系从"脆弱性分析与风险评估"直至"规划方案的修正调整"成为一个循环的完整闭环过程。

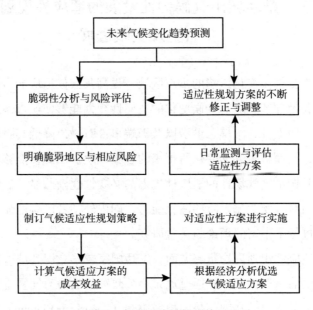

图2　气候适应性规划体系

资料来源：作者自绘。

建立良好的城市韧性研究方法有助于了解城市系统的动态变化及其复杂性，同时能够为气候适应性规划方案的实施打下扎实的理论基础。近年来，国内外学者将研究重点聚焦于探究韧性城市视角下气候适应性规划的方法与内容。国外学者在气候变化与灾害防治的背景下进行了大量城市韧性评估的研究与探索，其中包括构建不同维度下的气候灾害韧性指数模型、提出气候变化背景下城市韧性评价概念框架等。中国学者对适应气候变化风险的韧性城市探索多聚焦于受气候变化影响显著的特殊区域，如受自然基底与快速城市化的矛盾影响易受潮汐、风暴潮以及暴雨侵蚀的长三角地区，以及地形复杂、海拔起伏大，极端降水及其引发的次生灾害频发的西南地区等，已有较多研究针对上述地区城市开展多种风险的城市韧性测度工作。此外，在国土空间规划体系重构的背景下，探讨气候变化对国土空间规划的影响以及如何将气候适应性规划纳入国土空间规划体系也成为现阶段的研究热点。

除上述理论研究已取得较大进展外，各国在政策与实践层面对气候适应性规划也展开了积极探索。面对诸多气候变化与极端灾害事件的发生，发达国家先行推动城市韧性发展。早在2011年，伦敦、纽约等城市为应对极端灾害，践行增强城市韧性的战略计划，并将韧性价值导向融入城市战略规划，其间积累了较多务实的建设经验并在全球起到引领作用；随后，鹿特丹、芝加哥、东京、巴黎等城市先后开展了气候防护韧性战略实践，并取得了积极成效。中国对于韧性城市建设的探究与发达国家的实践基本同步，在国家政策层面，中国政府于2008年将韧性理念纳入城市建设规划，并于2020年将"建设韧性城市"明确写入"十四五"规划；在地方建设层面，早期成都、洛阳、三亚、西宁等城市积极参与国际合作类韧性城市实践项目，但是受制于城市资源禀赋以及韧性建设方案处于起步阶段等原因，初期韧性城市建设遭遇了不同困境。随后，北京、上海、广州等多个城市也积极跟随国家的政策方针，自主探索韧性城市建设，并将韧性城市建设纳入城市总体规划，经过几年的逐步细化与实施，取得阶段成效。近年来，中国已开始探索韧性城市视角下适应性规划的内容与方法，在地方建设层面，国家应对气候变化主管部门在2016年以全面提升城市适应气候变化能力为核心，提出开展建设气候适应型城市试点工作，目前中国已开展28个气候适应型城市试点。尽管气候适应型城市建设试点在提高城市气候韧性实践方面已取得斐然成果，但仍存在对适应气候变化的认识不足、基础能力不强、工作制

度和配套保障不完善、跨部门协作机制不健全等共性问题。在国家政策层面，党的二十大报告提出"人民城市"重要理念，并以此为引领指出要扎实推进气候适应型城市的建设工作，此举从国家战略层面强调了气候适应型城市建设的重要性，同时也昭示着气候适应型城市建设试点工作仍处于攻坚期，还需要深入加强实践探索。

四 推动中国城市气候韧性发展的适应性规划面临的问题与挑战

（一）推动城市气候韧性发展的适应性规划研究重点模糊

由于城市是气候韧性发展的主要载体，因此适应气候韧性发展的规划研究核心应与韧性城市的发展愿景相契合。在气候韧性发展的主流影响下，规划制定者逐渐意识到亟须将气候变化所带来的不确定性风险纳入规划流程，同时应将关注重点聚焦于增强城市气候韧性的空间规划。然而，中国传统的城市规划往往是在既定的资源环境条件下对城市空间形态进行布局，在规划与编制层面以及后期的实施监督过程中都缺乏对气候变化风险的考量，同时在规划方案制订中未将韧性的价值导向予以融入。现阶段的气候适应性规划同样存在上述问题，其研究重点的不确切使得具体的规划举措缺乏可操作性的指导，同时规划成果的有效性难以评估。如何将气候适应性规划的核心思想分解为能够实施的明确空间规划工作目标成为现阶段工作重点。

（二）推动城市气候韧性发展的适应性规划与空间规划尺度不匹配

由于气候变化在空间分布上存在差异性且在时间层面存在不确定性，气候韧性发展的适应性规划存在一定的时空复杂性。一方面，气候变化的空间尺度相对宏观，适应气候变化的规划目标对政府来说过于笼统且模糊，存在难以实施并落地的困境；另一方面，气候变化预测的时间尺度跨度较大，通常要在 30 年以上为一个周期，而空间规划仅仅 20 年的期限难以与气候变化预测相契合，二者时间周期上的冲突为空间规划与决策带来了难度。

除此之外，在当前国土空间规划体系重构的背景下，气候变化深刻影响着国土空间格局的演变，如何将以"主动适应"为核心的气候适应性规划与以"空间管控"为核心的国土空间规划进行整合值得深入探究。现阶段已有部分学者针对气候适应性规划融入国土空间规划的研究进行初探，建立了减缓与适应气候变化的韧性国土空间规划理论框架。也有学者提出将空间健康风险评估融入国土空间规划体系的建议。但是对如何将气候适应性规划目标纳入国土空间规划编制仍缺乏系统的研究，同时气候变化风险评估结果与国土空间规划的衔接尚待加强。因此，构建以增强气候韧性为导向的国土空间规划体系成为气候适应性规划研究有待深入探究的前沿问题。

（三）推动城市气候韧性发展的适应性规划技术基础匮乏

适应气候变化的规划技术能够有效调节气候变化对城市系统带来的影响，并使系统能够适应当前环境状态的变化，规划技术主要包括灾害的脆弱性和风险评估、识别韧性脆弱空间、气候适应策略制订以及方案的可操作性分析等内容。然而，目前中国气候韧性发展的适应性规划技术基础仍较为匮乏。一方面，由于风险评估和脆弱性空间识别都需要海量数据的支撑，而这些数据的获取需要不同部门协同合作，因此在数据收集方面存在一定难度；另一方面，对气候韧性发展的适应性规划技术融入国土空间规划编制与实施考量较少。

五　推动城市气候韧性发展的适应性规划建议

（一）加强气候适应性规划政策协同及部门协调

气候韧性发展需要政府部门、民间社会和私营部门分别提供有效领导、

资源、气候服务以及信息和决策等支持才能得以实现。目前，国家层面的应对气候变化部门建设较为完善，气候变化主管部门归口管理的工作机制已经初步形成，工作重点也愈加明晰。在国家层面，应加强政策协同并紧密联系部门协作，同时应制订并出台以提升气候韧性为导向的适应性规划导则以及相应的法律法规，通过国家政策与法规为气候韧性发展的推动提供坚实的助力与保障；在地区层面，建议将城市作为适应性规划相关政策制订与实施的关键单元，并突出城市在多层级政策与机制中承上启下的传导作用，实现"国家级—省级—市级—街道级"纵向的部门联动，以及横向上同层级、不同职能的科研人员与政府部门的配合与协作。

（二）将城市作为气候适应性规划的关键载体

由于提高城市气候适应能力是增强全球气候韧性的核心环节，因此在适应气候变化行动中应当将城市作为基本单元，围绕具备代表性的关键单元展开实践探索。一方面，构建全面覆盖的区域格局以提升城市气候韧性，根据各地气候变化、自然条件和经济社会发展状况划分不同重点区域，并因地制宜地为各区域制订气候适应性规划战略。例如，面向长三角一体化战略区域，应当加强潮汐、风暴潮以及暴雨的监测预警工作，全面加强应对洪水、高温热浪等极端气候事件的预案与应急响应制度；另一方面，在重点脆弱城市和区域积极开展适应气候变化试点工作，注重选取更具代表性的典型气候变化敏感城市开展实践，同时需增强试点行动的协同性、针对性以及长期性，在不断摸索中提取有效增强城市气候韧性的经验与做法。

（三）从时空尺度完善气候变化风险评估工作与规划的衔接

在空间维度上，为降低气候变化为适应性规划带来的复杂性与不确定性，应当加强气候变化敏感城市和重点区域的气候变化风险评估工作。尽管既有研究已为空间规划中气候变化风险的融入奠定了坚实的理论基础，但是在不同尺度的空间规划中，整合气候变化风险识别、监测与实施评估等工作的意识仍较为薄弱。因此，在宏观层面，建议将气候变化风险监测与评估结果作为制订各项国家重点战略以及法规政策革新的依据；在中观层面，利用气候变化风险识别与评估等结果指导城市范围内基础设施选址、生态、农业以及海洋空间的布局与优化；在微观层面，根据气候变化风险研究结果对城市内局部空间形态进行引导与调控。

在时间维度上，为尽量减小空间规划与气候变化预测周期错位所造成的冲突，在提升气候变化预测技术的同时，可以通过优化气候变化风险的监测与评估技术来弥补气候变化预测技术的不足。此外，在适应性规划实施的过程中，空间规划方案也应随着气候变化风险监测结果进行不断调整，通过动态的修正持续降低气候变化风险，最终形成能够长期推动城市气候韧性发展的空间规划方案。

（四）将气候适应性规划融入国土空间规划体系

国土空间规划作为提升城市适应气候变化能力的政策工具被广泛认可。在国务院印发的《关于建立国土空间规划体系并监督实施的若干意见》中已明确了"五级三类"的国土空间规划总体框架，应将气候适应性规划的全过程融入国土空间规划的编制审批、技术标准、实施监督等各个环节，在国家级和省级国土空间规划中应明确适应气候变化的总体目标与工作重点，以此指导气候适应性规划在市、县级国土空间规划中的逐级落实，从而推进气候适应性规划协同总体规划、详细规划、专项规划在城市层面顺利实施。

（五）提升推动城市气候韧性发展的适应性规划技术

支撑气候韧性发展的适应性规划的顺利实施离不开技术的支持与各部门的协作。一方面，在气候变化相关数据获取方面，气候适应性规划中识别健康风险、脆弱性空间等步骤都依赖于气象、国土等不同部门提供数据支撑，多元的数据是能够精准评估气候变化风险以及识别空间环境影响的坚实基础。因此，为拓宽多元数据获取途径，日后的研究应给予多技术协同支持与多学科团队协作足够的重视，应加强不同领域多学科、多部门的协作与互动，融入社会资本与政治资本共同攻克气候变化难关。另一方面，在数据处

理与分析方面，气候变化风险监测与评估结果的准确性与数据的空间网格（即评估单元）紧密相关，由于多元数据的处理技术与方法尚且处于起步阶段，因此风险监测与评估的时空精度仍存在较大的提升空间。日后的研究中应考虑通过技术方法的创新将评估单元进一步精细化，如考虑引进遥感反演模型、系统动力学模型，还可以通过加强气候变化风险的定量评估研究来提升数据的精度与处理技术的信效度。此外，还可考虑通过工程性与技术性手段构建在规划建设、灾中、灾后维持城市运转的智能应灾技术体系，形成推动气候韧性发展的新范式。

参考文献

潘家华、张莹：《中国应对气候变化的战略进程与角色转型：从防范"黑天鹅"灾害到迎战"灰犀牛"风险》，《中国人口·资源与环境》2018年第10期。

吴浩田、翟国方：《韧性城市规划理论与方法及其在我国的应用——以合肥市市政设施韧性提升规划为例》，《上海城市规划》2016年第1期。

李思楚、胡文娟：《应对气候变化需要发挥适应和减缓的协同效应》，《可持续发展经济导刊》2022年第Z1期。

潘家华、郑艳：《适应气候变化的分析框架及政策涵义》，《中国人口·资源与环境》2010年第10期。

冷红、李姝媛：《应对气候变化健康风险的适应性规划国际经验与启示》，《国际城市规划》2021年第5期。

顾朝林：《气候变化与适应城市规划》，《建设科技》2010年第13期。

郑艳：《全球应对气候变化灾害风险的进展与对策》，《人民论坛》2022年第14期。

蒋存妍、袁青、于婷婷：《城市应对气候变化不确定性的动态适应性规划国际经验及启示》，《国际城市规划》2021年第5期。

彭仲仁、路庆昌：《应对气候变化和极端天气事件的适应性规划》，《现代城市研究》2012年第1期。

鲍淑君：《韧性城市建设：国际经验和借鉴》，《中国产经》2022年第16期。

付琳、曹颖、杨秀：《国家气候适应型城市建设试点的进展分析与政策建议》，《气候变化研究进展》2020年第16期。

吴建南：《践行"人民城市"重要理念，扎实推进气候适应型城市建设》，《探索与争鸣》2022年第12期。

付琳、周泽宇、杨秀：《适应气候变化政策机制的国际经验与启示》，《气候变化研究进展》2020年第16期。

杨文越、杨如玉、邱雅静：《华南地区城市公园绿地防灾韧性评估指标体系研究》，《中国园林》2022年第8期。

王学义、郑昊：《工业资本主义、生态经济学、全球环境治理与生态民主协商制度——西方生态文明最新思想理论述评》，《中国人口·资源与环境》2013年第9期。

杨东峰、刘正莹、殷成志：《应对全球气候变化的地方规划行动——减缓与适应的权衡抉择》，《城市规划》2018年第1期。

武占云：《将适应气候变化纳入国土空间规划：进展、困境与思路》，《气候变化研究进展》2021年第5期。

曾穗平、王琦琦、田健：《应对气候变化的韧性国土空间规划理论框架与规划响应研究》，《规划师》2023年第2期。

袁青、孟久琦、冷红：《气候变化健康风险的城市空间影响及规划干预》，《城市规划》2021年第3期。

冷红、李泓锐、袁青：《气候变化背景下空间健康风险的评估方法及韧性规划应对》，《上海城市规划》2022年第6期。

单嘉帝、田健、曾坚：《应对极端气候灾害的韧性城市规划方法》，《城市与减灾》2022年第5期。

杨柳青、陈雯、吴加伟、孙伟、李艳：《适应气候变化的空间规划研究进展：内容和方法》，《国际城市规划》2020年第4期。

张明顺、李欢欢：《气候变化背景下城市韧性评估研究进展》，《生态经济》2018年第10期。

李国庆、李紫昂、邢开成：《适应气候风险的韧性城市治理双体系建设——雄安新区气候风险适应模式》，《中国人口·资源与环境》2023年第4期。

生态环境部、国家发展和改革委员会等：《国家适应气候变化战略2035》，2022。

Joerin J., Shaw R., Takeuchi Y., et al., "The adoption of a climate disaster resilience index in Chennai, India," *Disasters* 38 (3), 2014: 540-561.

Kim D., Lim U., "Urban Resilience in Climate Change Adaptation: A Conceptual Framework," *Sustainability* 8 (4), 2016: 405.

Fussel, H. M., "Adaptation planning for climate change: concepts, assessment approaches, and key lessons," *Sustainability Science* 2 (2), 2007: 265-275.

Bulkeley, Harriet, "Cities and the Governing of Climate Change," *Annual Review of Environment & Resources*, 2010.

B.11
生态文明视角下城市空间韧性
提升路径研究

董亚宁　吕　鹏　谢伟伟*

摘　要： 作为构建韧性城市的重要方面，城市空间韧性提升是顺应生态文明时代要求、践行生态安全观和增进人民福祉的必然要求。本报告在生态文明视角下，首先，构建了基于抗解性的"空间—时间—手段—要素"四维城市空间韧性系统理论分析框架。其次，基于框架分析总结了目前国内外城市空间韧性建设的经验做法，识别出包括多尺度空间系统联动不足等在内的多种制约因素。最后，提出了提升城市空间韧性的路径：完善多级空间体系、提升空间联动能力；突破路径依赖限制、增强动态适应能力；坚持系统治理观念、重塑治理思维模式；协调要素空间布局、优化空间资源配置。

关键词： 生态文明　城市空间韧性　"空间—时间—手段—要素"　抗解性

　　人类社会文明形态从工业文明向生态文明转变，一个重要要求就是实现人与自然和谐共生。城市作为人口经济高度集中的地域，是空间开发保护的中心地和动力源，是国民经济发展的主要空间载体。2021 年 3 月通过的

---

* 董亚宁，中国社会科学院生态文明研究所助理研究员，博士，主要研究方向为生态经济学、空间经济学；吕鹏，首都经济贸易大学城市经济与公共管理学院博士研究生，主要研究方向为城市与区域经济；谢伟伟，中国社会科学院生态文明研究所博士后，主要研究方向为区域经济学。

《中华人民共和国国民经济和社会发展第十四个五年规划和2035年远景目标纲要》提出："要顺应城市发展新理念新趋势，开展城市现代化试点示范，建设宜居、创新、智慧、绿色、人文、韧性城市。"当今世界百年未有之大变局加速演化，极端气候、自然灾害、高技术涌现的科技风险以及烈性传染疾病等"黑天鹅""灰犀牛"事件随时可能发生，风险挑战与发展机遇并存之际，韧性城市建设作为应对风险挑战、利用发展机遇和顺应时代潮流的战略选择得到学界广泛关注。

　　生态文明是工业文明发展到一定阶段的产物，传统工业文明存在生产效益和物质利益最大化偏向，而生态文明则更加强调国土空间布局平衡协调与人民福祉最大化，较之以往国土空间开发效率与均衡的关注重点，城市空间韧性也是生态文明时代关注的重要内容。增强城市空间韧性是践行生态文明时代生态安全观的重要体现，是保障人民福祉增进、推动以人为核心的新型城镇化的重要路径。因此，阐释面向生态文明的城市空间韧性理论，识别城市空间韧性增强的制约因素并提出富有价值的城市空间韧性提升路径十分必要。

一　城市空间韧性"四维"理论分析框架

　　"城市空间"（urban space）是城市各种活动的物质载体和空间表征，是协调城市各系统要素健康有序发展的物质纽带，影响着城市社会经济发展和人居环境。"城市空间韧性"（urban spatial resilience）的提出是韧性理论与城市空间研究相结合的积极探索。在百年未有之大变局下，未来情景不确定、决策方案不确定以及决策后果不确定决定了深度不确定性区别于一般的不确定性，而城市空间韧性系统的构建、调适①及其演化就是一个典型的深度不确定性问题。本报告基于深度不确定性与抗解系统理论，将城市空间韧性定义为：为应对各类外部干扰与冲击，以城市作为基本空间载体，包

---

　　① 此处选择"调适"一词对应下文手段维提出的规划、治理和适应。

含产业、人口、生态、公共服务和基础设施等要素空间布局、融合"社区—城市—都市圈—城市群"多空间尺度，考虑历史与预期时间维度，强调规划、治理和适应手段，突出人—地协同且具备复杂性与庞杂性特征的抗解系统，也就是说城市空间韧性系统除了具备一般意义上的系统复杂性特征即自组织、自适应、自学习等，还具备多目标、多层级、规划体系、组织精密、调控与管制、衔接与协调、多元价值冲突、利益对峙等庞杂性特征，是自下而上的复杂性作用机制与自上而下的庞杂性作用机制相结合的抗解系统。

实际上，自然界是一个系统，城市空间韧性系统是自然界的有机组成部分，自然环境与人类社会发展的作用方式体现为经由自然稀缺性控制城市空间韧性系统发展的可持续性，经由空间差异性控制城市空间韧性系统的空间异质性，经由时间上的变化控制空间韧性系统的波动与周期，人类则通过一系列行动改造和适应自然。从城市空间韧性定义出发，构建了基于自然本底即大气圈、生态圈、岩土圈和水圈的一般性"四维"（空间维—时间维—要素维—手段维）理论框架用以分析城市空间韧性。空间、时间、手段和要素各维度之间彼此联系、不可分割且相互影响。要素维是空间维各尺度空间系统联动的主要抓手，要素维与空间维是手段维规划、治理与适应的对象，时间维的历史与预期影响手段维中的规划与治理行为并对预期产生反作用，因此在实际空间韧性系统构建、调整与演化过程中，各维度间相互影响并共同发挥相应作用。

二　城市空间韧性提升的国内外经验

（一）注重空间微单元（社区）韧性提升

从空间视角分析，国内外城市空间韧性提升过程中都重视基层社区韧性提升。国际方面（见表1），英国社区韧性建设主要从政府指导、"社区自救"、互助合作和经验推广等方面推进；新加坡则构建了"关键—路径—方法"的社区韧性提升框架,加强社区中的社会资本,协调多方利益相关者的共同参与,制订了基于社区视角的韧性评价指标,以此提升社区韧性;美国纽约则通过区划调整、土地使用规划和构建"特殊分区—疏散网络—商业走廊—防洪建筑"互联互通的防洪框架来提升滨海社区防洪能力,从而增强社区韧性。

表1 国外社区韧性建设要点

区域	社区韧性建设要点
英国	1. 政府规划和指导社区建设和发展,提供法律和资金支持。2. 在理念上,重视推动形成"社区自救"的应急能力,增强社区内力。3. 加强与社会组织的合作,完善社区的服务中心功能。4. 建立"我为人人,人人为我"的社区互动减灾救灾模式。5. 建立"社区防灾数据库",推广好的经验和做法
新加坡	1. 关键:加强社区中的社会资本,建立、强化和维护社会资本贯穿着新加坡韧性社区实践的始终。2. 路径:多方利益相关者的共同参与,帮助所有的相关方对社区的问题和解决方案形成共识,同时建立不同领域和部门之间的良好关系,加强社区行动所需的资源和能力。3. 方法:新加坡从社区视角制订了一套指标,旨在评估社区应对冲击和压力的能力
美国纽约	1. 区划调整:通过滨海社区等特殊区域的区划调整,对建筑类型、建筑物的大小和形状进行限制,并通过补偿建筑底层损失的面积、降低建筑后退距离等方式增强业主改造意愿。2. 土地利用规划:根据社区内用地的洪水风险评估结果考虑未来区划和土地使用策略的发展方向,分为限制、适应和鼓励三类,并在大致方向的基础上调整分区的用地性质、建设密度等控制指标。3. 构建"特殊分区—疏散网络—商业走廊—防洪建筑"互联互通的防洪框架,完善社区防洪的空间体系内容,系统提升社区防洪能力

资料来源:作者整理。

我国部分城市如成都、三亚、西宁、洛阳、咸阳、黄石、义乌等积极围绕韧性城市先行开展城市规划,在实践探索层面形成了暴雨灾害下的城市韧性评估体系,注重城市社区韧性的建设内容研究,为城市韧性社区建设提供了有益参考。例如,成都麓湖两级公益会所建立的议事机制及其推动的社区营造行动,

转变了居民对自我管理、自我组织、自我服务的意识，推动了社区建设主体由政府及企业向社区居民延伸的突破，提高了面对复杂社区问题高效调动各方资金、人力、物力资源的能力，提升了社区未来可持续发展的韧性。

（二）注重超前谋划与动态适应性调整

时间维方面，在韧性城市规划过程中注重经验积累，不断拓展规划内容涵盖范围。荷兰是一个低洼的三角洲区域，26%的土地低于海平面，长期受水患侵扰。以荷兰鹿特丹城市规划实践演进历程为例，鹿特丹韧性城市发展战略规划从单一逐渐走向全面，从 2001 年开始，鹿特丹逐渐在城市发展战略中加入对水韧性、气候韧性的思考，在 2016 年形成了一个比较全面的《鹿特丹韧性城市战略》，促进水与生存空间的共生（见图 1）。

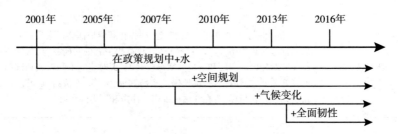

图 1 荷兰鹿特丹城市规划演进

资料来源：作者自绘。

此外，在外部冲击影响后，各国会积极通过国土空间规划及相关战略，调整行动预期，抵御和适应外部冲击，提升空间韧性。例如，日本2011 年 3 月大地震过后，2013 年颁布《国土强韧化基本法》以立法先行，赋予国土强韧化规划法律效力；另外，日本注重纵向传导，国家层面制定《国土强韧化基本规划》，作为最上位法定规划，自上而下推动韧性战略。美国 2012 年"桑迪飓风"事件后，2019 年发布的《一个纽约2050：建设一个强大且公正的纽约》提出了包括组织安排、策略、措施、行动倡议的完备的行动指南。墨西哥针对水资源匮乏问题，2016 年出台《墨西哥城韧性战略》，旨在提出通过促进区域协调，推动水韧性作为墨西哥盆地水资源管理的新模式，城市和区域韧性规划，通过一个综合的、安全的和可持续的系统来提高城市机动性，培养创新和适应能力（见表2）。

表2　不同国家受外部冲击后行动预期调整

国家	冲击事件	调整内容
日本	2011年3月11日发生的东日本大地震	2013年12月，日本议会制定了《国土强韧化基本法》以立法先行，赋予国土强韧化规划法律效力；另外，注重纵向传导，国家层面制定《国土强韧化基本规划》，作为最上位法定规划，自上而下推动韧性战略。地方层面，府市县各层级均编制有《国土强韧化地域规划》，强调实施行动方案，以落实韧性目标
美国	2012年"桑迪飓风"事件	2019年发布的《一个纽约2050：建设一个强大且公正的纽约》提出了包括组织安排、策略、措施、行动倡议的完备的行动指南，强调多方力量积极参与，由市政府领导，组建长期规划和可持续办公室，统筹协调计划和执行，并下辖三个跨部门合作的联席工作组，由各职能部门负责对口的专项倡议行动
墨西哥	水资源匮乏	2016年出台的《墨西哥城韧性战略》主要针对以下问题进行韧性战略规划编制工作：促进区域协调，推动水韧性作为墨西哥盆地水资源管理的新模式，城市和区域韧性规划，通过一个综合的、安全的和可持续的系统来提高城市机动性，培养创新和适应能力

资料来源：作者根据相关资料整理。

（三）注重政府作用与系统性治理手段

从手段维看，我国各城市在城市空间韧性提升过程中，多以城市规划引领，重视政府治理在城市韧性提升过程中的作用（见表3）。例如，洛阳、西宁、广州等城市分别颁布了国土空间总体规划、韧性战略提升规划、城市规划等相关城市韧性规划，以此引领带动城市韧性建设。各城市着重在基础设施建设、韧性技术支撑和调动居民参与积极性等方面采取有力措施，发挥政府在城市空间韧性提升过程中的重要作用。

表3 我国代表性城市规划和韧性治理

城市	规划	治理
洛阳	《洛阳市国土空间总体规划(2018—2035)》	1. 开通地铁,建设快速路 2. 构建智能立体停车场 3. 专项行动,解决居民问题
西宁	《美丽城市总体规划暨行动纲要》	1. 水系综合治理,补全老城区雨污合流短板 2. 改善居民生活环境 3. 黑臭水体消除技术
广州	建立"城市体检观察员"制度,《广州市2021年城市体检工作方案》	1. 治理交通拥堵点位,优化垃圾分类投放工作,改造老旧小区,增设无障碍通道,完善消防设施 2. 建成城市信息模型(CIM)基础平台,开发智慧工地、智慧园区、智慧社区、智慧水务等应用场景
德阳	《德阳韧性战略行动计划》	1. 加强污水处理,开展"厕所革命";提升房屋抗震水平 2. 修复矿区生态和五大湖区生态,打造微村落 3. 矿区资源再利用技术,水环境监测管理体系,地震预防和减灾信息化建设
北京	《北京城市总体规划(2016年—2035年)》	1. 建设韧性社区,把韧性城市理念、应急常识教育纳入中小学校和高校素质教育,开展社会公众应急基础素养培训 2. 实施学校校舍安全工程,综合整治老旧小区,推进应急避难场所建设 3. 构建城市智能综合感知体系,建设应急物资管理和调度平台
义乌	《关于创建国家生态园林城市的实施意见》《义乌市国土空间总体规划》	1. 共享资源和信息网络,创新治水考核机制 2. 产城融合,完善公共服务设施,优化生态环境 3. 打造文明幸福和谐之城

资料来源:作者根据相关资料整理。

(四)注重以基础设施布局增强空间韧性

从要素维方面分析,国内外城市均十分重视基础设施布局与更新在城市空间韧性增强中的作用。例如,伦敦在经济发展、住房、公共服务、基础设施等领域针对气候变化适应提出了要求;洛杉矶通过技术创新,实现基础设施的现代化,该市开发清洁能源和智能电网基础设施,使大部分老化的电网基础设施现代化；东京、多伦多、墨尔本等城市完善道路设施，升级和改造基础设施，增强城市内部可达性；广州市住房和城乡建设局坚持规划引领，扎实推进城市建设高质量发展，全市累计开工建设管廊 310 公里，建成投入使用 90 公里，在建管廊 220 公里，初步形成"以中心环线为核心、以若干放射线为延伸、干线支线缆线相结合的综合管廊骨架系统"，综合管廊建设补齐了城市基础设施"短板"，实现对城市生命线的信息化、可视化、智慧化管理。

三 我国城市空间韧性提升面临的制约因素

（一）多尺度空间系统联动性有待提升

社区是城市空间韧性系统的基础单元，打造和提升社区韧性对城市空间韧性提升具有重要意义。近年来，国家相继发布《关于建立健全基本公共服务标准体系的指导意见》《社区生活圈规划技术指南》等文件，提出打造 15 分钟社区生活圈。但是在当前实践过程中，社区生活圈打造规划建设还落实不到位，导致社区动员组织能力不足，当遇到紧急情况较难就近提供相应服务。此外，针对社区层面的应急避难场所等韧性空间安排，群众与社会组织合作互动等方面缺乏整体性谋划，大大削弱了在面对外部冲击时的基层韧性。

从城市群层面看，基于多样化特征的城市群空间韧性平台搭建亟待推进。从空间维分析，目前导致城市群空间韧性平台无法满足抵抗外部冲击多样化需求的原因主要在于存在部分城市群空间结构"一市独大"或城市体系"断层"问题，严重削弱了城市群内城市空间联动效率。根据我国十九大城市群齐普夫数结果[①]，14 个城市群的齐普夫数大于 1，城市发展情

---

① 根据第七次人口普查数据中城区人口数据测度，齐普夫（Zipf）数 q 值测度模型为 $\ln p_{(r)} = \ln p_1 - q\ln r$，剔除了部分数据缺失县区。

况分异较大，首位城市首位度高，集聚程度高即具备"一市独大"特征，其中天山北坡、山西中部、黔中和滇中城市群齐普夫数均大于 1.5，呈现更强的"一市独大"特征。"一市独大"问题在于首位城市过度垄断韧性资源，较难与次级中心和外围城市产生空间联系，从而不利于整体空间联动。

（二）面临深度不确定性与路径依赖难题

深度不确定性冲击是制约现代城市空间韧性增强的关键因素。基于抗解系统理论的城市空间韧性分析与实践并不否定历史经验和历史数据对增强城市空间韧性的积极作用。但是气候变化、自然灾害、公共卫生危机等深度不确定性因素的破坏性及危害性近年来轻易超越几十年、几百年甚至上千年历史记录，大大增加了事先预期与预案抵御外部冲击的难度，传统意义上靠放大城市冗余来应对深度不确定性的办法更是难以奏效。

此外，城市空间韧性系统的生命周期性特征制约城市空间韧性的增强。城市空间韧性水平随着城市建筑、基础设施等新旧更替呈现非线性变化，而城市建筑、设施水平则与城镇化进程息息相关。当前，经过 40 多年城镇化，部分城市老城区建筑和道路、消防以及水电煤气等设施均面临新旧更替、城市更新，原有的陈旧建筑、水电煤气管线在更新之前作为潜在风险随时都可能会冲击城市空间韧性系统，威胁城市安全。相关研究报告研究表明，"我国多数城市排水管网达不到国家《室外排水设计规范》要求，大多数城市排水设施严重不达标"。

（三）空间韧性提升调控手段有待优化

规划理念决定规划实践内容进而影响规划结果。当前，城市空间韧性规划理念主要存在两大问题制约了城市空间韧性提升。其一，大规模高集聚城市建设偏向以及经济利益导向占据主导地位，在规划实践过程中为更好集聚要素促进经济发展，山东、江苏、湖南、贵州等省份陆续出台"强省会"战略，提出了提升省会城市首位度的发展目标，各类经济要素不断向省会集聚。此外，城市群层面，目前中国东部沿海三大城市群经济和人口密度远高于其他城市群。其二，当前城市规划过程中仍然存在物质空间强化和基础设施扩建的"路径依赖"，缺乏对城市风险的深入认识以及系统性分析，城市规划通常是事后修正，"头疼医头，脚痛医脚"，面对外部风险仍然靠传统的放大冗余应对，城市应急规划与处置预案准备滞后。高度集聚倾向与放大冗余的规划"路径依赖"严重脱钩于抗解性理论背景下的城市空间韧性规划要求，不符合深度不确定性影响的现实需要。

（四）各类要素空间布局协调性有待提升

产业空间布局方面，对中小城市而言，产业结构单一、多样性不够以及产业现代化竞争力不足大大加深了冲击对中小城市的影响。中小城市产业多样化指数相对较低，60%左右的城市产业多样化指数低于全国平均水平，产业结构特征相对单一，多样性不足。[①] 产业结构总体上呈现"核心城市第三产业占比高，边缘城市第一产业占比高，半核心城市第二产业占比相对较高"的特征，特大、超大城市以及Ⅰ型大城市等核心城市进入后工业化阶段，主要以现代服务业发展作为经济发展的重要产业着力点，第三产业比重高于全国平均水平，产业现代化特征表现突出；中小城市等边缘城市尚处于工业化中、后期，第一产业产值仍占有较大比重，产业现代化竞争力不足（见图2）。

人口疏密空间分布并存（见表4），高密度一般伴随高风险，大大加剧不确定性冲击影响后果。人口空间分布表明，特大、超大城市以及Ⅰ型大城市人口密度远高于中小城市，每平方公里特大、超大城市或Ⅰ型大城市建成区人口数比中小城市人口数多3200人左右，北京、上海人口密度分别为1.83万人/公里^{2}和1.79万人/公里^2，唐山作为Ⅱ型大城市人口密度为1.06万人/公里^2，每平方公里人口数比北京和上海分别少7700人和7300

---

① 资料来源为2020年《中国城市统计年鉴》，根据2019年各行业从业人员数，计算赫芬达尔指数倒数得到。后续年份《中国城市统计年鉴》中不再交代各行业从业人员数。

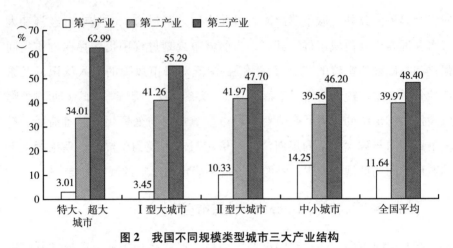

图2　我国不同规模类型城市三大产业结构

资料来源：《2022年中国城市统计年鉴》，对部分数据缺失城市做了剔除处理。

人左右。更进一步地，相关研究报告表明，[①] 在核心建成片区尺度，超大城市平均值为2.73万人/公里^2，特大城市为2.14万人/公里^2，超大城市比特大城市高约28%，超大特大城市以及Ⅰ型大城市呈现典型的人口高密度特征，尤其是在核心建成区人口更加集聚。

表4　不同规模类型城市及部分代表性城市人口密度

单位：万人/公里^2

城市	特、超大城市	Ⅰ型大城市	Ⅱ型大城市	中小城市	北京	上海	厦门	唐山	酒泉	那曲
人口密度	1.21	1.20	0.98	0.88	1.83	1.79	1.15	1.06	0.59	0.19

资料来源：人口数据"七普数据"，城区建成区面积资料来源于2021年《中国城乡建设统计年鉴》。

从生态环境、基础设施和公共服务[②]分析，存在三大要素空间分布不均衡、部分城市要素供给不足制约城市空间韧性提升的问题。以长三角城市群

---

① 中国城市规划设计研究院：《中国主要城市建成环境密度报告（2023）》。
② 资料来源：《2022年中国城市统计年鉴》《2022年中国城乡建设统计年鉴》。

生态环境①为例，2021年上海人均公园绿地面积为9.024平方米，建成区绿地覆盖率37.73%，同为群内中心城市的南京人均公园绿地面积则为16.184平方米，建成区绿地覆盖率为44.96%，上海市生态环境供给能力不仅低于其他群内中心城市，也落后于盐城、铜陵等外围城市，呈现生态环境供给空间不均衡特征。以京津冀城市群为例分析基础设施和公共服务供给能力，2021年北京、天津、石家庄三大中心城市每万人医院床位数分别为86.48、54.03和87.70张，邢台、衡水和廊坊等城市每万人医院床位数为65.13、66.97和65.19张，而承德、沧州每万人医院床位数均大于100张，医疗供给服务空间分布参差不齐；基础设施供给方面，北京、天津和石家庄三大中心城市人均道路面积分别为7.72、15.44和17.39m^2、建成区排水管道密度分别为6.64、18.54和9.35公里/公里^2，唐山、邯郸和沧州等市均道路面积分别为20.52、19.97和20.17m^2、建成区排水管道密度分别为11.96、11.52和9.18公里/公里^2，基础设施供给方面同样呈现空间分布不均衡特征。

四 我国城市空间韧性提升的实施路径

（一）完善多级空间体系，提升空间联动能力

从"社区—城市—都市圈—城市群"四级空间出发，要增强空间韧性，就要完善四级空间体系，增强社区作为城市细胞的基层韧性，增强都市圈、城市群城市间联系，切实提升空间系统联动能力。其一，以15分钟社区生活圈为抓手，挖掘社区资源优势，打造社区商业、产业园区及营造活力、特色、韧性社区，构建一站式邻里中心，提高社区应对突发危机事件的应急服务能力与自组织能力。其二，以城镇实体地域为中心，将通勤特征作为划分指标，

---

① 长三角和京津冀城市群所用数据均来自《2022年中国城市统计年鉴》和《2022年中国城乡建设统计年鉴》。

划分不同大小等级规模的都市生活圈，从而实现"中心—外围"联动水平提升，构建联系紧密的城际互助圈层以及不同等级规模都市生活圈构成的都市圈体系。其三，完善城市群空间体系，形成合理有序的城市体系，发挥群内中心城市对周边城市的辐射作用，刺激各规模等级都市生活圈融合发展，增强城市群多中心化趋势，搭建城市群层面的空间韧性战略平台。

（二）突破路径依赖限制，增强动态适应能力

从时间维度看，要增强城市空间韧性，需要深刻认识深度不确定性影响与传统外部风险的本质区别，克服传统"经验主义"的路径依赖，重视城市空间韧性系统的生命周期性特征，做好城市更新。具体来讲，第一，抗解的城市空间韧性系统并不彻底否定历史经验对防范灾害的作用，仍要重视积累和研判气候变化、自然灾害和公共卫生危机等外部冲击的历史数据和演化规律。第二，深度不确定性影响通常是超出历史预期的，因此不论是政府、市场还是社会群众，都应该矫正既往对外部冲击的认识及历史预期，克服"经验主义"路径依赖，改变既定行为特征，提升面对外部冲击的适应、学习转化力。第三，重视城市空间韧性系统的生命周期性，实施全面深入的城市更新行动，城市更新既不能缝缝补补，也不能大拆大建，应当因时因地制宜，高度重视防洪、供水、供气、供电、供暖、交通、垃圾回收、废水处理和街道维护等基础设施的前瞻性投资建设和更新改造，增强城市空间系统韧性。

（三）坚持系统治理观念，重塑治理思维模式

在手段维，要增强空间韧性，就要从规划、治理和适应三大方面出发，协调时间空间关系，重塑规划理念，提升治理水平，增强适应能力。第一，纠正追求大规模高集聚经济利益导向的规划理念，充分考虑将空间韧性作为国土空间规划的关键要素，走规模中立城市规划道路，合理集聚各类要素，优化城市规模。第二，构建"政府—市场—社会—自然"四部门空间治理框架，充分调动各主体对空间韧性提升参与的主动性，突破原有行政区治理桎梏，协调好城际利益关系，明确不同城市面对深度不确定性冲击的功能定位，构建和完善长

效的空间韧性协同治理机制,结合数字技术提升对外部风险到来的预测监测、信息反馈的空间治理能力,推动实现空间韧性数字化治理。第三,改变传统依靠放大冗余应对冲击的老套路,充分审视空间韧性系统构建的优势与短板,提升城市、都市圈和城市群空间韧性系统对外部冲击的适应能力。

(四)协调要素空间布局,优化空间资源配置

从要素维看,要提升空间韧性,就是要实现产业、人口、生态、基础设施与公共服务在城市内部和城市之间合理布局。其一,推动城市产业多元发展,城市群产业合理分工(见图3)。产业多元发展就是一个城市的经济结构包含多个不同的产业和行业,而不依赖于单一的产业。对于单个城市来说,将大大提升城市产业空间韧性;城市群内城市应当依据各城市比较优势和支柱产业发展情况,实现产业合理分工,完善产业链条,促进产业链与创新链深度融合。其二,合理控制人口规模、密度,优化人口结构,促进人口空间合理分布。基于自然资源、产业、公共服务和基础设施承载能力,合理控制人口规模,优化城市、城市群内人口年龄结构、性别结构以及人力资

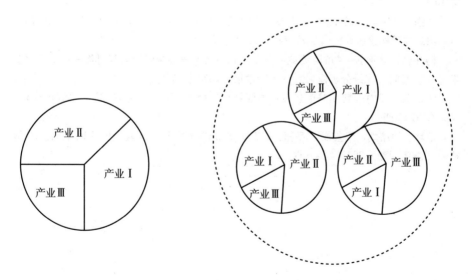

图3 单城市与城市群产业多元化空间布局

资料来源:作者绘制。

本。其三，优化扩大生态空间，改善生态环境质量。针对城市或城际空间资源和生态资源，打造好生态节点与生态廊道，拓展绿色空间，统筹好山水林田湖草沙发展。其四，改变传统的以户籍人口、行政等级为依据的公共资源配置方式，实行按城市常住人口进行均衡配置，推动公共服务资源与人口需求之间的匹配，提升中小城市基本公共服务水平，扩充特大或超大城市人口过度密集区的医疗、消防、安全等公共服务资源，促进城市群公共服务协同发展。其五，更新和高标准建设防灾基础设施，提升城市和城际交通通达性，增强城际互助和公共服务便利性与可及性。

参考文献

薛领、杨开忠：《中国式现代化背景下国土空间优化与调控：抗解性范式转型》，《经济纵横》2023 年第 6 期。

杨开忠、董亚宁：《中国城镇地域治理体系现代化转型研究》，《经济纵横》2022 年第 10 期。

李强、尚宇辰、杨开忠：《生态文明时代"自然—政府—市场—社会"四部门国土空间治理体系构建研究》，《经济纵横》2022 年第 6 期。

杨开忠、董亚宁：《黄河流域生态保护和高质量发展制约因素与对策——基于"要素-空间-时间"三维分析框架》，《水利学报》2020 年第 9 期。

陶希东：《中国韧性城市建设：内涵特征、短板问题与规划策略》，《城市规划》2022 年第 12 期。

范玲、闫绪娴、王俊丽、郭伟：《韧性城市建设的国际经验、中国困境与应对策略》，《城市问题》2022 年第 6 期。

B.12
中国城市水生态韧性发展状况及影响政策效果评估

张卓群　姚鸣奇*

摘　要： 水生态文明城市建设是践行习近平生态文明思想、实现美丽中国愿景的重要举措。基于此，研究总结了改革开放以来城市提升水生态韧性的历史和措施，构建了水生态文明城市韧性指标体系，并将水生态文明城市试点作为一项准自然实验，运用双重差分模型考察试点政策对城市水生态韧性的影响。实证分析表明水生态文明城市试点能够有效促进城市水生态韧性提高，且在不同地区试点政策的实施效果具有异质性。因此，要进一步深化水生态文明城市试点建设工作，强化制度支撑，总结试点经验，全域开展水生态文明城市建设；要因地制宜，采取差异化措施推进水生态文明城市建设。

关键词： 水生态文明城市　水生态韧性　准自然实验

　　水润民心，泽被万物，水是生态环境的控制性要素，保护好水、利用好水，是关乎中华民族永续发展的千年大计。党的十八大以来，习近平总书记多次视察长江、黄河等大江大河和滇池、洱海、丹江口等重要湖库，多次强

---

* 张卓群，中国社会科学院生态文明研究所副研究员，经济学博士，研究方向为可持续发展经济学、城市与环境经济学、数量经济与大数据科学；姚鸣奇（通讯作者），中国社会科学院大学应用经济学院博士研究生，研究方向为可持续发展经济学、气候变化与风险治理、韧性城市。

调要紧盯污染防治重点领域和关键环节，统筹水资源、水环境、水生态治理，水生态问题日益受到重视。然而，当前不少地区仍然存在水生态退化、水环境污染的情况，并由于频发的极端气候灾害陷入或旱或涝的窘境。因此，亟须优化城市的水生态治理途径与组织模式。

水生态文明城市试点应运而生。2013 年起，水利部针对不同水生态等自然条件和经济发展水平的城市，选取了全国两批共 105 个代表性的地区，开展水生态文明城市试点建设工作，其工作目标包括最严格水资源管理制度落实到位、水资源优化配置格局到位、防洪排涝体系建设到位、水生态环境保护措施到位、水生态文明理念宣传到位等几个方面。可见，水生态文明城市尝试使用综合治理的方法，整合了制度、文化等各类要素，囊括水生态治理的方方面面，旨在形成水生态治理的整体方案，以系统的视角建设水生态文明城市。

与此同时，韧性城市建设正在成为我国城市建设的重要形态与内容。韧性是系统整体应对不确定因素时体现的抵抗力、适应力和恢复力，这种基于系统整体视角的韧性很好地契合了水生态文明城市建设试点的工作目标。本报告从水生态韧性视角对中国城市水生态治理的发展脉络进行梳理、对水生态文明城市试点政策效果进行评估，以期为提高我国城市水生态韧性提供政策参考。

一　中国水生态韧性建设的历程与措施

改革开放至今，随着经济的高速增长和产业的协同发展，水利事业亦形成健康发展态势，在日趋完善的制度体系引领下，中国城市水生态韧性不断增强。综合来看，中国城市水生态韧性建设已经过早期探索阶段和曲折前进阶段，当前步入生态文明建设下的全面发展阶段。

（一）早期探索阶段（1978~1992年）

改革开放之后相当长的一段时间里，财政资金不宽裕的现实困境导致水利投入较少，加之水旱灾频发，部分区域饮水困难问题突出，灌溉面积难以扩大，水生态韧性提升路径受阻。在此阶段的水生态韧性建设中，国家一方面采取"两个支柱，一把钥匙"的水利方针，夯实水费收入和综合经营，实行不同形式的经济责任制；另一方面筹备并兴建了包括长江三峡水利枢纽工程、引滦入津等早期奠基性水利工程，为保障中国水生态韧性兜住底线：1981年1月，长江三峡总体工程的重要组成部分——葛洲坝水利枢纽工程大江截流戗堤胜利合龙，其上水电站于同年12月验收投产；1982年5月，引滦入津工程开工建设，并于1983年9月横跨滦、海二河，向天津正式供水。随后在以上水利建设经验的积累下，1991年9月黄河小浪底水利枢纽工程前期工程正式开工。

不只水利建设，这一阶段中国探索性地出台了关于水环境、水生态的相关法律，为水生态综合治理创造了早期制度条件。1984年5月，第六届全国人民代表大会常务委员会第五次会议出台《中华人民共和国水污染防治法》，确立了水污染防治应当坚持预防为主、防治结合、综合治理的原则，优先保护饮用水水源，严格控制工业污染、城镇生活污染，防治农业面源污染，积极推进生态治理工程建设，预防、控制和减少水环境污染和生态破坏。1988年1月，为适应和满足国民经济和社会发展的需要，第六届全国人民代表大会第二十四次会议通过《中华人民共和国水法》，为中国合理开发、利用、节约和保护水资源，防治水害，实现水资源的可持续利用奠定制度基础。1989年12月，第七届全国人民代表大会常务委员会第十一次会议通过的《中华人民共和国环境保护法》进一步强调了水土流失、水体富营养、水源枯竭等问题。1991年6月全国人民代表大会常务委员会发布中国水土保持的第一部法律——《中华人民共和国水土保持法》，水土保持工作实行预防为主、保护优先、全面规划、综合治理、因地制宜、突出重点、科学管理、注重效益的方针。

（二）曲折前进阶段（1992~2012年）

随着市场经济体制的确立和经济基础的积累，水利基础建设不断兴起，体制机制也逐步建立，中国水生态韧性建设进入新篇章。1992年，国务院

批准兴建飞来峡水利枢纽，并于 1999 年 10 月顺利实现发电机组并网发电，飞来峡水利枢纽与北江大堤构成了北江中下游坚固的防洪屏障，其滞洪调峰的作用保障了下游及珠江三角洲各地的安全。1993 年 7 月至 2002 年 6 月兴建了黄河万家寨水利枢纽工程，该工程由水利部、山西和内蒙古共同投资，是中国第一个由央地合作建设的大型水电工程。1994 年 9 月至 2001 年底完成了黄河小浪底水利枢纽工程主体部分的建设，坝址控制流域面积达到 69.42 万平方公里，水库库容 126.5 亿立方米，长期有效库容约 51 亿立方米。2002 年 12 月 27 日，经过多年研究论证，预计工期 40~50 年的浩大工程——南水北调工程正式开工，惠及人口 4.38 亿人。

尽管这一阶段的水生态韧性在水利基础设施的完善下得到增强，但洪涝等极端自然灾害频发，对中国水利建设和城市水生态韧性建设形成考验。1998 年长江、嫩江和松花江流域先后遭遇了巨大洪涝灾害，中国累计出动 36 万余军警，全国总计约 800 万人积极参与抗险救灾，体现了中华民族的凝聚力，更让中国政府与人民意识到水利事业道阻且长。同年 10 月，党的十五届三中全会强调要将继续兴修水利工程放在工作的首要位置，提出了新阶段的水利建设方针，并指出要严格遵循综合治理原则，施行除害、节流、防洪三措并举。自此以后，中国从省到市共建设了 64 个大型水利工程、加固了 18 座危险水库，并针对 28 座重点城市兴建了中等规模的水利工程。与此同时，中国政府采用项目监理制度与招标承包制度并行，一方面极大地动员了市场中的资本，提升了水利工程建设的效率，另一方面提高了水利工程的施工质量，城市水生态韧性得到进一步的提升。

此外，这一阶段的相关法律制度也因水生态、水环境条件和发展阶段的改变得到调整，有关部门出台了一系列重要的水生态保护措施。这一时期《中华人民共和国水法》《中华人民共和国水土保持法》等水资源相关法律大多进行了修订，逐渐明确了人与自然和谐相处的发展模式，为进一步有效治水提供可靠保障。2008 年水利部出台《城市水系规划导则》，为之后的水生态文明城市建设奠定了基础。2011 年中央一号文件则为水生态治理明确了目标，要求搞好水土保持和水生态保护，全面加快水利基础设施建设。

（三）生态文明建设下的全面发展阶段（2012年至今）

党的十八大报告指出生态文明建设是关乎人民福祉和民族长远发展的重中之重。自此，生态文明建设被纳入中国特色社会主义事业"五位一体"总体布局。生态文明强调打破工业文明发展范式下以牺牲生态环境为代价的经济发展模式，坚持节约资源与保护环境的基本国策。在此背景下，我国陆续出台多项措施推动水资源保护和水生态文明建设。2012年1月，《国务院关于实行最严格水资源管理制度的意见》确立了水资源开发利用控制红线、用水效率红线和水功能区限制纳污红线，并明确了水资源开发利用管理、水资源保护和水生态修复的重要性。

建设水生态文明城市是国家推动人与自然和谐共生、提高城市水生态韧性的关键举措。2013年初，水利部出台的《关于加快推进水生态文明建设工作的意见》明确提出水生态文明建设的主要目标、基本原则、指导思想和意义，并正式提出在全国范围内推行国家水生态文明城市试点。同年，在水利部颁布的《关于开展全国水生态文明建设试点工作的通知》推动下，邢台市、广州市等46个城市被批准成为水生态文明城市建设试点。[①] 2014年，水生态文明城市建设试点增加了铁岭市、莆田市等共计59个城市。2016年，水利部进一步出台《水生态文明城市建设评价导则》，不仅提出相关指标体系构建准则，同时深化水生态文明城市建设目标，强调应逐步保护城市内部生物多样性，从而构建水质良好、水体流动、水系完整的水生态文明城市。此外，官方统计数据显示，2013~2017年水生态文明城市建设投资超过7500亿元。国家水生态文明城市试点政策对中国经济社会的可持续和高质量发展产生了重要影响。

二 中国城市水生态韧性测算方法与数据

韧性评估在灾害学、工程学等领域最先得到关注。此领域中韧性主要被

---

① 2012年底，济南被水利部确定为全国第一个水生态文明建设试点城市，试点政策在2013年开始实施，因此将济南纳入第一批水生态文明建设试点，方便后续讨论。

作为"过程"和"状态"两种形式来衡量，当面临灾害冲击时，韧性又可区分为事前的固有韧性和事后适应灾害韧性。韧性也由于对"过程"和"状态"的不同侧重分为两个派系，一个认为评估韧性时应重视过程韧性，另一个则认为系统韧性的增强是一种结果和新状态，并将其明确区别于借助时间序列数据对体现韧性的某一过程所开展的调查研究，如混合学科领域——地震研究中心的多维度评估框架等。根据韧性的上述内涵，城市韧性评估则分为单一子系统韧性的专项评估（生态、经济、社会、工程）和描述城市系统整体韧性的综合评估。一般评估流程为概念界定、二级指标的确定、三级指标或者代理变量的筛选、赋权方法确权。本报告借鉴已发展出的各种理论重新审视综合的城市韧性原则，确定二、三级指标的选取依据。

水生态韧性属于生态韧性的子集，目前尚无统一的评价指标体系，但现有评估大都体现了过程韧性中的生态系统"抵抗力、适应力、恢复力"三大特征。水利部《关于加快推进水生态文明建设工作的意见》中提到，要增强"防洪保安能力、供水保障能力、水资源承载能力"，改善"水功能区水质"。因此，兼顾理论基础、政策文件及数据可得性，围绕以上几点并考虑水资源循环周期，从排水、滞水、供水、净水四方面选取代理变量，进而使用熵权法对代理变量进行赋权，得到城市水生态韧性指数，取值范围为0~1000（见表1）。

表 1　水生态韧性指标体系

目标层	准则层	指标层	描述
水生态韧性	排水	dpd	排水管道密度（公里/公里^2）
	滞水	gsr	建成区绿地率（%）
	供水	pws	人均供水总量（米^3/人）
	净水	pwtc	人均污水处理能力（米^3/日·人）

资料来源：作者整理。

三　中国城市水生态韧性变化情况

为研究中国城市水生态韧性的具体变化情况，利用2006~2021年中国

283 个地级及以上城市面板数据进行测算，并按区位进行两类分组，一类为东、中、西部城市，另一类为南、北部城市，计算水生态韧性平均值，衡量其年度变化情况。

据图 1 可知，2006~2021 年中国城市水生态韧性总体呈现先小幅下降、后稳步上升趋势。2006 年水生态韧性指数为 77.00，在 2008 年下降至最低点 65.92；党的十八大之后，随着生态文明建设被纳入"五位一体"总体布局，水生态韧性指数上升速度加快，由 2012 年的 71.80 迅速上升至 2020 年的 111.65，2021 年回调至 99.22。

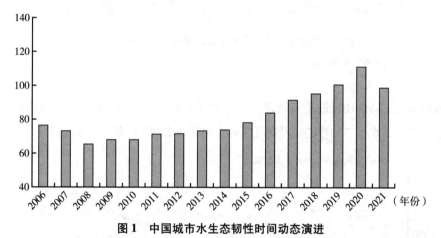

图 1　中国城市水生态韧性时间动态演进

资料来源：作者绘制。

按照东、中、西部划分，东部城市水生态韧性指数大幅领先于中、西部城市（见图 2）。东部地区水生态韧性指数由 2006 年的 95.11 上升至 2020 年的 139.38，2021 年回调至 126.74。中、西部城市水生态韧性水平相差不大，2006~2017 年中部城市水生态韧性略高于西部城市，2018~2021 年西部城市略高于中部，说明西部城市在经济实力弱于中部城市的情况下，其将加强水生态韧性的工作摆在了突出位置，水生态韧性的建设成绩较为显著。

按照南、北部划分，南部城市水生态韧性高于北部城市。南部城市水生态韧性指数由 2006 年的 87.66 上升至 2020 年的 127.46，北部城市水生态韧性指数由 2006 年的 66.71 上升至 2020 年的 96.38。南部城市水资源丰富，在历史上属于

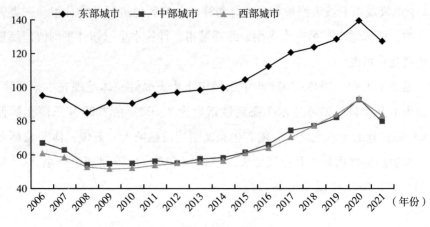

图2 中国东、中、西城市水生态韧性时间动态演进

资料来源：作者绘制。

城市水生态韧性建设的重点地区。但随着近年来气候变化加剧，北部城市降水出现增加，水生态韧性的建设也逐渐成为北部城市的工作重点（见图3）。

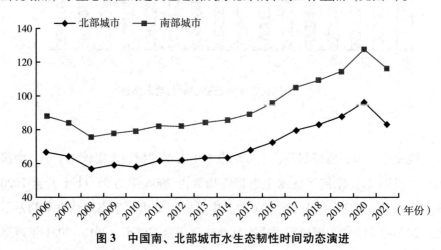

图3 中国南、北部城市水生态韧性时间动态演进

资料来源：作者绘制。

值得注意的是，中国城市水生态韧性以及按照不同区位划分的区域城市水生态韧性在2020~2021年皆出现下降，可能的原因是疫情等外部冲击抑制了提高水生态韧性的措施实行、阻碍了其机制传导。总的来看，中国城市水生态韧性得到全面提高，是习近平生态文明思想的贯彻落实，是人与自然和谐共生的重要实践，水生态文明建设迈出了坚实的一步。

四 建模方法

（一）资料来源与处理

本报告采用 2006~2021 年我国 283 个地级及以上城市的面板数据作为研究样本，资料来源为历年《中国城市统计年鉴》和《中国城市建设统计年鉴》。部分缺失数据参考地方统计公报补齐，其他缺失数据使用移动平均插值法补齐。

被解释变量为"水生态韧性指数"（*wri*），核心解释变量为"水生态文明城市建设试点"（*policy*）。控制变量旨在控制不同城市发展水平和规模导致的政策效果差异，表 2 选取的 8 个指标分别对应城市的经济发展水平、城镇化水平、产业结构、金融规模，以及科技、教育、文化、卫生等城市公共服务水平。

表 2 描述性统计

	变量	样本数	平均值	标准差	最小值	中位数	最大值
被解释变量	水生态韧性指数	4528	81.661	87.899	10.202	56.267	947.534
核心解释变量	水生态文明城市建设试点	4528	0.141	0.348	0.000	0.000	1.000
控制变量	人均 GDP（万元）	4528	5.950	10.204	0.000	0.323	20.594
	土地城镇化率（‰）	4528	0.181	0.419	0.001	0.074	7.503
	二产占比（%）	4528	47.340	12.504	8.570	47.370	90.970
	人均存贷款余额（万元）	4528	10.446	20.944	0.160	3.797	328.962
	人均科技支出（千元）	4528	0.134	0.493	0.000	0.025	12.471
	人均教育支出（千元）	4528	0.664	1.099	0.006	0.360	17.506
	人均图书馆藏书量（册）	4528	0.652	1.210	0.013	0.353	43.523
	每万人医生数（人）	4528	22.254	11.757	2.758	19.764	91.813

资料来源：作者计算。

（二）双重差分模型

双重差分（Difference In Differences，DID）方法在宏观经济政策、城市发展、环境政策评估等领域得到较多应用。作为一种群体因果效应估计方法，其基本原理是将政策视为一种"准自然实验"，通过区分政策试点组与非试点对照组，发掘政策干预对特定群组的影响。DID 模型的优势在于可以较好地利用政策外生性，避免逆向因果问题。运用 DID 模型识别水生态文明城市建设试点影响城市水生态韧性的政策效应，基准模型设定如下。

$$wri_{i,t} = \alpha_0 + \alpha_1 policy_{i,t} + \alpha_2 X_{i,t} + \mu_i + \eta_t + \varepsilon_{i,t} \tag{1}$$

式中，i、t 分别表示城市和年份，$wri_{i,t}$ 表示水生态韧性指数，$policy_{i,t}$ 为核心解释变量——水生态文明城市建设试点，取值为 1 时表示 i 城市在 t 年当年以及之后列入水生态文明城市建设试点，其余情况取 0，其系数 α_1 表示水生态文明城市建设试点对城市韧性的影响，$X_{i,t}$ 为一系列控制变量，α_2 为控制变量的系数向量，μ_i 为城市个体固定效应，η_t 为时间固定效应，$\varepsilon_{i,t}$ 为随机扰动项。

五　实证分析

（一）基准回归分析

运用 DID 模型考察水生态文明城市建设试点对水生态韧性的影响，基准回归结果见表 3。由结果可知，无论是否添加控制变量，是否控制时间和个体效应，水生态文明城市建设试点均能显著提升城市水生态韧性。在加入所有控制变量并且控制了时间和个体效应之后，试点政策为城市水生态韧性带来 7.160 贡献值。自水生态文明城市建设试点政策实施以来，两批 105 个试点依次成功验收，促进城市水生态韧性得到有效提升。

表3　基准回归结果

指标	模型1	模型2	模型3	模型4
水生态文明城市 建设试点	27.927 *** (19.537)	5.582 *** (3.883)	6.249 *** (4.309)	7.160 *** (5.218)
人均GDP		0.020 (0.548)	0.026 (0.744)	0.016 (0.493)
土地城镇化率		35.539 *** (12.980)	34.336 *** (13.082)	8.117 *** (3.019)
二产占比		-0.141 *** (-2.689)	0.281 *** (4.770)	0.235 *** (4.096)
人均存贷款余额		0.421 *** (5.802)	0.373 *** (5.360)	0.344 *** (5.206)
人均科技支出		-7.181 *** (-3.964)	-7.549 *** (-4.356)	-6.538 *** (-4.007)
人均教育支出		8.326 *** (6.597)	8.957 *** (7.205)	7.620 *** (6.459)
人均图书馆藏书量		1.824 *** (4.385)	1.689 *** (4.280)	1.064 *** (2.873)
每万人医生数		1.144 *** (16.058)	1.007 *** (13.787)	0.709 *** (10.075)
常数项	77.726 *** (15.699)	45.376 *** (12.031)	39.308 *** (9.902)	50.239 *** (15.228)
时间固定	否	否	是	是
个体固定	否	否	否	是
样本数	4528	4528	4528	4528

注：***、**、*分别表示在1%、5%、10%水平下显著，括号内为标准误。
资料来源：作者计算。

（二）异质性分析

在此将283个地级及以上城市按区位进行两类分组，一类为东、中、西部城市，另一类为南、北部城市。表4结果显示，东、西部的试点城市，水生态文明城市建设试点对水生态韧性具有显著的正向影响，且西部试点城市的政策效

果高于全样本基准回归水平，东部试点城市的政策效果低于全样本基准回归水平；中部试点城市的政策效果不显著。可能的原因是西部城市公共服务水平较低，水利基础设施较为落后，存在较大的提升空间，水生态文明城市建设能很好地激活城市水生态活力；东部城市虽然水生态韧性提升空间有限，但其财政资金较为充裕，也能够很好地落实水生态文明城市建设试点政策，水生态韧性也能得到一定的增强；中部城市则由于人口密度较大、人均享受的公共服务较少、资金较为分散等，水生态文明城市建设试点的政策效果不明显。

此外，南部城市和北部城市的政策效果皆显著，但北部城市组内的政策变量系数达到7.158，南部城市组内的政策变量系数为6.394，北部城市显著高于南部城市。首先从水生态历史演进的分析中可知，南方水资源禀赋较为丰富，水利基础设施更加完善，北方水资源禀赋较为匮乏，南水北调等举措皆服务于构建科学合理的水资源配置格局，北部城市水生态文明城市试点建设效果更为明显。

表4　异质性分析结果

指标	东中西分组			南北分组	
	东部城市	中部城市	西部城市	南部城市	北部城市
水生态文明城市建设试点	3.879 *	3.281	13.867 ***	6.394 ***	7.158 ***
	(1.773)	(1.504)	(4.475)	(3.665)	(3.485)
常数项	50.151 ***	46.269 ***	35.132 ***	46.169 ***	53.463 ***
	(8.061)	(9.717)	(5.644)	(12.162)	(9.193)
控制变量	是	是	是	是	是
时间固定	是	是	是	是	是
个体固定	是	是	是	是	是
样本数	1824	1744	960	2304	2224

注：***、**、*分别表示在1%、5%、10%水平下显著，括号内为标准误。
资料来源：作者计算。

六　增强中国城市水生态韧性对策建议

城市水生态韧性建设是城市韧性建设的重要组成部分，对改善城市生态环境、提升城市人居环境品质具有至关重要的作用。因此，要以习近平生态文明思想为指导，不断巩固水生态文明城市试点建设成果，因地制宜推进城市水生态韧性建设，持续强化我国城市水生态韧性能力，为建设韧性城市提供重要支撑。

第一，以习近平生态文明思想为指导，开展中国城市水生态韧性建设。习近平生态文明思想是习近平新时代中国特色社会主义思想的重要组成部分，是新时代生态文明建设的根本遵循和行动指南。党的十八大以来，以习近平同志为核心的党中央高度重视生态文明建设，我国生态文明建设发生历史性、转折性、全局性变化，创造了举世瞩目的生态奇迹和绿色发展奇迹。城市水生态韧性建设，必须以习近平生态文明思想为指导，坚持"绿水青山就是金山银山"理念，将城市生产和生活限制在水资源和水环境能够承受的范围之内，在发展经济的同时持续提升水生态韧性，把良好生态环境是最普惠的民生福祉落到实处。

第二，持续巩固水生态文明城市试点建设成果，增强城市水生态韧性。至 2019 年 4 月，我国两批水生态文明城市试点已经通过验收，但这不意味着水生态文明建设工作的完成，而恰恰是一个新的起点。一方面，试点城市需要深入总结试点经验，进一步强化组织领导，加大工作力度，将水生态文明建设向更高水平推进，让全民共享水生态文明建设成果；另一方面，非试点城市要学习试点城市的先进经验，把城市水生态文明和水生态韧性建设摆在更为突出的位置，不断满足人民群众对优美水生态环境的需要。

第三，因地制宜，采取差异化措施推进城市水生态韧性建设。我国幅员辽阔，水资源禀赋的差异巨大。实证结果表明，水生态文明城市试点效果在不同地区具有显著异质性。因此，针对不同区域，要采取不同的措施强化水生态韧性。对于西部地区，可以进一步落实资金配套措施，加大财政支持力度，保持水生态韧性的增强势头；对于东部地区，要持续巩固优势，以生态文明的视角审视城市的水生态治理和发展模式；对于中部地区，要发掘具体短板，查漏补缺，学习水生态韧性较高地区的先进经验，进而寻求经济水平与水生态的协同发展。对于南北部城市的水资源协同，必须贯彻南水北调等

平衡水资源配置格局的长久水利大计，构建城市水资源、水环境、水韧性与经济社会相协调发展的新格局。

参考文献

刘丽雯：《国家水生态文明城市试点政策的污染减排效应研究》，上海财经大学博士学位论文，2022。

邵帅、刘丽雯：《中国水污染治理的政策效果评估——来自水生态文明城市建设试点的证据》，《改革》2023 年第 2 期。

姚鸣奇、张卓群、郑艳等：《海绵城市试点建设提高了生态韧性吗？——一项准自然实验》，《城市发展研究》2023 年第 4 期。

岳启蒙、文倩、贺奕等：《水生态文明城市建设对城市水生态承载力的影响——以武汉市为例》，《生态学报》2021 年第 14 期。

张卓群、王菡、单菁菁：《黄河流域城市人与自然耦合协调状况及影响因素》，《城市问题》2022 年第 12 期。

Carl Folke, Steve Carpenter, Thomas Elmqvist, et al., "Resilience and Sustainable Development: Building Adaptive Capacity in a World of Transformations," *AMBIO: A Journal of the Human Environment* 31, 2002: 437-440.

Crawford S. Holling, "Resilience and Stability of Ecological Systems," *Annual Review of Ecology and Systematics* 4, 1973: 1-23.

Brian Walker, Leonie Pearson, Michael Harris, et al, "Incorporating Resilience in the Assessment of Inclusive Wealth: an Example from South East Australia," *Environmental and Resource Economics* 45, 2010: 183-202.

Susan L. Cutter, Joseph A. Ahearn, Bernard Amadei, et. al., "Disaster Resilience: A National Imperative," *Environment: Science and Policy for Sustainable Development* 55, 2012: 25-29.

工程韧性篇

Engineering Resilience Chapters

B.13

突发公共卫生事件背景下
城市交通结构韧性研究

—— 以武汉市为例

焦洪赞*

摘　要： 随着新时代我国城镇化的快速推进，城市面临的不确定性因素交织叠加，突发公共卫生事件频发，严重影响了城市的正常运转和民众的日常生活，对城市形象造成强烈冲击，也给国家安全与治理带来严峻挑战。良好的城市交通结构能够保障城市功能的连续性，减少公共卫生等突发事件的负面影响、提升城市在面对突发公共卫生事件过程中的韧性。因此，如何提升城市交通系统的结构韧性，以应对突发公共卫生事件是韧性城市建设领域的重要议题。居民由居住地前往工作地产生的通勤流的结构特征可以一定程度上反映城市的结构特征，故通勤特征能够作为一个重要的指

---

* 焦洪赞，武汉大学城市设计学院副教授，博士，主要研究方向为城市遥感、城市大数据分析。

标，反映城市的交通结构特征。通过分析突发公共卫生事件前后城市交通结构的演变规律，能够为突发公共卫生事件背景下提升城市交通韧性提供依据。本报告引入分形维数和多重分形测度方法，对突发公共卫生事件背景下武汉市通勤流进行对比分析研究。结果表明，多中心交通结构能够有效地提升城市面对突发公共卫生事件时的韧性。

关键词： 城市交通韧性　突发公共卫生事件　通勤流　分形维数

一　引言

随着新时代我国城镇化的快速推进，城市面临的不确定性因素交织叠加，极端天气、自然灾害、公共卫生事件、社会安全事件等突发事件频发，严重影响了城市的正常运转和民众的日常生活，对城市形象造成强烈冲击，也给国家安全与治理带来严峻挑战。在此背景下，韧性城市理念凭借其新颖独特的视角与深刻丰富的内涵，逐步成为新时代我国城市发展的重要方向。

城市交通在连接居民的日常生活和各个行业的功能之间发挥着重要作用。人口活动和货物运输产生的交通流量塑造了城市交通结构，决定了交通网络的布局和交通设施的需求。通勤、商务活动和娱乐活动导致了人口流动的集中，需要高效的交通系统来满足需求。同样，货物运输的需求也对城市交通结构产生影响，包括物流中心位置的选择、货运路径的规划以及相应的交通设施建设。因此，城市交通结构是在人口活动和货物运输的交通流的影响下逐渐形成和演化的，对城市的发展和功能实现至关重要。城市交通结构韧性即为交通基础设施网络维护城市稳定的交通流的能力，是构建韧性城市的基础能力之一。城市交通的通勤结构即为居民由居住地往返工作地产生的通勤流结构，是城市交通结构中最稳定、最基本的组成部分。因此，通过研究城市通勤流结构特征，可以反映整个城市交通系统的演化规律特征。

面对突发公共卫生事件，居民的出行行为与货运活动都会受到不同程度的冲击，城市交通结构也会在短期内受到影响从而发生变化。在突发公共卫生事件的背景下，受到冲击的城市交通结构恢复到稳态的过程，能够作为反映城市交通结构韧性的重要证据。分析突发公共卫生事件背景下城市结构的变化有助于了解居民新的通勤特征，进而为政府和规划者在城市规划领域提供一定的建议，比如土地利用布局、城市资源的重新分配等，以此来提升城市交通在应对突发公共卫生事件过程中的结构韧性。

城市交通通勤结构的研究一直是城市规划领域中的热点议题，以往的研究受到数据的限制主要通过人口和就业密度等传统数据在城市空间的分布来识别城市交通结构，而这类人口和就业数据更新周期长、获取难度大，无法反映城市短时间内动态的变化。随着信息技术的发展，利用多源大数据来反映城市交通通勤结构特征已经成为主流，它们能够更加有效反映城市居民的通勤行为活动特征。

综上所述，本报告对突发公共卫生事件背景下城市交通结构研究进行了以下探索：第一，聚焦突发公共卫生事件对于城市交通结构的影响，开展了疫情前后的城市交通结构对比分析；第二，利用手机信令数据构建通勤流，该数据能够更加真实地反映城市居民在突发公共卫生事件背景下的行为活动；第三，基于分形维数的方法，并进一步推广至多重分形的方法来定量计算大城市不同时期通勤流的空间填充度以及填充的不均匀度，基于计算结果分析在突发公共卫生事件背景下的城市交通韧性。

二 城市交通结构量化方法选择

通过测度通勤流分布的空间填充度与空间异质性可以有效地反映城市职住空间结构的特征。现有研究提出了流的单分形分析方法以测度流的空间填充度，并利用分形维数表征城市职住空间结构的特征。然而，若对城市职住空间结构演化特征的研究聚焦于不同年份渐变的城市职住空间结构的空间异质性特征，则当前的单分形分析将无能为力。本报告发展了流数据的多重分形分析以研究城市职住空间结构的演化特征，并通过比较不同年份的城市通勤流的空间填充度和空间异质性，刻画城市空间中通勤流分布的全局与局部结构特征，实现不同年份城市职住空间结构特征的定量比较，进而刻画城市职住空间结构的演化规律。

（一）分形维数的计算

计算分形维数常见的方法是盒计数法，计算公式为：

$$dim_{box} = \lim_{r \to 0} \frac{\ln N(r)}{\ln r}$$

其中 dim_{box} 是分形维数，r 是盒子边长，$N(r)$ 是覆盖空间的盒子数量（非空盒子），图 1 表示的是盒计数法的计算过程，在不断缩小盒子半径 r 的同时计算对应的非空盒子 $N(r)$ 数量，最终通过回归 $N(r)$ 和 r 的对数—对数图来计算 dim_{box}

（二）多重分形的计算

将单分形推广到多重分形，可以对事物的复杂性和不均匀性进行更细致的刻画。一般来说空间分布具有幂律关系的事物才具有多重分形的特征，对于分形维数来说，q 为负值时反映的是事物稀疏密度区域的特征，越小越明显，q 为正值时反映的是事物稠密密度区域的特征，通过计算正负 q 值的差值 ΔD_q 就可以得到事物填充的不均匀的特征（见图 2）。

（三）四维分形维数计算

以往城市交通通勤流分析往往只关注流之间的关联程度，而忽视了通勤流在城市空间上分布的特征，比如流的空间填充度、填充的不均匀度等几何

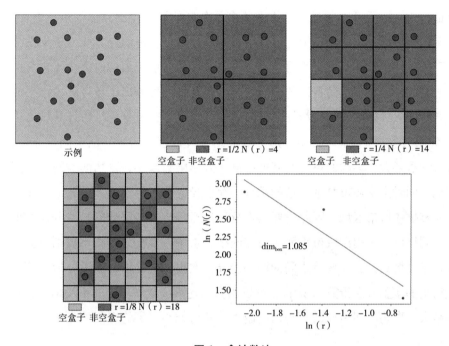

图1　盒计数法

资料来源：作者自绘。

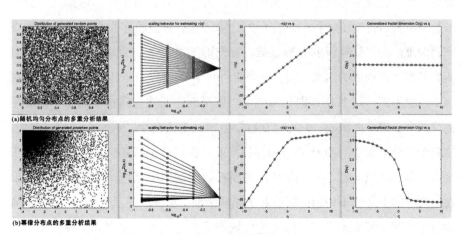

图2　多重分形

资料来源：作者自绘。

特征，这些特征可以通过分形维数和多重分形的计算得出具体的量化表征，基于这些特征，有助于定量了解城市通勤流的特征，进而进一步分析突发公共卫生事件背景下的城市交通韧性。有关城市的分形维数的研究主要包含两个方面，一是城市几何特征的分形研究，主要是通过分形维数计算城市平面形态特征。二是城市结构特征的分形研究，主要是通过分形维数计算城市道路等网络的结构特征。其中分形维数的结果可以理解为事物的空间填充度，分形维数越大，事物的空间填充度越高，分形维数越小，事物的空间填充度越低。同时由于城市是个复杂的系统，存在异质分形的性质，单分形可能难以完整描述城市区域，因此需要多重分形进行分析。多重分形是单分形的推广，同样可以应用在城市平面形态和网络分析中。多重分形将不规则数据转换为紧凑形式并放大变量之间的微小差异，本报告中提出的多重分形计算方式得出的多重分形指数（ΔD_q），可以用来描述事物空间填充的不均匀度，其值越大，事物空间填充的不均匀度越大，其值越小，事物空间填充的不均匀度越小。

通勤流是具有起点和终点的线段，具有包含起始点坐标的四维信息，一般的二维、三维分形计算方法无法计算其分形维数，为了计算通勤流的分形维数，本报告提出了一种四维分形的计算方法，并且将多重分形的计算也推广到四维。为了计算流的分形维数，首先引入了流空间的概念，流空间是以流为基本要素构成的四维空间，每个流由一个 O 点和 D 点组成，每个 O 点在一个二维平面，每个 D 点则在另一个二维平面，而流空间这个四维平面就是由这两个二维平面组成，它可以在数学上定义为这两个二维平面的笛卡尔积，这两个二维平面是 O 点和 D 点所在的平面，我们分别将其表示为 O 平面和 D 平面。需要注意的是，O 平面和 D 平面在数学逻辑上是两个不同的平面，但在地理空间上是位于相同位置的两个相同平面。如图 3 所示，假设（a）是流的分布，其中箭头表示流，深灰色区域表示流分布的地理空间。根据每个流的 O 点和 D 点所在的单元分别在 O 平面和 D 平面上用不同形状符号标注其位置，每个流的 O 点和 D 点的位置将如图 3（b）和（c）所示。

流的多重分形计算结果是在四维分形维数的基础上计算对应的正负 q 对

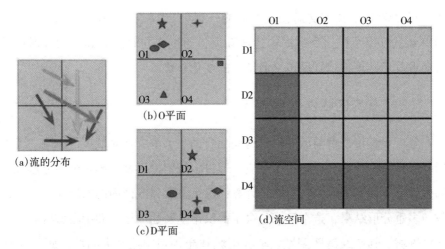

(a)流的分布

(b)O平面

(c)D平面

(d)流空间

图3　流空间图解

资料来源：作者自绘。

应的D_q值，计算两者之差得出最终结果。基于分形维数与多重分形的计算原理，不难推导出如果流的分布更加集中，分形维数的值会更小，多重分形的值会更大。理由如下，对于分形维数，如果流的分布更加集中，则会存在更多相对的空白盒子，即当盒子的尺度由大变小时，这些空间将由非空盒子变为空盒子，非空盒子数量减少，从而使得分形维数结果减小，因此流的分形维数可以表征流分布的空间填充度。对于流的多重分形，如果流的分布更加集中，则流在q为正值时，代表空间填充稠密特征的D_q值会越小；流在q为负值时，因为空白盒子更加多，代表空间填充稀疏特征的D_q值则会越大，两者之差则会更大，即多重分形的结果越大。

三　突发公共卫生事件背景下城市交通韧性实证研究

武汉市由长江、汉江划分形成"武汉三镇"，在此基础之上又形成各自区域内的功能组团。武汉市的城市结构呈现典型的"多中心"特征，而且随着时间的推移，这种"多中心"特征仍在持续加强。在突发公共卫生事件的背景下，武汉市多中心的城市交通结构是否具有较强的韧性呢？为了具

体分析疫情对于城市交通韧性的影响，利用 2018 年、2019 年、2021 年与 2022 年武汉市手机信令数据构建通勤流，通过不同时期通勤流的分形维数与多重分形结果来识别城市交通结构的变化趋势。

（一）研究区域

分析武汉市疫情前后城市结构变化有助于了解疫情对城市的影响。考虑到分形维数的计算会存在边际效应，即过多的留白区域会影响最终分形维数和多重分形计算的结果，所以只计算武汉市主要建成区内的通勤流的分形维数与多重分形结果，这个区域包含了武汉市主要建成区，即中心城区和长江新区副城、临空经济区副城、车谷副城和光谷副城这几大副城，面积 3186 平方公里的矩形区域（见图 4）。

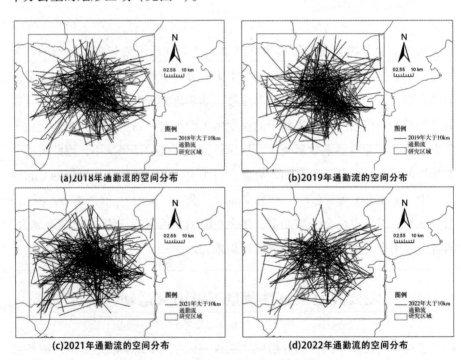

图 4　武汉市四年的通勤流的空间分布

注：武汉市研究区域内所包含的流数量巨大，为了使流的空间分布可视化更加简洁明了，这里抽取研究数据的千分之一的流进行可视化，并且只可视化长度大于 10km 的通勤流。

资料来源：作者自绘。

（二）研究数据

本报告的研究数据来自中国联通公司的手机信令数据，手机信令数据可以记录实时的位置信息，可以准确反映居民出行的行为活动。研究使用的手机信令数据是武汉市 2018 年、2019 年、2021 年、2022 年这 4 年中每年 6 月数据，根据以下规则识别居民的工作地和居住地来构建通勤流。取晚 9 点到第二天早上 8 点停留时间最长的位置作为居住地；取工作日上午 9 点到下午 5 点停留时间最长且不是居住的位置为工作地；最终提取的结果为 2018 年 6 月得到约 120.32 万条通勤流、2019 年 6 月得到约 129.42 万条通勤流、2021 年 6 月得到约 122.54 万条通勤流、2022 年 6 月得到约 160.89 万条通勤流。武汉市每年 6 月的通勤流在空间上的分布如图 4 所示，由于城市产生的通勤流的数量过多，基于基础的可视化方法难以判断城市结构的变化。

（三）结果和讨论

如图 5 所示，对于这 4 年的通勤流的分形维数与多重分形计算结果，当非空盒子数量的对数与其边长的对数呈良好的拟合关系时，n 为 7，说明城市的通勤流具有分形的特征；同时 $\tau(q)$ 和 q 之间存在非线性关系，说明城市的通勤流也具有多重分形的特征。当 q=0 时，D_q 的值为一般意义上分形维数的结果。需要注意的是，城市的形态是不规则的，通勤流的分布同样不是规则的，在划定的研究区域内的通勤流的分布存在空白区域，会使得 q 小于 0 时 D_q 的计算出现误差，最终多重分形的计算方式为 $D_{10} - D_0$。每年的分形维数与多重分形的计算结果如表 1 所示。

表 1　四年的分形维数和多重分形计算结果

年份	n	D_0	ΔD_q
2018	7	3.17731	1.1746
2019	7	3.17681	1.1206
2021	7	3.17986	1.1722
2022	7	3.05655	1.5250

资料来源：作者计算。

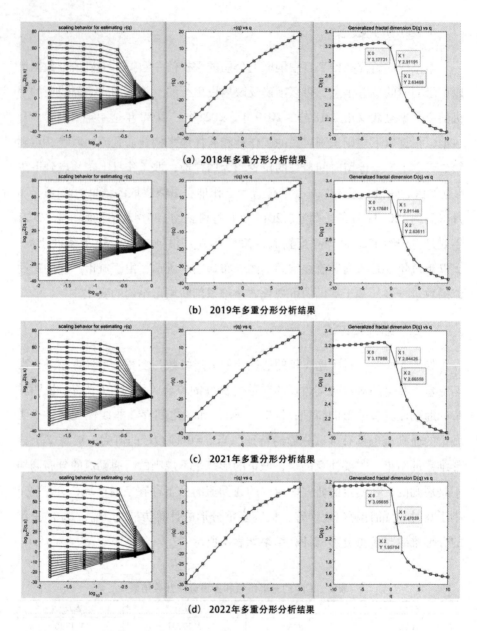

（a）2018年多重分形分析结果

（b）2019年多重分形分析结果

（c）2021年多重分形分析结果

（d）2022年多重分形分析结果

图5 四年的多重分形分析结果

资料来源：作者自绘。

1. **突发公共卫生事件前城市交通通勤流趋势分析**

2018 年和 2019 年是武汉市出现疫情前的年份，分析这两年城市分形维数与多重分形结果的变化有助于了解常态城市结构的变化。如表 1 所示，2018 年武汉市通勤流的分形维数为 3.17731，2019 年武汉市通勤流的分形维数为 3.17681，2018 年到 2019 年的分形维数略微减小，意味着武汉市的通勤流可能距离变短或者结构的多中心性增强。2018 年武汉市的 ΔD_q 为 1.1746，2019 年的 ΔD_q 为 1.1206，2018 年到 2019 年 ΔD_q 略微减小，意味着武汉市的通勤流结构多中心性增强。

为了验证和进一步分析常态下武汉市的空间结构的变化，对武汉市的通勤流的距离进行分析，计算可得武汉市 2018 年平均通勤距离为 8.229km，2019 年平均通勤距离为 7.566km，平均通勤距离变短，这一事实符合前文提到的分形维数变小导致通勤流距离变短的推测，但是与 ΔD_q 变小导致通勤流距离变长的推测不一致，那么就可以判断出是通勤流的结构多中心增强而导致 ΔD_q 变小，即疫情前武汉市的城市结构多中心性是在增强。

2. **突发公共卫生事件冲击后城市交通通勤流影响分析**

2019 年是武汉市出现疫情前的年份，2021 年是武汉市出现疫情后的年份，分析这两年的分析维数与多重分形结果有助于了解疫情对于城市结构变化的影响，2021 年的分形维数为 3.17986，相比于 2019 年的分形维数略微增大，意味着武汉市的通勤流可能距离变长或者结构多中心性减弱。2021 年的 ΔD_q 为 1.1722，相比于 2019 年的 ΔD_q 略微增大，意味着武汉市的通勤流结构多中心性减弱。

为了验证和进一步分析疫情对武汉市的空间结构变化影响，对武汉市的通勤流的距离进行了分析，计算可得武汉市 2019 年平均通勤距离为 7.566km，2021 年平均通勤距离为 8.196km，平均通勤距离变长，这一事实符合之前提到分形维数增大导致城市的通勤流距离变长的推测，但是与 ΔD_q 变大导致通勤流距离变短的推测不一致，那么就可以判断出是通勤流的结构多中心减弱而导致 ΔD_q 变大，即疫情使得武汉市的城市结构多中心性减弱。疫情后城市

结构变化的趋势与疫情前相反，其中的原因可能是疫情造成的，可以从以下两个方面来分析疫情对城市结构的影响。首先是疫情对于城市人口的影响，疫情前2018~2019年的手机信令数据的数量稳定增长，而疫情后2021年的手机信令数据数量有所下降，说明疫情使得人们不再愿意去往大城市工作或者是受疫情期间的交通管制措施所限，这一现象也符合之前研究提到的大城市吸引力减弱的现象。大城市的人口数量下降，而大城市新兴的就业次中心没有足够的人口支持可能消亡，从而使得城市结构的多中心性减弱。其次，在经济方面，由于疫情，就业形势受到严峻的挑战，大量企业停产，但是又不得不给员工发放基本工资，持续亏损，从而破产，大量人员失业，同时城市街道中的个体商铺也由于疫情下政策的封锁和居民消费力的下降而生意惨淡，在房租与生活的压力下关门倒闭，私营店主也成为失业人员中的一员，这现象符合武汉市第三产业就业产值和私营个体经济就业产值下降的特征。企业与个体商铺的倒闭使得城市就业中心减少，从而导致城市结构的多中心性减弱。

2021年与2022年都是疫情出现后的年份，分析这两年的通勤流的分形维数与多重分形结果有助于了解疫情后城市结构变化，2022年的通勤流的分形维数为3.05655，相比于2021年的分形维数略微减小，意味着武汉市的通勤流可能距离变短或者结构的多中心性增强。为了进一步分析疫情后武汉市的空间结构的变化，对武汉市的通勤流的距离进行了分析，计算可得武汉市2022年平均通勤距离为3.761km，2021年平均通勤距离为8.196km，武汉市平均通勤距离变短，这一事实符合前文中分形维数变小和ΔD_q变大的结果。疫情后，居民的通勤行为变得以短距离出行为主，那么城市结构的多中心性应该增强，可以从以下两个方面来理解。首先是从新就业模式来看，疫情对于传统产业的就业产生了巨大的冲击，但是随着以互联网为代表的信息技术的普及，以平台就业为代表的新就业模式在疫情下得到发展。所谓新就业模式，是指依托于信息网络技术，伴随着数字经济平台而产生的新的工作组织形式，由该工作组织形式衍生出来的一种普遍性的灵活式、分散式就业模式。在这种模式下就业的工作者可以选择在家中远程办公，不需要进行长距离通勤前往公司所在地，从而使得城市整体的通勤流平均距离大大缩短，城市郊区的地价与租金远低于中心城区，在新就业模式下居民更愿意选择在城市郊区居住，并形成新的就业次中心，使得城市结构的多中心性增强。其次，随着疫情的影响减弱，政府放宽了防疫政策并对中小企业与个体商铺进行了扶持，例如发放消费券等，城市原来次中心的个体商铺与企业得以重新营业，为附近的居民提供了一定的就业机会，居民不需要去城市更远的地方寻找就业机会，从而使得城市内的平均通勤距离变短，同时城市结构的多中心性增强。

3. 结果检验

为了验证分形维数与多重分形的结果对于城市通勤流结构的分析结论是否准确，利用武汉市这四年的就业地分布的核密度图来验证前文中城市职住空间的变化趋势，如图6所示。

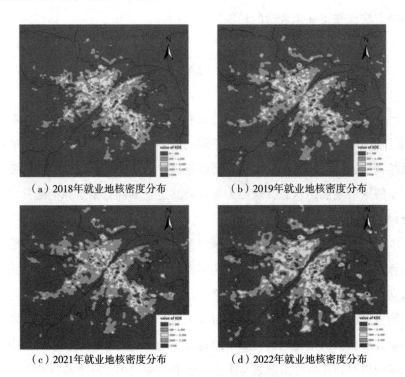

（a）2018年就业地核密度分布 （b）2019年就业地核密度分布

（c）2021年就业地核密度分布 （d）2022年就业地核密度分布

图 6　武汉市四年的就业地核密度分布

资料来源：作者自绘。

基于图6（a）和图6（b），对于疫情前城市结构的变化，从2018年到2019年，武汉市就业结构的多中心性增强，主要体现在城市郊区的就业次中心兴起，疫情前城市结构的变化与之前的结论一致。基于图6（b）和图6（c），疫情对城市结构的影响，从2019年到2021年，武汉市就业结构的变化不是很明显，这一点体现了传统方法上的局限性。基于图6（c）和图6（d），从2021年到2022年，武汉市就业结构的多中心性增强，同样主要体现在城市郊区的就业次中心兴起，疫情后城市结构变化的趋势与之前的结论一致。基于图6（b）和图6（d），疫情前与疫情后对比，城市就业结构的多中心增强，同样与之前的结论一致。总的来说，基于就业地分布的核密度分析的结果与基于分形维数和多重分形的计算结果在识别空间结构上的结论基本一致，并且分形维数与多重分形的计算结果更加精细与科学，能够避免传统方法依靠可视化表达的局限性。

四　结论

城市通勤流的分形维数与多重分形的计算结果分别代表着通勤流在城市空间的填充度与填充的不均匀度，不同的值一定程度上可以对应不同的城市交通结构，通过分析其值的变化，可以帮助我们认知城市交通结构的变化趋势，了解城市发展的状态，从而为突发公共卫生事件背景下如何提升城市交通结构韧性提供针对性的建议。

本报告在研究方法上的主要贡献如下，第一，在基于流空间的四维分形的计算方法上，进一步提出了四维的多重分形的计算方法，通过该方法反映城市交通通勤流的填充不均匀度。第二，证明了不同类型的城市结构与其通勤流的分形维数与多重分形的结果对应关系，并分析了城市通勤流分形维数与多重分形结果的变化趋势与城市结构变化趋势的关系，城市结构多中心性增强则城市通勤流的分形维数与多重分形的结果变小，城市结构的多中心性减弱则城市通勤流的分形维数与多重分形的结果变大。第三，利用分形维数与多重分形的计算结果分析了疫情对于城市结构变化的影响。以武汉市为例分析了不同时期大城市结构变化趋势的变化，研究结果表明，大城市趋向于多中心化发展，疫情的出现在初期会使得城市的多中心性减弱，但是疫情后城市终究还是将变得更加多中心。

在面对突发公共卫生事件时，大量的关键工作岗位集中在城市的核心就业区域，城市公共交通设施与城市交通线路应当优先保障各个居住地与核心就业区域的连通性；随着公共卫生事件的演化，城市及其交通系统开始适应公共卫生事件带来的巨大冲击，一般就业地的交通流开始复苏，城市的通勤流逐渐呈现多中心态势，在此阶段应该逐步实现短距离就近通勤的交通保障；从长远看，在未来规划时应该考虑如何让多中心城市发展得更加可持续，实现职住平衡目标，以此加强城市的交通韧性来应对各种突发情况。

参考文献

嵇涛、姚炎宏、黄鲜等：《城市交通韧性研究进展及未来发展趋势》，《地理科学进展》2023 年第 5 期。

马书红、武亚俊、陈西芳：《城市群多模式交通网络结构韧性分析——以关中平原城市群为例》，《清华大学学报》（自然科学版）2022 年第 7 期。

仇保兴：《构建韧性城市交通五准则》，《城市发展研究》2017 年第 11 期。

卓健：《城乡交通与市政基础设施》，《城市规划学刊》2022 年第 4 期。

Cai J, Huang B, Song Y, "Using Multi - source Geospatial Big Data to Identify the Structure of Polycentric Cities", *Remote Sensing of Environment*, 202 (2017): pp. 210-221.

Champion A, "A Changing Demographic Regime and Evolving Polycentric Urban Regions: Consequences for the Size, Composition and Distribution of City Populations", *Urban Studies*, 38 (2001): pp. 657-677.

Chen C, Bian L, Ma J, "From Traces to Trajectories: How Well Can We Guess Activity Locations from Mobile Phone Traces?", *Transportation Research Part C: Emerging Technologies*, 46 (2014): pp. 326-337.

Florida R, Rodríguez - Pose A, Storper M, "Critical Commentary: Cities in a Post - COVID World", *Urban Studies*, 8 (2023): pp. 1509-1531.

Herold M, Scepan J, Clarke K, "The Use of Remote Sensing and Landscape Metrics to Describe Structures and Changes in Urban Land Uses", *Environment and Planning A*, 34

(2002): pp. 1443–1458.

Jiang X, Wei W, Wang S, et al., "Effects of COVID–19 on Urban Population Flow in China", *International Journal of Environmental Research and Public Health*, 18（2021）: pp. 1617.

Kim Y–L, Jun B, "Inside Out: Human Mobility Big Data Show How COVID–19 Changed the Urban Network Structure in the Seoul Metropolitan Area", *Cambridge Journal of Regions, Economy and Society*, 3（2022）: pp. 537–550.

Liu X, Gong L, Gong Y, Liu Y, "Revealing Travel Patterns and City Structure with Taxi Trip Data", *Journal of Transport Geography*, 43（2015）: pp. 78–90.

Louail T, Lenormand M, Cantú-Ros OG, et al., "From Mobile Phone Data to the Spatial Structure of Cities", *Scientific Reports*, 1（2015）: pp. 5276.

Lu D, Xiao W, Xu G, et al., "Spatiotemporal Patterns and Influencing Factors of Human Migration Networks in China During COVID–19", *Geography and Sustainability*, 4（2021）: pp. 264–274.

Mouratidis K, Papagiannakis A, "COVID – 19, Internet, and Mobility: The Rise of Telework, Telehealth, E – learning, and E – shopping", *Sustainable Cities and Society*, 74（2021）: pp. 103182: 1–11.

Nicola M, Alsafi Z, Sohrabi C, et al., "The Socio – economic Implications of the Coronavirus Pandemic（COVID – 19）: A Review", *International Journal of Surgery*, 78（2020）: pp. 185–193.

Small K, Song S, "Population and Employment Densities – Structure and Change", *Journal of Urban Economics*, 36（1994）: pp. 292–313.

Xu X, Min X, "Quantifying Spatiotemporal Patterns of Urban Expansion in China Using Remote Sensing Data", *Cities*, 35（2013）: pp. 104–113.

Yu L, Yu T, Wu Y, et al., "Rethinking the Identification of Urban Centers from the Perspective of Function Distribution: A Framework Based on Point – of – Interest Data", *Sustainability*, 4（2020）: pp. 1543.

B.14
城市基础设施韧性评价及障碍因子识别

喻忠磊　孙　畅　侯晓静　庄立*

摘　要： 城市基础设施是城市正常运行的生命线和物质基础，准确评价城市基础设施韧性水平并识别其障碍因子，对于建设韧性城市具有重要意义。本报告从灾前预防能力、灾害抵御能力和灾后恢复能力三个维度构建城市基础设施韧性评价指标体系，采用CRITIC法确定指标权重，并基于障碍度模型识别主要障碍因子。研究表明，中国城市基础设施韧性水平总体不高，不同省份的城市基础设施韧性水平结构差异显著；影响城市基础设施韧性的主要障碍因子包括建筑业企业能力表征的基础设施恢复工程施工建设能力、能源供应能力和供电能力。应推动韧性理念在城市规划—建设—治理全过程中的应用，摸清城市基础设施现状，统筹资金、人力、技术等资源投入，增强城市基础设施系统稳健性和冗余度，积极推进城市基础设施的布局优化，不断提升基础设施系统的智慧化水平。

关键词： 城市基础设施　韧性　障碍度模型　CRITIC

---

* 喻忠磊，河南大学黄河文明与可持续发展研究中心讲师，硕士生导师，理学博士，研究方向为人口地理与城乡发展、国土开发与土地利用、社会—生态系统适应性演化与可持续发展等；孙畅，河南大学黄河文明与可持续发展研究中心硕士研究生，研究方向为人口地理与城乡发展；侯晓静，河南大学黄河文明与可持续发展研究中心硕士研究生，研究方向为社会—生态系统适应性演化与可持续发展；庄立（通讯作者），中国社会科学院生态文明研究所副研究员，理学博士，研究方向为城市与区域发展。

一 引言

城市已经成为人类聚居生活的主要场所。截至 2022 年底，中国的城镇常住人口规模已达 92071 万人，城镇化率达65.2%①。水、电、气和交通等基础设施是城市安全运行和可持续发展的物质基础，但极容易受到气象灾害等各种突发事件冲击。在全球气候变化背景下，地震、暴雨、台风等各类自然灾害和突发事件成为影响城市安全和可持续发展的重要因素，例如，2012 年美国桑迪飓风、2012 年北京"7·21"特大暴雨、2015 年天津滨海新区爆炸事故、2021 年郑州"7·20"特大暴雨等。这些灾害及突发事件给人民群众生命财产安全造成重大损失的同时，也对城市安全和可持续发展产生重大影响。城市韧性包括技术韧性、社会韧性、组织韧性和经济韧性等方面，其中技术韧性是指城市基础设施对灾难的应对和恢复能力，城市基础设施也成为韧性城市建设重点关注的关键领域。因此，加强对城市基础设施韧性的科学认识、评价城市基础设施韧性水平、识别其障碍因素是提升城市韧性的关键一环，具有重要意义。

常见的城市基础设施韧性评估方法可分为三类。一是基于基础设施系统机能曲线的韧性评估方法。这种方法以灾害发生时基础设施机能反应过程的曲线模型（见图 1）作为基础，通过计算受灾后机能曲线与时间轴所围合的面积与正常情况下机能曲线与时间轴围合面积的比值来衡量韧性。二是基于网络视角的基础设施韧性测算方法。考虑到基础设施（尤其是水、电、燃气、通信、交通等）的网络特征，也有学者从网络流理论出发理解韧性，强调网络在应对灾害事件过程中表现出的抵御、吸收与恢复的综合能力，以关键基础设施提供的产品或服务的数量作为其性能水平的度

---

① 国家统计局：《中华人民共和国 2022 年国民经济和社会发展统计公报》，2023，http://www.stats.gov.cn/sj/zxfb/202302/t20230228_1919011.html。

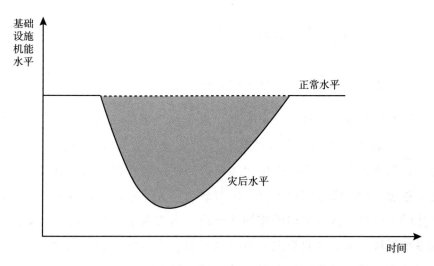

图 1　基础设施系统机能曲线

资料来源：作者自绘。

量指标，利用性能水平的变化曲线来度量基础设施网络的韧性。三是多指标集成的综合评价方法。这类方法通常以城市构成要素为核心来构建表征城市韧性的指标体系，或者以不同阶段韧性能力特征为核心来构建包含抵御能力、恢复能力、适应能力的指标体系，并采用主客观赋权方法进行综合评价。这三种评估路径中，前两种重视基础设施系统自身的物理功能属性，往往需要通过工程试验来获取精确参数，适合对重点基础设施系统进行精细的科学测算，常用于测评城市基础设施的物理韧性和结构韧性，而缺乏对社会韧性的考虑。城市基础设施韧性不只是物理工程建设，而是涵盖工程建设及社会治理等多要素的综合过程，因此多指标综合评价方法更适用于城市基础设施系统韧性的综合性、系统性诊断分析。鉴于此，本报告采用多指标综合评价模型，对中国城市基础设施韧性进行测度，分析其现状特征，并识别韧性的主要障碍因子，从而为进一步推动中国的韧性城市建设提供参考。

二 城市基础设施韧性评价指标体系与方法

（一）城市基础设施韧性评价指标体系

随着气候变化风险加剧和各类"黑天鹅"事件频发，国土空间治理理念正逐渐从传统的"安全防灾"向"主动适应"和"韧性建设"转型。在此背景下，从动态视角加强城市韧性治理已成为提升城市韧性的主流思想，对城市基础设施韧性的考察也应关注不确定性事件或者扰动发生的全过程。城市基础设施韧性可理解为灾害事件发生时城市基础设施系统抵御灾害、吸收损失并及时恢复至正常运行状态的能力。城市基础设施韧性的评价研究应包括目标设定、风险分析、关键点和薄弱点识别、提出针对性措施、措施效能核定等部分，进而不断提高基础设施系统的稳健性、恢复力和适应力。本报告参考已有研究成果，从灾前预防能力、灾害抵御能力和灾后恢复能力 3 个维度出发，建立了包括 3 个目标层因子、8 个准则层变量以及 26 个具体指标的城市基础设施韧性评价指标体系，并采用 CRITIC（CRiteria Importance Through Intercriteria Correlation）权重法计算各指标的权重系数，如表 1 所示。城市基础设施包括能源供给、给排水、道路交通、环境卫生、通信等，限于数据可得性，本报告的指标体系暂未考虑通信基础设施系统。此外，由于城市尺度的数据不完整，本报告仅在省域层面（不包括港澳台地区）进行测算分析。

表 1　城市基础设施韧性评价指标体系

总目标	目标层	准则层变量（权重）	指标层因子(单位)	指标性质	权重
城市基础设施韧性	灾前预防能力	资金投入（0.1492）	电力、燃气及水的生产和供应业固定资产投资占比(%)	正向指标	0.0530

总目标	目标层	准则层变量（权重）	指标层因子（单位）	指标性质	权重
城市基础设施韧性	灾前预防能力	资金投入（0.1492）	交通运输仓储和邮政业固定资产投资占比（%）	正向指标	0.0447
			水利、环境和公共设施管理业固定资产投资占比（%）	正向指标	0.0515
		观测预警（0.0909）	地震台数密度（个/万公里^2）	正向指标	0.0327
			地面观测业务站点密度（个/万公里^2）	正向指标	0.0270
			天气雷达观测业务站点密度（个/万公里^2）	正向指标	0.0312
	灾害抵御能力	能源供应能力（0.1539）	天然气供应能力（米^3/人）	正向指标	0.0327
			供电能力（万千瓦时/人）	正向指标	0.0521
			备用燃煤发电机组装机容量（兆瓦/万人）	正向指标	0.0399
			用户平均停电时间（小时/户）	负向指标	0.0292
		给水排水处置能力（0.1144）	供水综合生产能力（万米^3/日）	正向指标	0.0380
			城市污水日处理能力（米^3/人）	正向指标	0.0426
			城市排水管道长度水平（公里/万人）	正向指标	0.0338
		交通运转能力（0.1102）	公路密度（公里/万人）	正向指标	0.0424
			铁路货物周转能力（万吨·公里/公里^2）	正向指标	0.0391
			公路货物周转能力（万吨·公里/万人）	正向指标	0.0287
	灾后恢复能力	科研投入（0.0670）	R&D人员全时当量水平（人·年/万人）	正向指标	0.0311
			R&D项目数量水平（项/万人）	正向指标	0.0359
		建筑业企业能力（0.1895）	建筑业企业单位数量水平（个/万人）	正向指标	0.0382

续表

总目标	目标层	准则层变量 （权重）	指标层因子（单位）	指标性质	权重
城市基础 设施韧性	灾后 恢复能力	建筑业企业 能力（0.1895）	建筑业企业从业人员数量水 平（人/万人）	正向指标	0.0433
			勘察设计机构单位数量水平 （个/千人）	正向指标	0.0379
			建设工程监理企业单位数量 水平（个/百人）	正向指标	0.0350
			企业自有施工机械设备数量 水平（台/万人）	正向指标	0.0351
		资金及人员 配备（0.1249）	地方财政税收收入水平 （元/人）	正向指标	0.0313
			水利、环境和公共设施管理 业就业人员水平（人/万人）	正向指标	0.0395
			电力、热力、燃气及水生产和供 应业就业人员水平（人/万人）	正向指标	0.0541

资料来源：作者整理。

（二）资料来源

本报告数据主要来源于《中国统计年鉴（2022）》《中国城乡建设统计年鉴（2021）》《中国城市建设统计年鉴（2021）》《中国科技统计年鉴（2022）》《中国基本单位统计年鉴（2022）》《中国建筑业统计年鉴（2022）》《中国税务年鉴（2022）》《中国劳动统计年鉴（2022）》。备用燃煤发电机组装机容量和用户平均停电时间来源于《2021年全国电力可靠性年度报告》。

（三）城市基础设施韧性评价方法

1. 数据标准化

对城市基础设施韧性进行综合评价，首先需对指标数据进行去量纲的标准化处理。在综合评价中，正向指标与负向指标对评价结果具有不同作用，需区别对待。假设共有 n 个评价对象, m 个评价指标; i 代表评价对象, j 代表评价指标, $i=1$, 2, …, n; $j=1$, 2, …, m; X_{ij} 表示第 i 个评价对象的第 j 个指标值。

对正向指标处理为:

$$S_{ij} = \frac{X_{ij} - \text{Min}(X_j)}{\text{Max}(X_j) - \text{Min}(X_j)} \tag{1}$$

对负向指标处理为:

$$S_{ij} = \frac{\text{Max}(X_j) - X_{ij}}{\text{Max}(X_j) - \text{Min}(X_j)} \tag{2}$$

其中, S_{ij} 表示 X_{ij} 经过无量纲化处理后的标准化值, $S_{ij} \in [0, 1]$, S_{ij} 越趋于 0 对韧性值贡献越小, S_{ij} 越趋于 1 对韧性值贡献越大。

2. 指标权重的确定

确定指标权重有主观赋权和客观赋权两类方法。主观赋权法随意性较大, 与客观赋权法相比科学性较差。在众多客观赋权法中, CRITIC 权重法基于指标间的变异性和冲突性来确定指标的权重, 除了考虑指标自身在不同样本间的变异性外, 还考虑了各指标间的关系, 包含了更多的信息, 结论更为真实可信。因此, 本报告采用 CRITIC 权重法确定城市基础设施韧性评价指标体系的权重系数。计算步骤如下:

(1) 第 j 个指标与其他指标的冲突性 T_j 和包含的信息量 C_j 分别表示为:

$$T_j = \sum_{i=1}^{m} (1 - \gamma_{ij}) \tag{3}$$

$$C_j = \delta_j \sum_{i=1}^{m} (1 - \gamma_{ij}) \tag{4}$$

其中, γ_{ij} 为指标 i 和 j 之间的相关系数, δ_j 为第 j 个指标的标准差, m 为评价指标数量。 C_j 越大, 则该指标的重要性越大。

(2) 权重系数表示为:

$$W_j = \frac{C_j}{\sum_{j=1}^{m} C_j} \tag{5}$$

其中，W_j 为第 j 个指标的权重系数。

3. 多指标综合评价模型

在数据标准化和确定指标权重后，按照以下综合评价模型进行城市基础设施韧性评价：

$$R_i = \sum_{j=1}^{26} W_j \times S_{ij} \tag{6}$$

其中，R_i 表示 i 城市的基础设施系统韧性水平；W_j 表示第 j 项指标的权重；S_{ij} 表示 i 城市第 j 项指标的标准化值。在此基础上，进一步利用 ArcGIS 软件采用自然断裂点法将不同省份的城市基础设施韧性分为高、中、低三类。

（四）城市基础设施韧性障碍因子识别方法

本报告引入障碍度模型测算各指标因子对城市基础设施韧性的限制性作用，识别中国城市基础设施韧性的主要障碍因子。障碍度计算公式如下：

$$F_j = [(1 - Z_{ij}) \times W_j / \sum_{j=1}^{m} (1 - Z_{ij}) W_j] \times 100\% \tag{7}$$

$$V_j = \sum F_j \tag{8}$$

其中，F_j 为第 j 项指标的障碍度；W_j 为第 j 项指标权重；Z_{ij} 为第 i 项指标标准化值；m 为指标数量；V_j 表示各维度的障碍度。

三　中国城市基础设施韧性评价结果

（一）中国城市基础设施韧性的现状特征及结构差异

按照上述方法，分别计算出中国 31 个省份城市基础设施的灾前预防能力、灾害抵御能力、灾后恢复能力与总体韧性水平，结果如表 2 所示。总体来看，中国城市基础设施韧性总体水平不高，各省份城市基础设施韧性均值仅为 0.2787，中位数值仅为 0.2556，仅有 12 个省份（占 31 个省份的

38.7%）的城市基础设施韧性高于平均值；大部分省份处于中、低水平，仅北京、上海、江苏、天津韧性水平大于0.4，处于高韧性水平。从韧性等级来看，由高到低三个韧性等级的均值依次为0.4388、0.3047、0.2257，高韧性组的得分远高于低韧性组，韧性水平差异较大。从空间格局来看，城市基础设施韧性水平空间差异比较显著，总体上沿海地区韧性水平较高，西部及东北地区韧性水平较低。韧性水平较高的省份有4个，包括北京（0.4923）、上海（0.4398）、江苏（0.4160）和天津（0.4071）。韧性水平中等的省份有10个，主要包括浙江等东南沿海省份及湖北、安徽、山西、陕西、宁夏和西藏。韧性水平较低的省份有17个，主要分布在东北、西南和西北内陆地区。

表2　中国31个省份城市基础设施韧性水平及等级

省份	韧性	等级	省份	韧性	等级
北京	0.4923	高	内蒙古	0.2543	低
上海	0.4398		青海	0.2528	
江苏	0.4160		重庆	0.2460	
天津	0.4071		辽宁	0.2428	
浙江	0.3435	中	河北	0.2400	
宁夏	0.3416		吉林	0.2323	
广东	0.3281		四川	0.2287	
山东	0.3124		湖南	0.2245	
福建	0.3055		云南	0.2235	
西藏	0.2982		江西	0.2164	
湖北	0.2846		新疆	0.2065	
陕西	0.2837		甘肃	0.2021	
山西	0.2757		黑龙江	0.1912	
安徽	0.2738		广西	0.1859	
海南	0.2622	低	贵州	0.1714	
河南	0.2556				

资料来源：作者计算。

根据灾前预防能力、灾害抵御能力、灾后恢复能力的分级差异可进一步将城市基础设施韧性结构分为高水平均衡型、中水平均衡型、低水平均衡型和单一维度主导型四类（见表3）。其中，中水平均衡型省份有14个，占45.16%；低水平均衡型省份有8个，占25.81%；高水平均衡型省份有6个，占19.35%；单一维度主导型省份有3个，占9.68%。

表3 中国城市基础设施韧性的结构类型

类型		省份
高水平均衡型	高预防能力-高抵御能力-高恢复能力	北京、上海
	高预防能力-高抵御能力-中恢复能力	天津、宁夏
	中预防能力-高抵御能力-高恢复能力	江苏、浙江
中水平均衡型	中预防能力-低抵御能力-中恢复能力	云南
	中预防能力-中抵御能力-中恢复能力	山西、安徽、河南、海南、青海
	中预防能力-高抵御能力-中恢复能力	山东、广东
	中预防能力-中抵御能力-高恢复能力	福建
	中预防能力-中抵御能力-低恢复能力	辽宁
	低预防能力-中抵御能力-中恢复能力	内蒙古、吉林、湖北、四川
低水平均衡型	低预防能力-低抵御能力-低恢复能力	贵州
	中预防能力-低抵御能力-低恢复能力	黑龙江、广西
	低预防能力-低抵御能力-中恢复能力	江西、湖南、甘肃
	低预防能力-中抵御能力-低恢复能力	重庆、新疆
单一维度主导型	高预防能力-中抵御能力-低恢复能力	河北
	中预防能力-低抵御能力-高恢复能力	西藏
	低预防能力-中抵御能力-高恢复能力	陕西

资料来源：作者整理。

从空间格局来看，中国各省份的城市基础设施防灾减灾韧性结构差异显著。高水平均衡型主要分布在东部京津冀和长三角地区。其中，北京、上海不仅具有较高的总体韧性水平，而且属于高预防能力-高抵御能力-高恢复能力型，其韧性水平与社会经济发展和城市化水平吻合；天津的灾后恢复能力则滞后于灾前预防能力和灾害抵御能力；江苏、浙江属于中预防能力-高抵御能力-高恢复能力型，需要更加重视灾前预警、加大资金投入，提升灾前预防能力。中水平均衡型数量较多，分布范围较广。其预防能力、抵御能力和恢复能力整体处于中等水平，三种能力差异较小。其中，福建属于中预防能力-中抵御能力-高恢复能力型，需要进一步加强灾害发生前的资金投入，提升观测预警和灾害发生时的能源供应能力、给水排水处置能力、交通运转能力；山东、广东属于中预防能力-高抵御能力-中恢复能力型，需要进一步加强气象、洪涝、地质灾害监测预警，针对各类重点地区细化预案措施，提升灾害发生后的应对能力。低水平均衡型主要分布在中西部地区。该类型地区需要积累抵御灾害的经验，提高防灾减灾能力，增强必要的基础设施、资金、科技资源等要素支撑，有针对性地提升防灾减灾韧性。单一维度主导型的省份包括河北、西藏和陕西。该类地区应稳步提升相对落后的能力，补齐短板，通过加大投入、调动资源集中攻关，突破短板瓶颈制约，促进各方面均衡稳定发展，实现韧性水平质的提升。

（二）灾前预防能力

从灾前预防能力来看，上海、北京、天津、宁夏、河北得分较高，贵州得分较低（见表4）。上海、北京、天津、河北重视基础设施的建设和更新，在电力、燃气及水的生产和供应能力的提升方面投入了更多的资金，从而增强了应对灾害的能力。这些地区在水利、环境和公共设施管理业的投资也相对较高，水利设施的建设和维护有助于洪水、干旱和水污染等的防治。环境设施和公共设施的投资也能提高地区的应急服务能力，减轻灾害对环境的破坏和对公众生活的影响。此外，这些地区气象、地质、水文等观测站点的密度相对较高，能够提供更为全面的自然灾害监测数据，从而提供更准确、及时的灾害预警信息，有利于提前采取相应的预防措施。宁夏和西藏涵盖了高原、山地、草原、沙漠等多种地貌，面临的灾害种类繁多，政府投入了大量资金进行灾前预防和管理，并针对不同类型灾害建立了较为完善的观测和预警系统，其灾前预防能力也相对较强。

表4　中国31个省份城市基础设施灾前预防能力指数及等级

省份	资金投入	观测预警	灾前预防能力	等级
上海	0.0572	0.0751	0.1323	
北京	0.0349	0.0758	0.1106	
天津	0.0480	0.0578	0.1058	高
宁夏	0.0832	0.0107	0.0939	
河北	0.0782	0.0146	0.0928	
西藏	0.0846	0.0003	0.0849	
河南	0.0662	0.0129	0.0791	
福建	0.0562	0.0215	0.0777	
海南	0.0509	0.0265	0.0773	
广东	0.0553	0.0205	0.0758	
江苏	0.0557	0.0189	0.0747	
山东	0.0535	0.0207	0.0741	
浙江	0.0483	0.0253	0.0737	中
安徽	0.0575	0.0136	0.0711	
广西	0.0578	0.0118	0.0696	
青海	0.0680	0.0005	0.0685	
云南	0.0580	0.0098	0.0678	
黑龙江	0.0633	0.0044	0.0677	
辽宁	0.0562	0.0113	0.0675	
山西	0.0553	0.0107	0.0660	
四川	0.0575	0.0059	0.0634	
江西	0.0508	0.0123	0.0631	
吉林	0.0501	0.0102	0.0603	
内蒙古	0.0573	0.0016	0.0589	
重庆	0.0473	0.0116	0.0589	
湖北	0.0486	0.0099	0.0585	低
陕西	0.0449	0.0102	0.0550	
湖南	0.0441	0.0106	0.0547	
甘肃	0.0490	0.0049	0.0539	
新疆	0.0517	0.0009	0.0526	
贵州	0.0243	0.0110	0.0353	

资料来源：作者计算。

（三）灾害抵御能力

从灾害抵御能力来看，天津、北京、上海、江苏、广东、宁夏、浙江和山东得分较高，云南、广西、甘肃、黑龙江和西藏得分较低（见表5）。天津、北京等地具有较强的能源供应能力，这主要归功于其经济发达程度高、能源资源储备的丰富性和来源地的多样性及稳定性，能够确保能源系统在灾害发生时的稳定运行。这些地区同样具有更为庞大的供水网络和较为完善的排水系统，提供充足的饮用水和生活用水的同时，也能够有效降低洪涝等灾害对城市的影响。这些地区还拥有发达的交通运输系统，道路密度高，公共交通系统完善，并且通常有多个机场或港口，具备较强的货物运输周转能力，可以更快地运送救援人员、物资和设备，提供灾害救援所需的支持。

表5　各省份城市基础设施灾害抵御能力指数及等级

省份	能源供应能力	给水排水处置能力	交通运转能力	灾害抵御能力	等级
天津	0.0565	0.0756	0.0690	0.2011	高
北京	0.0620	0.0595	0.0677	0.1892	
上海	0.0485	0.0636	0.0698	0.1819	
江苏	0.0557	0.0786	0.0348	0.1691	
广东	0.0448	0.0952	0.0270	0.1670	
宁夏	0.1241	0.0180	0.0136	0.1558	
浙江	0.0522	0.0630	0.0292	0.1444	
山东	0.0487	0.0440	0.0503	0.1430	
湖北	0.0409	0.0515	0.0354	0.1278	中
辽宁	0.0387	0.0592	0.0250	0.1229	
重庆	0.0361	0.0387	0.0473	0.1220	
安徽	0.0438	0.0370	0.0408	0.1216	
内蒙古	0.1013	0.0151	0.0037	0.1202	
山西	0.0617	0.0135	0.0351	0.1103	
河南	0.0360	0.0193	0.0478	0.1031	
青海	0.0812	0.0203	0.0009	0.1024	

续表

省份	能源供应能力	给水排水处置能力	交通运转能力	灾害抵御能力	等级
陕西	0.0503	0.0250	0.0247	0.1000	
河北	0.0404	0.0067	0.0497	0.0969	
吉林	0.0335	0.0483	0.0130	0.0948	
福建	0.0480	0.0261	0.0194	0.0936	中
四川	0.0371	0.0371	0.0164	0.0906	
海南	0.0322	0.0354	0.0225	0.0900	
新疆	0.0747	0.0131	0.0013	0.0891	
湖南	0.0302	0.0310	0.0257	0.0869	
贵州	0.0461	0.0145	0.0244	0.0850	
江西	0.0341	0.0184	0.0293	0.0818	
云南	0.0413	0.0200	0.0149	0.0761	低
广西	0.0295	0.0243	0.0151	0.0689	
甘肃	0.0516	0.0074	0.0088	0.0677	
黑龙江	0.0330	0.0258	0.0071	0.0659	
西藏	0.0077	0.0237	0.0000	0.0314	

资料来源：作者计算。

（四）灾后恢复能力

从灾后恢复能力来看，北京、西藏、江苏、福建、陕西、上海、浙江得分较高，黑龙江、辽宁、贵州、河北和广西得分较低（见表6）。北京、江苏等地科研机构、高等院校更加密集，拥有更多的研究人员，在专业知识、研发能力和技术支持方面具备优势，能够投入更多的资源和人才研究灾后恢复的技术和方法。这些地区的建筑业企业通常具备较高的技术能力和经验，能够更快地组织和实施灾后恢复和提升工作。此外，北京、江苏等地经济发达，地方财政税收收入较高，能够提供更多的资金来支持灾后恢复和提升工作，且这些地区在基础设施建设和维护方面有更多的专业人员，能够更好地保障供应和维修灾后所需的基础设施。西藏具有独特的高原生态环境，科研机构和科研人员更加关注相关领域的研究，能够为灾后恢复和提升工作提供科学依据和解决方案，且由于自然灾害多发，企业、政府、居民等在应对和恢复方面也积累了丰富经验，有利于城市基础设施的灾后恢复和提升。

表6　各省份城市基础设施灾后恢复能力指数及等级

省份	科研投入	建筑业企业能力	资金及人员配备	灾后恢复能力	等级
北京	0.0527	0.0652	0.0746	0.1925	高
西藏	0.0014	0.1046	0.0759	0.1819	
江苏	0.0443	0.1132	0.0148	0.1723	
福建	0.0239	0.0914	0.0189	0.1342	
陕西	0.0148	0.0792	0.0345	0.1286	
上海	0.0317	0.0356	0.0584	0.1257	
浙江	0.0490	0.0606	0.0160	0.1256	
天津	0.0322	0.0382	0.0299	0.1003	中
山西	0.0061	0.0467	0.0466	0.0994	
湖北	0.0171	0.0621	0.0192	0.0983	
山东	0.0213	0.0520	0.0221	0.0954	
海南	0.0089	0.0294	0.0566	0.0949	
宁夏	0.0066	0.0329	0.0525	0.0920	
广东	0.0513	0.0192	0.0149	0.0854	
湖南	0.0171	0.0479	0.0179	0.0830	
青海	0.0009	0.0458	0.0351	0.0819	
安徽	0.0205	0.0506	0.0100	0.0811	
甘肃	0.0030	0.0291	0.0484	0.0805	
云南	0.0040	0.0494	0.0263	0.0797	
吉林	0.0084	0.0273	0.0415	0.0772	
内蒙古	0.0020	0.0183	0.0549	0.0752	
四川	0.0149	0.0374	0.0224	0.0747	
河南	0.0090	0.0415	0.0228	0.0733	
江西	0.0208	0.0361	0.0146	0.0715	

续表

省份	科研投入	建筑业企业能力	资金及人员配备	灾后恢复能力	等级
重庆	0.0188	0.0374	0.0089	0.0651	
新疆	0.0002	0.0130	0.0516	0.0648	
黑龙江	0.0056	0.0079	0.0441	0.0576	
辽宁	0.0097	0.0171	0.0257	0.0525	低
贵州	0.0053	0.0235	0.0222	0.0511	
河北	0.0069	0.0253	0.0182	0.0505	
广西	0.0037	0.0241	0.0195	0.0474	

资料来源：作者计算。

四　中国城市基础设施韧性障碍因子分析

（一）准则层障碍因子分析

根据前述障碍度公式计算中国城市基础设施韧性障碍因子，结果如表7所示。按照障碍度超过平均值12.5%的标准来识别准则层主要障碍因子，可以发现，不同省份城市基础设施韧性主要障碍因子各有不同，但几乎都涉及灾前预防能力、灾害抵御能力与灾后恢复能力三个维度。具体而言，城市基础设施韧性障碍因子出现频率最高的是建筑业企业能力，共30个省份，占比达96.77%；其后依次是能源供应能力（27个省份，占比达87.10%）、资金投入（19个省份，占比达61.29%）、资金及人员配备（18个省份，占比达58.06%）、给水排水处置能力和交通运转能力（10个省份，占比达32.26%）。换言之，建筑业企业能力表征的基础设施恢复工程建设能力和能源供应能力是制约中国城市基础设施韧性最重要的两个障碍因素。

表7 准则层因子对城市基础设施韧性的障碍度

单位：%

省份	灾前预防能力		灾害抵御能力			灾后恢复能力		
	资金投入	观测预警	能源供应能力	给水排水处置能力	交通运转能力	科研投入	建筑业企业能力	资金及人员配备
北京	**22.52**	2.98	**18.10**	10.82	8.37	2.82	**24.48**	9.91
天津	**17.07**	5.59	**16.43**	6.55	6.95	5.87	**25.53**	**16.02**
河北	9.34	10.04	**14.93**	**14.17**	7.96	7.90	**21.61**	**14.04**
山西	**12.96**	11.07	**12.73**	**13.93**	10.37	8.41	**19.71**	10.82
内蒙古	12.33	11.97	7.05	**13.31**	**14.28**	8.72	**22.95**	9.38
辽宁	12.29	10.52	**15.21**	7.29	11.25	7.57	**22.76**	**13.10**
吉林	**12.90**	10.51	**15.68**	8.61	**12.66**	7.63	**21.13**	10.86
黑龙江	10.62	10.69	**14.94**	10.95	**12.75**	7.60	**22.45**	10.00
上海	**16.43**	2.82	**18.81**	9.08	7.21	6.31	**27.47**	11.88
江苏	**16.01**	12.32	**16.82**	6.13	**12.91**	3.89	**13.06**	**18.86**
浙江	**15.37**	9.99	**15.50**	7.84	12.33	2.75	**19.64**	**16.60**
安徽	**12.63**	10.64	**15.16**	10.66	9.56	6.41	**19.13**	**15.82**
福建	**13.39**	9.99	**15.24**	**12.71**	**13.07**	6.20	**14.13**	**15.26**
江西	**12.55**	10.03	**15.29**	12.25	10.33	5.90	**19.58**	**14.07**
山东	**13.93**	10.22	**15.30**	10.24	8.72	6.65	**19.99**	**14.96**
河南	11.15	10.48	**15.84**	**12.77**	8.39	7.79	**19.89**	**13.71**
湖北	**14.06**	11.33	**15.80**	8.79	10.45	6.98	**17.81**	**14.78**
湖南	**13.56**	10.35	**15.95**	10.76	10.90	6.43	**18.26**	**13.80**
广东	**13.98**	10.48	**16.24**	2.85	12.39	2.33	**25.35**	**16.38**
广西	11.23	9.72	**15.28**	11.06	11.68	7.78	**20.31**	**12.94**
海南	**13.33**	8.73	**16.50**	10.71	11.89	7.88	**21.70**	9.26
重庆	**13.52**	10.52	**15.63**	10.04	8.35	6.39	**20.18**	**15.38**
四川	11.89	11.02	**15.14**	10.02	12.16	6.75	**19.72**	**13.29**
贵州	**15.08**	9.64	**13.01**	12.05	10.35	7.44	**20.03**	12.39
云南	11.74	10.45	**14.51**	12.16	12.28	8.12	**18.04**	**12.70**
西藏	9.21	**12.90**	**20.83**	**12.92**	**15.70**	9.35	12.10	6.99
陕西	**14.57**	11.27	**14.47**	12.47	11.94	7.28	**15.40**	**12.61**
甘肃	**12.56**	10.77	**12.83**	**13.41**	**12.71**	8.02	**20.11**	9.59
青海	10.87	12.10	9.73	**12.59**	**14.63**	8.84	**19.23**	12.01
宁夏	10.03	12.18	4.52	**14.64**	**14.68**	9.18	**23.79**	10.99
新疆	12.29	11.34	9.98	**12.76**	**13.72**	8.41	**22.24**	9.24

注：表中粗体数字表示主要障碍因子的障碍度。

资料来源：作者计算。

（二）指标层障碍因子分析

由于指标层因子较多，本报告将障碍度前5的指标视为主要障碍因子，各具体指标作为主要障碍因子出现的频次如图2所示。可以看出，出现次数最高的障碍因子依次为供电能力，电力、燃气及水的生产和供应业固定资产投资占比，电力、热力、燃气及水生产和供应业就业人员水平，铁路货物周转能力，水利、环境和公共设施管理业固定资产投资占比，建筑业企业从业人员数量水平，表明电力、能源和水资源的保障是城市基础设施韧性提升应关注的重点。

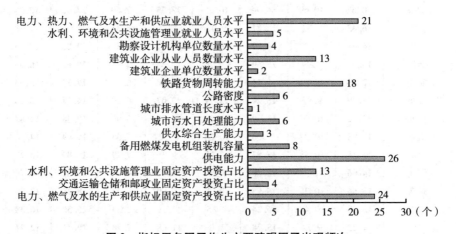

图2　指标层各因子作为主要障碍因子出现频次

注：地震台数密度等11项指标作为主要障碍因子出现频次为0，未在图中展示。

资料来源：作者自绘。

从灾前预防能力来看，主要障碍因子出现频率最高的是电力、燃气及水的生产和供应业固定资产投资占比（24个省份），其次是水利、环境和公共设施管理业固定资产投资占比（13个省份）。可见，应重视电力、燃气及水资源供给方面的灾前预防能力，增加电力、燃气及水的生产和供应业，水利、环境和公共设施管理业的资金投入。交通运输仓储和邮政业固定资产投资占比是主要障碍因子的区域包括内蒙古、云南、西藏、青海，而地震台数密度、地面观测业务站点密度和天气雷达观测业务站点密度的障碍度都较小，不构成主要障碍因子。

从灾害抵御能力来看，主要障碍因子出现频率最高的是供电能力（26个省份），其次是铁路货物周转能力（18个省份）。可见，应重视电力供应和铁路货物周转能力对增强城市基础设施灾害抵御能力的作用。供水综合生产能力是主要障碍因子的省份包括陕西、青海和宁夏，原因可能是这几个省份水资源相对紧缺，且工业结构以重工业为主。此外，城市排水管道长度水平仅在宁夏对城市基础设施韧性构成障碍因子，而天然气供应能力、用户平均停电时间和公路货物周转能力的障碍度都较小，不构成主要障碍因子。

从灾后恢复能力来看，主要障碍因子出现频率最高的是电力、热力、燃气及水生产和供应业就业人员水平（21个省份），其次是建筑业企业从业人员数量水平（13个省份）。可见，应重视电力、热力、燃气及水生产和供应业以及建筑业就业人员的保障能力，以提高城市基础设施的灾后恢复能力。建筑业企业单位数量水平是主要障碍因子的省市包括黑龙江和上海，而R&D人员全时当量水平、R&D项目数量水平、建设工程监理企业单位数量水平、企业自有施工机械设备数量水平和地方财政税收收入水平的障碍度都较小，不构成主要障碍因子。

五　主要结论及对策建议

（一）主要结论

第一，中国城市基础设施韧性总体水平不高。总的来看，沿海地区的城市基础设施韧性水平较高，而西部和东北地区的韧性水平较低。不同省份的城市基础设施韧性结构区域差异显著，高水平均衡型主要分布在东部京津冀和长三角地区；中水平均衡型数量较多，分布范围较广；低水平均衡型主要分布在中西部地区；而单一维度主导型则零散分布。

第二，从灾前预防能力来看，上海、北京、天津、宁夏、河北得分较高，贵州得分较低；从灾害抵御能力来看，天津、北京、上海、江苏、广东、宁夏、浙江和山东得分较高，云南、广西、甘肃、黑龙江和西藏得分较低；从灾后恢复能力来看，北京、西藏、江苏、福建、陕西、上海和浙江得分较高，黑龙江、辽宁、贵州、河北和广西得分较低。

第三，从准则层来看，城市基础设施韧性的主要障碍因子包括基础设施恢复工程施工建设能力和能源供应能力；从指标层看，供电能力是制约城市基础设施韧性的首要因素，其次为电力、燃气及水的生产和供应业固定资产投资占比和电力、热力、燃气及水生产和供应业就业人员水平。

（二）政策建议

一是将"韧性"理念贯穿于城市规划、城市建设和城市治理全过程。在城市面临不确定事件和风险的背景下，建设韧性城市是城市实现可持续发展的关键。基础设施是城市生存发展的生命线和物质基础，构建具有韧性的城市基础设施系统，是韧性城市建设的关键一环。城市基础设施韧性的内涵较为丰富，包括基础设施系统的稳健性、灾前预防、灾害抵御、灾后恢复等内容，涉及城市基础设施系统的规划设计、选址建设以及运营维护各方面。切实探究适合中国国情的韧性城市基础设施规划方法，探索韧性基础设施建设与治理模式，是提升城市基础设施韧性的必然要求。

二是准确把握城市基础设施现状，提升城市基础设施供给能力。系统冗余性是韧性的重要特征，储备充足的应急设备设施和物资，制定响应各种突发事件的紧急调配预案等，可以提高灾害事件的应对能力，是提升城市基础设施韧性的重要途径。因此，应推进城市基础设施配置情况的普查摸底，提升基础设施系统的资源充足性和冗余性。

三是合理增加基础设施领域资源投入，夯实韧性城市的要素保障合力。应根据城市基础设施系统的建设现状，合理增加基础设施系统的资金投入和人员配置，提高水、电及环卫等领域的运营与养护能力，提升灾前预防能力和灾后恢复能力。能源系统是城市基础设施系统中最敏感的组成部分，在城市基础设施后续规划和建设中，应重视能源系统的韧性建设，补齐韧性基础设施系统的短板。

四是加强城市基础设施风险评估和极端冲击事件情景模拟,优化基础设施系统空间布局。应加强城市潜在自然灾害等风险评估,对极端降雨、高温热浪、地质灾害、地震灾害等事件进行多情景模拟,因地制宜优化城市基础设施系统的选址和空间布局。

五是坚持创新驱动,以技术创新和管理模式改进提升城市基础设施韧性。应重视城市基础设施领域新技术新方法的研发应用,通过建设方式和技术手段的更新变革、新材料的应用等提升城市基础设施的物理韧性;加快建设数字和智慧基础设施,加强数字技术和信息技术的应用,促进传统基础设施系统数字化智能化转型,充分利用大数据技术提高城市应急响应能力,建设数字化智能化的智慧城市基础设施系统,不断提升城市基础设施系统的机能和管理水平。

参考文献

李亚、翟国方、顾福妹:《城市基础设施韧性的定量评估方法研究综述》,《城市发展研究》2016 年第 6 期。

刘庆芳、杨定、杨振山等:《青藏高原国家公园群人文生态系统耦合协调评价及障碍因子识别》,《地理学报》2023 年第 5 期。

吕悦风、项铭涛、王梦婧等:《从安全防灾到韧性建设——国土空间治理背景下韧性规划的探索与展望》,《自然资源学报》2021 年第 9 期。

王胤、孙闻策、孙亚南:《城市韧性的国际研究脉络、热点主题与发展趋势》,《城市观察》2022 年第 4 期。

邬尚霖、刘少瑜:《基础设施韧性的研究现状与发展趋势——基于国际文献综述的解析》,《国际城市规划》2023 年第 2 期。

项勇、苏洋杨、邓雪等:《城市基础设施防灾减灾韧性评价及时空演化研究》,机械工业出版社,2021。

颜克胜、荣莉莉:《面向韧性提升的相互依赖关键基础设施网络灾后修复模型研究》,《运筹与管理》2021 年第 5 期。

张玉、魏华波:《基于 CRITIC 的多属性决策组合赋权方法》,《统计与决策》2012

年第 16 期。

赵水霞、王文君、吴英杰等：《综合干旱指数构建及其在不同草原类型中的应用》，《农业工程学报》2021 年第 16 期。

周方、赵伟、胡翔奎等：《基于关键基础设施耦合关系的城市韧性评价》，《安全与环境学报》2023 年第 4 期。

Bruneau M, Chang S E, Eguchi RT, et al. "A Framework to Quantitatively Assess and Enhance the Seismic Resilience of Communities," *Earthquake Spectra* 19 (2003): pp. 733-752.

Jha A K, Miner T W, Stanton-Geddes Z, *Building Urban Resilience: Principles, Tools, and Practice* (Washington, D. C.: *World Bank Publications*, 2013).

McDaniels T, Chang S, Cole D, et al. "Fostering Resilience to Extreme Events Within Infrastructure Systems: Characterizing Decision Contexts for Mitigation and Adaptation," *Global Environmental Change* 18 (2008): pp. 310-318.

Turnquist M, Vugrin E, "Design for Resilience in Infrastructure Distribution Networks," *Environment Systems & Decisions* 33 (2013): pp. 104-120.

国内经验篇

Domestic Experience Chapters

B.15
北京建设韧性城市的经验与启示*

耿　冰**

摘　要： 北京是我国首个将韧性城市建设纳入城市总体规划的城市，在实践中自主探索出建设韧性城市的发展路径，并取得了一定的成效。本报告以北京作为研究对象，首先介绍了北京建设韧性城市的背景，分析了在建设韧性城市过程中面临的挑战。其次，从统筹拓展城市空间韧性、有效强化城市工程韧性、全面提升城市管理韧性、积极培育城市社会韧性等四个方面系统总结了北京建设韧性城市的主要举措与经验。最后，提出从加快编制韧性城市专项规划、强化部门和区域协同管理能力、提高风险识别与评估的精准性、营造韧性城市文化环境等方面加强我国韧性城市建设。

关键词： 韧性城市　超大城市　防灾减灾　北京

　* 本报告受北京市社会科学院青年课题"京津冀国土空间利用效率时空特征分析及协同提升研究"（项目编号：2022B7134）资助。

** 耿冰，北京市社会科学院助理研究员，博士，研究方向为国土规划。

一 引言

随着全球气候变化和社会发展环境的日趋复杂，不稳定性和不确定性显著增加，城市发展面临着气候变化、环境危机以及各类极端事件所带来的风险和威胁。面临多样化、复杂化的灾害事件，提高城市韧性、增强城市抵御风险的能力成为全球城市治理的重要议题。在我国，韧性城市建设已成为中央及各地方政府重点关注的城市治理理念。党的二十大报告指出，要打造宜居、韧性、智慧城市。《中华人民共和国国民经济和社会发展第十四个五年规划和2035年远景目标纲要》明确提出，要建设韧性城市，提高城市治理水平，加强城市治理中的风险防控。作为首都和超大城市，北京地位特殊、受关注度高、城市系统复杂、面临的各种风险挑战多，遇到灾害容易发生链式反应和放大效应。因此，北京成为全国最早着手建设韧性城市的城市，发布了首部全面归纳并规制韧性城市建设的体系性政策文件，在积极探索韧性城市建设过程中为其他城市提供了经验借鉴。本报告以北京为例，分析城市发展面临的挑战及探索韧性城市建设的路径，梳理建设韧性城市过程中的重要经验举措，总结北京经验带来的启示，为我国建设韧性城市提供思考和借鉴。

二 北京建设韧性城市的背景

作为国家的政治中心、文化中心、国际交往中心和科技创新中心，北京的城市安全深刻影响着我国的发展全局。然而，除了受到气候变化和环境危机等自然灾害的威胁，北京作为一座拥有2184.3万人口的超大城市，面临着一系列复杂且不可预测的突发公共事件风险，建设韧性城市成为提升城市应急能力、降低灾害损失、维护灾后城市系统稳定的重要手段。

（一）城市发展面临的风险挑战

北京位于华北平原，西部为太行山脉，北部及东北部为燕山山脉，地属华北强地震带之上。地势西北高、东南低，拒马河、永定河、北运河、潮白河、蓟运河五大水系贯穿京城。特殊的地理条件给北京城市发展带来众多自然灾害风险。在地震灾害方面，北京是世界上仅有的三个人口超过千万、地震基本烈度高达Ⅷ度的首都城市之一，也是国际上为数不多发生过7级以上强震的特大城市。历史上，北京行政区内发生过1次8级地震、6次6~6.9级地震、5次5~5.9级地震。在洪涝灾害方面，北京地形为三面环山、东南敞口，呈现喇叭形状。夏季自东、南方向吹过来的暖湿气流在行进中被迫抬升，容易形成强烈的地形雨。降水在地表迅速汇集形成沟谷水流，沿地势快速向下游城区汇入，极易在短时间内形成巨大的洪涝灾害，威胁城区人民的生命和财产安全。此外，随着全球气候变暖，沙尘暴、极端高温、极端低温等自然灾害频发，也对北京抵御灾害能力提出了更高的要求。

北京的社会经济发展也面临着较大的不确定性。北京常住人口总量位居全国第三名、GDP位居全国第二名、城市建成区面积位居全国第二名。较高的社会经济发展水平对城市基础设施建设、城市资源利用、城市功能分布等城市管理工作提出了更高的要求。各类灾害事故风险相互交织，灾害事故连锁效应、放大效应叠加，防范化解重大安全风险的难度也随之不断增大。

（二）韧性城市建设的探索路径

北京是我国最早开始探索韧性城市建设的城市之一。2017年，北京市人民政府组织北京市城市规划设计研究院、清华大学、中国科学院地理所和爱特拉斯公司共同开展了《北京韧性城市规划纲要研究》的编制。该研究从城市管理和韧性系统两个维度建立了韧性城市评价指标体系，构建了完整的韧性城市规划理论体系和技术框架，提出了北京韧性城市规划的目标、对策和实施路径，并以洪涝和健康风险为例，进行深入的专题研究，为北京韧性城市建设提供了切实有效的决策依据和规划指引。前瞻性地将空间流行病学、地理学与城乡规划学相结合，探索城乡规划主动干预人群健康的方法和途径。在北京市典型慢性病和传染病时空分布特征分析的基础上，对脆弱人群的空间分布及其主要影响因子进行探析，提出公共卫生领域的韧性提升

对策。

同年，中共北京市委、北京市人民政府发布《北京城市总体规划
（2016年—2035年）》，提出"增强抵御自然灾害、处置突发事件、危机管
理能力，提高城市韧性"的要求，成为全国首座将韧性城市建设任务纳入
城市总体规划的城市。

2021年11月，北京市发布《关于加快推进韧性城市建设的指导意见》
（以下简称《指导意见》），明确了韧性城市的定义，提出到"2025年，韧
性城市评价指标体系和标准体系基本形成，建成50个韧性社区、韧性街区
或韧性项目，形成可推广、可复制的韧性城市建设典型经验"的具体目标，
并制定了实施路径和具体措施，是我国在自主探索中产生的首部全面归纳并
规制韧性城市建设的体系性政策文件，为北京的韧性城市建设提供重要
支撑。

三　北京建设韧性城市的主要举措与经验

经过多年的探索和经验积累，北京市在韧性城市建设中建立了系统的指
导性政策文件，形成首都风险管理体制机制，制订详细的应急方案，提高了
城市抵御风险的能力，形成了可复制、可推广的典型经验，获得初步成效。

（一）统筹拓展城市空间韧性

城市空间韧性是指在应急状态下，城市具备随时新建或改扩建公共设施
的能力。当灾害发生时，受灾地区的人员、物资需及时向安全区域转移，最
大限度地减少灾害带来的损失，预防灾后带来的再次风险。提高城市空间韧
性，就是要在城市空间规划时做到未雨绸缪，提前预留战略留白用地，对于
已建的城市人口和建筑高度密集地区，通过公共空间改造、空间共享、空间
征用等方式灵活调度使用空间，提高城市空间利用效率和利用方式的灵活
性，保障城市正常运转所需的最低空间需求。城市空间韧性是建设韧性城市
的基础性措施，为实现空间韧性，北京市政府主要采取了如下举措。

首先，完善城市空间规划，确保城市空间布局安全。北京市政府将建设韧性城市目标和要求纳入《北京市国民经济和社会发展第十四个五年规划和二〇三五年远景目标纲要》《北京城市总体规划（2016 年—2035 年）》《北京市"十四五"时期城市管理发展规划》《北京市国土空间近期规划（2021 年—2025 年）》等一系列城市空间规划中，并已经开始着手编制《北京市韧性城市空间专项规划（2022 年—2035 年）》，在全市层面统筹衔接各类专项规划。同时，不断优化城市规划和城市更新实施方案，在全市城乡建设用地范围内划定了 132 平方公里预留战略空白用地，为应对重大公共安全问题预留空间。

其次，开展风险普查和风险评估工作。风险普查和评估是空间规划的基础，通过对气候条件及地质环境等自然要素的分析，展开全要素、全过程、全空间的综合风险评估，对不同风险区域进行风险等级识别与划分，编制灾害综合防治区划图，根据不同风险等级合理安排空间布局，对于风险等级较高的地区，避免建设高密度人群聚集场所，减少可预估灾害带来的风险损失。例如，房山区已完成第一次全国自然灾害综合风险普查房山试点任务，收集 44 万余条调查数据，编制完成风险"一张图"，积极探索研究灾害风险评估与区划工作，为全国、全市风险普查提供了"房山经验""北京模式"。

最后，统筹规划应急避难场所选址和建设。应急避难场所是指灾害发生时用于人员疏散避难的灾民安置空间，包括紧急避难场所、固定避难场所和中心避难场所。广泛设立应急避难场所是最直接的保护人民群众生命安全的方式之一，也是应急管理最重要的措施。应急避难场所的选址需要综合考虑距离、疏散速度、资源补给便利性等因素，通过新建或改建的方式充分利用城市空间，为受灾群众提供就近、便捷、安全的避难安置场所。目前，北京市顺义区已建立了 312 处应急避难场所，其中有 137 处被纳入全国应急避难场所综合信息管理服务系统。顺义区应急避难场所分布于 25 个街道镇区，总占地面积 218.21 公顷，最大容量可达 96.41 万人。

（二）有效强化城市工程韧性

城市工程韧性是指通过提高建筑安全性能和城市基础设施工程保障能力，从而增强城市"生命线"系统的抗冲击和快速修复能力。在受灾前，应最大限度提升城市工程建设的抗灾水平，提高建筑及基础设施建设质量；在受灾后，需尽快恢复"生命线"畅通，保障灾民的基本生活得以运转，且避免因通信障碍、物资缺乏、医疗救助不及时等因素造成的再次伤害。北京城市人口高度密集、城市土地开发利用强度大，通过提高城市工程韧性，可以大幅度减少人员伤亡，快速恢复城市的正常运行，降低灾害造成的损失。因此，在《指导意见》中，北京市重点强调了强化城市工程韧性，并采取了一系列举措。

首先，推进老旧小区改造，加强房屋建筑防灾抗灾能力。北京市住房和城乡建设委员会将房屋抗震加固作为老旧小区综合整治基础类改造内容，在推进老旧小区改造的同时，重点对抗震不达标楼房进行抗震加固节能综合改造。2013年4月，北京市住房和城乡建设委员会发布了《2023年北京市房屋建筑和市政基础设施工程防汛工作要点》，要求全市建设领域持续开展防汛安全隐患排查工作，对施工现场及周边进行摸排，对存在隐患的点位建立隐患点位台账并限期整改。在汛期来临前，施工现场模拟防汛应急抢险演练，掌握防汛抢险的重点、要点、处置程序和方法，并对7.59亿平方米城镇房屋进行了安全检查，检查涵盖全部城镇房屋的95%以上。

其次，提升"生命线"保障能力。暴雨灾害和城市内涝往往会引起城市"生命线"的瘫痪，届时供水、供电、通信、医疗、物资保障都会受到影响，越是特大城市，越要保障灾后城市生命线的畅通。在供电方面，目前北京市发电总装机达到1315.6万千瓦，全市供电可靠率99.995%。在天然气供应保障方面，北京市周边已建成陕京一线、二线、三线及四线，大唐煤制气管线等多条长输管线，日输气能力已超过2亿立方米，外围输气体系较为完善。在冬季取暖方面，2021~2022年采暖季北京市城镇地区供热面积达到9.19亿平方米，比上一采暖季新增约2400万平方米。其中，居民供热面积约 6.47 亿平方米，城镇地区基本实现清洁取暖。各调峰热源和应急热源建设，缓解了北京市能源结构单一的局面，提升了城市能源应急保障能力。在供水方面，北京市自来水集团科学调配水量确保供水充足，全力守护城市供水"生命线"，调度中心每小时进行数据分析，确保水量调度更加科学。目前，北京城区日综合供水能力为 427 万立方米，可满足高峰用水需求。

再次，加强灾害防御工程建设。部分自然灾害可以通过防御工程建设降低受灾风险，尤其是森林火灾、洪涝灾害、地质灾害等可提前预测和防范的具有一定发生规律的自然灾害。近年来，北京市重点开展了防御工程建设，包括森林防火屏障工程、水利设施工程、滑坡防治工程、矿山治理工程、公路安全生命防护工程等，逐步提升防御工程标准，保证工程质量。此外，还结合自然灾害综合风险普查工作，深入排查自然灾害风险隐患，推进灾害易发区农民搬迁工作。

最后，推进海绵城市建设。早在 2016 年，北京就已成为国家海绵城市建设试点城市，并顺利通过了验收，形成了一套可复制可推广的经验和模式。在《指导意见》中，北京再次将海绵城市建设纳入城市工程韧性建设中，并作为重点建设措施之一。近年来，北京市政府在一大批重点区域和项目中均采用了海绵城市的建设理念，如城市副中心、冬奥赛区、大兴国际机场等，实现了 85% 的降雨就地消纳利用。密云区政府充分发挥生态空间作用，构建了区域水生态网络，大幅度降低了城市内涝风险。顺义区政府通过编制《顺义区海绵城市专项规划》，明确不同海绵功能分区的海绵城市建设策略，为全区海绵城市建设提供了行动指向。

（三）全面提升城市管理韧性

城市管理韧性体现了政府面对突发灾害的应急能力，包括应急预案能力、城市感知能力、风险防控和隐患排查治理能力、风险研判和预警能力、应急救援能力、应急物资保障能力、应急医疗救治能力、交通和通信保障能力等。作为超大城市，北京市政府在城市治理管理方面具有丰富的经验。

首先，改革应急管理体制机制。组建北京市应急管理局，全面整合突发事件应急响应、防汛、森林防灭火、地质灾害救援、自然灾害救助等职能，保留并创新了市、区应急委，由应急局承担应急委办公室日常工作。市应急局和市应急办联合加挂"北京市人民政府总值班室"牌子，对各类突发事件统一领导、集中指挥，形成以市应急委为龙头、21个专项指挥部为支撑的具有首都特色的应急管理发展格局。研究制定《北京市公共安全风险管理办法》《北京市公共安全风险管理总体实施指南》等规范性文件，强化应急管理改革发展顶层设计。出台应急值守、突发事件应急指挥与处置等规范性文件，建立市、区、乡镇（街道），以及各相关部门分级应对、联动响应的应急指挥架构。形成以市总体预案为核心，市专项预案、部门预案和区级预案为依托，各类单位预案为基础的预案体系。

其次，运用新技术新装备加强城市风险感知和监测能力。采用卫星遥感、航空巡查、在线监测等新技术，结合 AI 等新算法，建设气象监测平台、森林火灾远程监测系统、生物安全和重大传染病监测预警网络、洪水预报系统等环境风险监测评估与预警体系，提高城市风险感知和监测能力。例如，怀柔区建设了韧性城市监测平台，针对城市消防、地质灾害、积水内涝、生态环境等进行风险监测预警。在首批建设中，选取燃气、消防以及和怀柔区产业发展高度相关的技术迭代平台作为试点，构建了韧性城市典型的应用场景。在燃气安全专项中，怀柔区建设了覆盖地下管网、工商业用户与家庭用户的全链条、全场景的三位一体燃气安全监测网，对于 50 公里燃气管网，269 家餐饮单位和 6000 户重点、高风险家庭用户，布设了智能监测仪，实时监测燃气泄漏。石景山区城市指挥中心创新网格巡查技术应用，通过 AR 视频采集终端与固定摄像头巡查结合的采集方式，由"人巡"向"技巡"转变。采集员步行或骑行时，即可完成对暴露垃圾、积水、街头游商、机动车乱停放等问题的识别上传。提高了城市感知能力。顺义区建设了地下管线综合管理信息平台，形成智慧城市建筑物、基础设施三维数字模型，为城市规划、建设、管理、运行提供智慧化决策。

再次，提升风险研判与预警能力。北京市政府进一步提高基层安全检查巡查力量，基本形成市、区、乡镇（街道）、村（社区）四级安全网格化管理体系。建立以行政首长负责制为核心的森林防火、防汛抗旱责任制。北京市应急局、北京市政务服务局将近年来出现群众诉求的积滞水点位进行分类后落点落图，汇聚降雨和水位监测信息，绘制出"北京市涉诉积滞水点位地图"，既辅助应急指挥调度，又提升群众诉求响应效率。在地下管线建设中，为保障北京的供排水、电力、通信、热力、燃气、广播电视、工业等正常运转，北京市规划和自然资源委员会收集了8.6万公里管线信息，实现了地图定位、管线查询、通用分析、辅助规划、应急保障等功能应用。此外，各区级政府也采取了多种管理手段，例如，石景山区政府推动"热线+网格"融合发展，通过开展智能分析和动态研判，提早发现、主动治理，形成了具有石景山区特色的跨部门、跨层级、跨区域的联动协同处置体系，提升了城市应对灾害风险的能力。

最后，全面提高应急保障建设能力。在应急救援队伍建设方面，北京市建立了一支以消防救援队伍为主、专业应急救援队伍为骨干、社会应急力量为辅助、军队应急力量为突击的首都特色应急救援力量体系。目前，北京市应急管理局已认定28支应急救援队伍，并配备了先进的救援装备器材，定期组织器材的维护和保养。此外，为确保应急队伍建设的规范性，北京市应急管理局还先后出台了应急救援队伍建设标准，对专业应急救援队伍训练演练、装备配备、组织管理等方面作出明确规定。在应急指挥和区域联动方面，搭建了北京市应急救援指挥平台和重点应急资源信息管理系统，以保障部门之间顺利衔接、政企之间无碍沟通、救援队伍信息及时传递、各方救援力量资源共享、救援资源实施查询和精准调度，提升应急响应和快速救援能力。

（四）积极培育城市社会韧性

社会韧性指通过建立多元协同、全流程防御的城市治理体系，提升社区服务管理能力。北京市在党建引领下走出了一条具有首都特色的超大城市基层治理路径，并在多次社会突发事件中起到重要的引领作用，为我国其他城市提供了丰富的参考。在此基础上，北京市还将继续开展社会韧性建设，

《指导意见》提出，到 2025 年，建成 50 个韧性社区、韧性街区或韧性项目，形成可推广、可复制的韧性城市建设典型经验。

在宣传教育方面，北京市首度提出了"提高城市韧性素养"的概念，通过加大教育和宣传力度，营造韧性文化氛围，提升公众的应急能力和应急意识。首先，在韧性教育中，将应急常识和能力教育纳入学校素质教育体系，由单位工会部门、街道居委会不定期举办应急知识和技能培训讲座，全面提升公众的应急能力。其次，打造韧性文化氛围，提升宣传力度，营造"人人主动提升个体韧性、自觉践行韧性城市理念"的良好氛围。通过开展"防灾减灾日"等活动，北京共创建国家级综合减灾示范社区 535 个、市级综合减灾示范社区 861 个。

在社会救助方面，北京市建立了分层分类的社会救助体系，通过临时救助、教育救助、采暖救助等专项救助制度，深化社会救助"放管服"改革，将最低生活保障和低收入家庭救助、特困人员救助供养等审核确认权限由区民政局下放到街道（乡镇），实现最低生活保障等社会救助扩围增效，保障困难群众的生活底线。同时，推动低收入人口动态监测和常态化帮扶工作，整合现有社会救助信息化资源，发挥社会救助业务系统、居民家庭经济状况核对系统、精准救助系统等功能，打造能够实现信息汇聚、常态监测、快速预警、精准救助、综合帮扶的平台。

在科技和产业支撑方面，北京市充分整合科研机构、高校、企业力量，加大应急科技产业培育力度，重点培育高端研发、产学研协同创新的应急科技产业。推动建设应急产业园，形成多园区分工明确、分别集聚集群的发展格局。此外，通过举办交流会、调研活动、培训学习等方式加强行业和部门之间的交流，推动企业、研发机构和政府的多方合作。

在社会参与方面，北京市建立了以社区居委会为基础，由社区（村）党委书记或主任为第一责任人，整合地区治安巡防队、安全稳定信息员、治安志愿者、地区单位应急志愿者等社会力量的应急队伍，为全面开展安全防范宣传、救助孤老、邻里守望、突发公共事件的信息报告、现场疏导、先期处置等工作提供重要支持。

四　思考与启示

习近平总书记强调，城市发展不能只考虑规模经济效益，必须把生态和安全放在更加突出的位置。建设韧性城市是通过多种举措平衡城市经济需要、生活需要、生态需要、安全需要，以实现城市可持续、安全、健康地发展，也是政府治理体系和治理能力现代化的重要体现。自 2017 年以来，北京市政府不断展开城市韧性研究和建设，探索出了一条具有首都发展特色的城市韧性建设体系，经受住了多次自然灾害和公共突发事件的考验，积累了一定的实践经验，形成了一批可复制可推广的案例，为我国其他城市的韧性城市建设提供了思考和启示。

（一）加快编制韧性城市专项规划

北京市发布的《指导意见》提出，应"研究编制韧性城市专项规划，强化城市韧性提升在各项国土空间规划中的刚性约束""把韧性城市要求融入城市规划建设管理发展之中"。目前，在韧性城市建设的自主探索实践中，仅北京和上海两地将韧性城市建设纳入城市总体规划，成都和西安两地将韧性城市建设写入政府工作报告。其他城市，如德阳、黄石、海盐、义乌、成都、洛阳、绵阳、宝丰、三亚、咸阳、西宁等则通过加入国际合作类项目开展韧性城市建设工作。可见，我国目前多数城市尚未编制韧性城市专项规划，导致韧性城市建设中缺少上位政策指导，各项规划之间难以形成有效衔接，韧性城市建设项目较为分散，缺乏系统整合和统一管控。因此，需推进各地韧性城市建设专项规划，将韧性城市建设纳入国土空间规划体系之中，形成系统的韧性城市建设指导纲领。

首先，推进市级国土空间规划编制，完善建设韧性城市相关内容，对于有条件的城市应开展韧性城市建设专项规划。《市级国土空间总体规划编制指南（试行）》提出建设韧性城市的要求，各地方政府在编制过程中应重点加强国土空间规划与韧性城市建设的有效衔接，统筹城市空间布局，将防灾抗灾救灾理念融入国土空间规划之中。对于有条件的城市，应进一步组织编制韧性城市建设专项规划，从韧性城市建设的原则、目标、内容、保障措施等多方面进行约束和指导，形成向上承接国土空间规划、向下指导街区控制性规划的行动纲领。其次，注重韧性城市建设专项规划中多领域、多部门统筹协调。韧性城市专项规划涉及众多研究领域及相关主管部门，因此，应遵照"总体安排，统筹协调"的原则，细化完善建设韧性城市的体系内容、制度框架、行动机制等，实现全过程、多要素、多灾种、多主体的综合防范体系。最后，以街区为规划单元，推进规划落地实施。社区、街区是市民工作生活的主要场所，也是实现各项城市规划工作的最小单元。北京市在建设韧性城市中将建设韧性社区、街区或韧性项目作为重点工作，就是考虑到社区、街区的易实施、易操作性。同时，还可以结合城市更新工作，将韧性城市建设要求纳入城市治理体系，可以有效地提高城市管理工作的效率和水平。

（二）强化部门和区域协同管理能力

自然灾害和突发事件具有发展速度快、波及范围广、涉及领域多、救助困难大等特点，在应对处理过程中需要多部门、多行政区域联合开展救援工作，因此需要理顺部门合作的协调机制，加强区域协同管理能力，最大限度地整合跨部门、跨区域的应急力量和资源，从而构建高效率的应急联动联控机制，提高区域的整体韧性水平。

首先，加强政府部门之间的工作合力，理顺部门协作机制。灾害和突发事件的应急管理涉及应急、规划、住建、市政、民政等多领域政府部门，通常需要联合展开救援工作。因此，需要打破部门之间的壁垒，理顺部门协作机制，联合制定韧性城市专项行动计划，采取有效可行的工作措施，建立应急资源、信息、数据共享平台，明确各部门的责任和权力，从而提升韧性城市建设效率，提高政府的应急保障能力。其次，推动区域联防联控联治，加强区域韧性城市协同建设。随着我国城市向城市群发展的转变，区域协同发展已成为我国社会经济发展的重要途径。然而，区域协同开展韧性城市建设工作却相对薄弱，城市合作体制机制尚未健全，韧性城市建设的效果大打折扣。在韧性城市建设中，可以通过建立区域韧性城市规划、签署城市联防联治战略合作协议、成立应急公益基金、联合开展应急演练、统筹布局区域应急设备和物资等方式，加强跨城市跨区域协同应急能力，防止突发公共安全事件不良后果的进一步扩散。

（三）提高风险识别与评估的精准性

识别和评估可能发生的风险事件，提前预估风险带来的损失程度，可以最大限度地降低重大事件发生的概率，减轻灾害影响程度，提高城市抵御风险的能力。随着我国城市管理进入精细化阶段，城市管理的方式、手段、技术、制度也愈加精准，为建设韧性城市提供了坚实的基础。可以利用已有条件和技术手段，如城市管理监测平台，实时监测和识别风险隐患和态势，有针对性地采取防控措施。提高风险事前事后评估能力，将重大风险防范化解工作落到实处。

一方面，加强风险识别能力。运用新技术新方法提高风险识别能力，在已有的城市管理监测平台的基础上，增加风险识别模块，与应急指挥中心联动，实现风险的早发现、早控制、早化解。政府部门应及时公开风险信息，动员各方力量参与风险识别和防控工作。提升公众的风险意识，建立群防群控体系，及时化解突发事件。另一方面，建立灾前灾后评价体系，科学开展风险综合评价。综合考虑城市风险因素，建立灾前风险预测评价体系和灾后受损预估评价体系，优化完善专家咨询机制，定期开展评价体系的动态调整，提高风险评价体系的精准化程度。

（四）营造韧性城市文化环境

建设韧性城市不仅需要依靠政府主导力量，还需要调动市民的参与性，通过营造韧性城市文化环境，形成社会多元主体参与的协同治理模式，切实将建设韧性城市工作落地实施并产生最大的社会效益。首先，大力宣传韧性城市理念，通过授课培训、知识问答、文化活动、新媒体宣传等多种方式普

及韧性城市知识，提高市民的安全防范意识和应急处理能力。其次，建立多元主体参与的协同治理模式，在党建引领下积极调动市民参与韧性城市建设，灵活运用市民热线等城市管理平台资源，充分吸纳社区志愿者队伍，增强基层组织的参与和治理能力。最后，充分发挥社区作用，社区是应对公共安全危机、提升城市韧性的基础环节，是韧性城市网络的联结纽带，是中国特色的城市安全联防联控体系运行的基层单元。从建设韧性社区着手，既可以让市民充分理解和深度参与韧性城市建设，也可以通过市民的监督不断完善调整规划方案，提高韧性城市建设的合理性、实用性、现实性。

参考文献

仇保兴等：《构建面向未来的韧性城市》，《区域经济评论》2020 年第 6 期。

薄景山等：《韧性城市的研究进展和韧性城乡建设的建议》，《世界地震工程》2022 年第 3 期。

陈智乾、胡剑双、王华伟：《韧性城市规划理念融入国土空间规划体系的思考》，《规划师》2021 年第 1 期。

任利生：《建设韧性城市，共筑北京安全之都》，《城市与减灾》2017 年第 4 期。

李国平、杨艺：《国家中心城市的韧性城市建设研究》，《区域经济评论》2021 年第 1 期。

林立：《关于韧性城市建设的探索与思考》，《国家治理》2023 年第 2 期。

徐培洋、周佳雨：《国内韧性城市建设政策路径的比较研究》，《科学发展》2023 年第 7 期。

翟国方、夏陈红：《我国韧性国土空间建设的战略重点》，《城市规划》2021 年第 2 期。

中共北京市委办公厅、北京市人民政府办公厅：《〈关于加快推进韧性城市建设的指导意见〉的通知》，《北京市人民政府公报》2022 年 1 月 27 日。

钟开斌：《推进韧性城市建设的重大意义和重点任务》，《中国应急管理科学》2023 年第 2 期。

B.16
丽水建设适应气候变化的新时代山水花园城市

杜晓斌　张丰*

摘　要： 丽水地处江浙之巅、六江之源，属中亚热带季风气候，带有明显的山区气候特征，既有优良的生态基底，也是"绿水青山就是金山银山"理念重要萌发地和先行实践地。丽水是全国首批国家气候适应型试点城市、首批国家气候投融资试点城市、国家首个生态产品价值实现机制试点城市、全国首批碳监测评估试点城市。多年以来，丽水以人与自然和谐共生的理念为导向，聚焦风险管控、气候智治、生态韧性、适应经济、金融赋能等多个维度，进行创新探索，统筹开展适应气候变化行动，助推高质量绿色发展，积累了有益的理论和实践经验。

关键词： 数字赋能　防灾减灾　气候韧性　生态产品价值

一　丽水气候变化状况及其影响

（一）丽水气候变化现状

2016~2020 年，丽水年平均气温在 18.9℃左右，年平均降水量 1662.3mm，

---

* 杜晓斌，浙江省丽水市生态环境排放权交易中心高级工程师，研究方向为应对气候变化、环境影响评价、排污权交易；张丰，浙江省丽水市生态环境排放权交易中心工程师，研究方向为应对气候变化。

降水偏多、日照略偏少，全年净风天气较多；相邻季节的温差值基本在 10℃
左右，年内温度与雨量分配基本同步变化；丽水冬暖春早，冬季出现严寒概
率低，入春时间较同纬度地区相比提前 1~2 周，夏季高温并不突出，近
70%的山区无高温。丽水极端温度灾害频繁，历年极端最高气温为 43.2℃，
历年极端最低气温为 -10.7℃，温差跨度为 53.9℃。自 20 世纪 60 年代以
来，丽水年平均温度上升超过 1.0℃。2003 年，南方罕见高温热浪，浙江和
福建的部分地区 40℃以上的高温天数有 5~10 天，丽水 40℃以上的高温天
数达 14 天。

（二）丽水气候变化影响

丽水为气象灾害频发区，灾害种类多，易发生洪涝、山体滑坡、森林火
灾等次生或衍生灾害。气候变化对丽水自然生态环境和人民生产生活产生了
重大影响，主要表现在三个方面。

第一，洪涝灾害风险增加。丽水山洪灾害主要分布在沿河沿溪两岸等山
区人口聚集区，具有突发性强、点多面广、破坏力大等特征。丽水山洪暴发
集中在梅汛期的 5~6 月、台汛期的 7~9 月，尤其是台汛期，台风带来的短
时强降雨，易引发山洪灾害。据统计，2009~2021 年，丽水因山洪暴发等自
然灾害造成死亡近百人，房屋倒塌 8111 间，房屋损坏 115218 间，造成直接
经济损失 122.95 亿元，其中农业直接经济损失 55.71 亿元。

第二，地质灾害影响突出。丽水地处浙闽交界山区，地质环境复杂，较
多民房、厂房依山傍水而建，公路建设开挖隧道和切坡的现象普遍，极易受
到不利气候变化的影响。近年来，台风、暴雨等灾害的发生频率逐渐增高，
由此引发的山洪、滑坡、泥石流为代表的灾害风险剧增，严重威胁到当地人
民群众的生命和财产安全。2017 年以来，丽水共有 691 处地质灾害隐患点
受到监管，其中，Ⅰ类隐患点有 286 个，Ⅱ类隐患点有 237 个，Ⅲ类隐患点
有 168 个。这些隐患点分布在 147 个乡镇（街道）的 555 个行政村中，受威
胁的居民多达 3.8 万余人。

第三，气候变化带来潜在风险。随着气候变化加剧，丽水夏季高温酷热

和干旱增多，未来气候预估也表示出有进一步增温的态势，局地阶段性夏季高温热浪将给丽水城区居民的生活带来不便。如 2016 年丽水 35℃以上高温天气达到 33 天，最长连续高温日数达到 16 天；2022 年 7~8 月份，丽水高温天数达到 50 天以上，降雨偏少，创气象观测历史新纪录，气候风险凸显。

二　丽水适应气候变化的主要措施

适应气候变化涉及政策规划、能力建设、空间布局、生态保障、气候资源开发等多个维度，丽水在相关工作中结合本地实际，大胆尝试，探索了建设国家气候适应型城市的多元化路径。

（一）风险管控：开展科学决策规划

2018 年，由市政府主要领导牵头，丽水成立了适应气候变化领导小组，与大花园建设、生态产品价值实现机制试点建设等重点工作深度融合，充分发挥政策规划对于基础设施、应对能力、空间布局的源头引领作用，综合应用数学模型、计算模拟、生态调查等技术手段，分析总结区域内气候变化影响下的主要风险挑战和适应思路。

目前，丽水已开展"地质灾害易发区适应气候变化规划研究""丽水保障大花园生态用水体系研究"等多项调查研究。例如，省经济信息中心应用内嵌于 GIS 平台的 ArcView 数字工具，模拟丽水在遭遇不同重现期降雨时的淹没情况，同时考虑流域内的人口密度、土地利用状况、财产分布状况等情况，得出流域内山洪灾害风险的综合评价。该研究发现丽水山洪风险区划具有"以中低风险为主"的特征，风险最高的区域主要集中在人口和城镇较为密集的地方，其中莲都区、青田县遭受山洪风险最大。该结论验证了丽水连续 20 多年推动母亲河——瓯江水系治理，特别是建设运行瓯江防洪工程，打造百里防洪堤的正确性。

（二）智控能力：数字赋能防灾减灾

浙江从 2020 年起，在前期"云上浙江""最多跑一次"改革基础上，全面启动了数字化改革，推进应对气候变化相关举措。丽水推进气候治理数字化转型，逐渐形成"天眼、地眼、人眼"相结合的灾害风险数字化预警预测体系。截至 2021 年底，丽水已成功预警森林火灾、地质灾害等风险隐患 2200 余件，气象预警信息覆盖率达 97.8%。

1. 依托"天眼守望"，实现星地协同

"天眼守望"利用卫星遥感数字化服务，实现对地质敏感区、自然保护区等空间区块（廊道、斑块）的遥感监测。这一项技术包含：

第一，建设空间信息数据资源库。丽水与航天五院共同执行"天眼守望"项目，利用国产自主卫星遥感大数据为支持，加强对于重大工程和周边区域的统一规划和管理，整合地理信息、地面物联网观测、实时视频监控以及社会经济统计等多个数据源，构建起全面覆盖、信息丰富、多尺度、多时间段和多样化的"天空地一体化"空间信息数据库。

第二，积极推动环境实况的实时、立体化收集。利用"天眼守望"系统，丽水着手推进环境空间全域立体化监测，重点关注地质环境、自然保护区和生态系统空间等方面的遥感监测服务。

第三，推动灾害精密防控。丽水通过开发瓯江流域水文气象服务系统，整合气象和水文观测预报资源，研发高精度流域水文气象分析预报产品，为流域提供数字化和精准化的水文气象服务，提升流域防灾减灾支撑能力，同时对重点湖库生态水位、生态流量、气象灾害开展针对性实时监测。

2. 嵌入"地眼监控"，实现温室气体在线"数控"

2021 年 9 月，丽水被列入全国首批碳监测城市试点（5 个基础类试点城市之一）。丽水依托"花园云"（城市大脑）平台，通过"地眼监控"，形成气候主控物联感知网络。该技术主要包含：

第一，分类管控绘制"数智地图"。通过该"数智地图"，丽水能够归集温室气体、气象灾害等长时间序列数据，依托数据集，建立完善丽水灾害性天气历史个例库、应对气候变化基础数据库，并且构建气象防灾减灾"一张图"，制订针对各类气象灾害的高分辨率风险区划方案。

第二，构建高精度碳监测网络。丽水计划在建成区优先布设 3 个地面高精度温室气体浓度监测点位，24 小时连续监测 CO_2、CH_4、高精度气象参数（风向和风速、温度、湿度、气压、降水量）等指标，并建立适用于中小城市尺度研究的高分辨率、高质量的温室气体近地面分布浓度和边界条件模式模型，以此对地面固定监测网络进行补充，实现温室气体时空分辨的立体监测，另外利用无人机+走航车移动监测的方式对丽水建成区进行温室气体监测，选择四季各典型时间段开展走航监测。

第三，实施智能化预警。通过该智能化预警，丽水可以增强全面监测能力，进一步研究地质灾害、小型流域的洪水以及城市内涝等气象风险预警技术，建立联合会商和联合预警机制，发布气象灾害影响预报和风险预警，同时建立短临预报服务平台，当实况降雨量达到预警红线临界值时，系统将自动发出预警。此外，还提供实况和三小时预报的分级分类提醒服务。

3. 借力"人眼监督"，实现美丽环境人人守护

"人眼监督"是指依托防灾减灾综合指挥平台，广泛组织动员，形成部门协同、群众监督合力，以问题为导向，紧盯人民群众普遍关注的灾害问题，坚持有效、多途径织密人眼反馈网络。该技术主要包括：

第一，构建综合应急指挥平台。丽水依托"花园云"和"城市大脑"数字平台，构建统一的城市应急指挥中心，集成省防汛防台在线、市城市模型平台、瓯江防洪数字化管理平台等多跨协同应用场景，实现灾情防控直播导播、风险展示、画面传输、模拟推演等功能。

第二，推进基层防灾减灾体系融合发展。丽水持续推进气象防灾减灾标准化村（社区）建设和提标升级，建成省级气象防灾减灾标准化村（社区）1007 个，创建比例达 50%。统筹气象协理员、信息员队伍建设与基层防汛体系构建。

第三，打造地灾智防、瓯江大溪段流域管理数字孪生系统等防灾减灾数字应用场景。

（三）生态治理：提升气候韧性和可持续发展能力

丽水有着华东地区重要屏障、浙江大花园最美核心区的功能定位，坚持以最严要求持续保护生态环境，打造万物和谐的自然花园，探寻基于自然气候适应路径方案，在推动城乡风貌格局系统性重塑的同时，提升生态系统和公共基础设施适应气候变化能力。

第一，建设生态大美的花园城市。丽水围绕生态环境原真性与完整性保护，以最严格的制度、最顶格的标准、最严密的法治创建百山祖国家公园，开展国家公园设立标准试验区试点，推进林地地役权改革，编制了《百山祖国家公园科学考察及国家公园符合性认定报告》《百山祖国家公园设立方案》以及《设立百山祖国家公园社会影响评估报告》三项技术研究报告，出台了《关于丽水政法系统服务和保障百山祖国家公园创建的工作意见》《关于服务保障百山祖国家公园创建工作的意见》等系列联合保障机制和措施，为创建国家公园奠定坚实基础。同时，丽水坚持以国家公园的理念和标准全域推进大花园最美核心区建设，规划丽水75.67%的国土面积为生态优先保护区；制定了105项地方标准，建设了82个美丽城镇、208个花园乡村、866个景区村、200万亩美丽林地、41条美丽河湖。打造全省最长的"一江十城百镇千村"最美瓯江骑游绿道，建设城乡公共绿地、园林、慢行系统，构建了兼具消暑驱寒、引水倒流、避险防灾等多重调节功能的人居空间单元。

第二，推动系统性生态环境修复治理。瓯江源头区域山水林田湖草沙一体化保护和修复工程（以下简称"瓯江山水工程"）作为全国首批10个"十四五"山水林田湖草沙一体化保护和修复工程之一，同时也是唯一一个在经济发达地区打造的生态保护修复样板项目，于2021年全面启动。"瓯江山水工程"以"道法自然、和谐共生"为理念，采用自然解决方案一体化规划，系统进行保护和修复，探索源头保护、系统治理、全域治理的新途径。此外在传统农业实践中，丽水积极探索，发展出了青田稻鱼共生、缙云茭鸭共生、景宁茶羊共生、云和稻螺共生、庆元林菇共育这五大生态农业模式。这些独特模式不仅增强了丽水地区特色，也为基于自然的解决方案理念与中国传统生态文化相结合提供了新的参考案例。

第三，打造生态水利工程。以打造华东水塔为目标，丽水近年来实施城区防灾减灾生态调水工程，总投资3.66亿元。该工程是省、市重点项目，也是2021年全省扩大有效投资集中开工重大项目之一，含提水泵站1座、隧洞2.75km、丽北配水线3.684km，调大溪水至五一水库向城区配置，这将大大加强区域生态流量调节能力，降低城区内河防洪排涝压力，将城西片的防洪排涝能力由10年一遇提升至20年一遇，保障城区行洪安全。在确保江河安澜、人水和谐的同时，发挥局部空间气候调节作用，缓解城市热岛和浊岛效应，与城区最大人工湖——南明湖形成南北呼应，综合发挥城市"水冷系统"作用。

第四，持续推进气候敏感区生态移民搬迁。丽水是典型山区城市，地理地貌有"九山半水半分田"之称，高山远区、地质脆弱区等气候变化敏感区广布。为了让敏感区块群众彻底摆脱地质、气象等灾害威胁，有效调整人口、产业布局，实现适应气候变化与共同富裕，丽水连续20年实施"生态搬迁"行动，结合地质隐患排查和生态调查，优先搬迁脆弱敏感区内乡村居民。将解危除险与引导集聚相结合，围绕"解危除险""小县大城""众创空间""幸福社区"四个维度，持之以恒推进生态搬迁，推动高山远区、贫困山村等气候敏感区、地质脆弱区范围内的人口、经济结构重塑。

（四）气候经济：构建适应气候变化的新发展格局

高质量发展经济和适应气候变化必然是相互促进、互为依存的关系，更好地在适应气候变化的过程中从自然生态系统中获得普遍惠益，有助于探索人与自然和谐发展，也是可持续、精细化的气候适应有效路径。

1. 建立气候生态产品价值核算评估应用体系

一方面，率先在全国建立科学合理可操作的生态产品价值核算评估机制。在全国地级市中，丽水率先实施了山区市生态产品价值评估的技术方案，并发布了全国首个《生态产品价值评估指南》的地方性规范。这一举措对于浙江省《陆地生态系统生态产品价值评估技术标准》的制定起到重

要的支撑作用；此外，丽水还进行了从市级到乡村级的生态系统生产总值（Gross Ecosystem Product，GEP）核算，发布核算结果；全面推进 GEP 核算成果应用，构建 GEP "进规划、进决策、进项目、进交易、进监测、进考核"的应用体系。

另一方面，首先实施 GDP 与 GEP 双重核算、评估和考核制度。自 2019 年起，丽水连续两年将 GEP 增长速度与 GDP 相比较、GEP 快速向 GDP 转化等 4 个方面 30 项指标纳入市委对各县（市、区）年度综合考核指标体系，将生态产品价值实现工作纳入领导干部自然资源资产离任审计内容，明确了政府、部门和领导干部在提供优质生态产品方面的职责。

2. 创新多条气候资源生态产品价值实现路径

一方面，发展气候旅游。丽水以"天然氧吧城市"和"国家气象公园"试点建设为抓手，建设云海、避暑、养生等 8 大类气候资源基（营）地，并制定相关评分标准；推进 20 个"康养 600"小镇规划建设和精准招商，打开气候资源价值转换体验"通道"，推动气候资源变产品。

另一方面，创新发展气候适应型农业。丽水着力提升农业防灾抗逆能力，创立土楼式垂直农场+雾耕种植（水分、营养液气雾化）新型农业模式，发挥气候依赖度低、土地占用少优势，可实现生态退化区域、山区海岛等气候逆境条件下一年四季无差别优质高产；推进土壤数字化项目建设，完成全国精度最高水准的 1∶5 万数字化土壤图，建设土壤基础数据、农业基础数据系统，以科学、精细的土壤优势分析精准指导农业生产，打造华东种质资源基地。

三 丽水气候适应投融资机制与运作方式

近年来，丽水在适应气候变化过程中，引导和促进更多资金投入应对气候变化领域的投资和融资活动，初步形成生态环境导向的开发模式（Ecology-Oriented Development，EOD）、信贷服务、信用服务、气候保险等四类气候金融服务模式。

第一，发展基于 EOD 模式开发的投融资模式。目前已有的遂昌天工之城、青田侨乡大花园生态环境导向的开发（EOD）模式试点项目入选国家试点，实施范围为仙侠湖流域，核心区位于湖山乡，涉及全县 11 个乡镇。预计到 2025 年，基本形成"湖库水质保持优良、生态环境全面提升、生态经济高效发展、人与自然和谐共处"的持续健康发展态势，这将为防洪排涝、地质修复等适应变化基础工程举措有效募集资金。

第二，打造以拓宽生态资产可抵（质）押物范围为目标的信贷服务模式。创新性推出将以 GEP 收益权作为贷款还款来源，以支持生态保护和生态开发作为贷款用途的"生态贷"模式。如景宁县农商行将 GEP 未来收益权作为还款来源向大均乡两山合作社发放用于采购生态监控设备的质押贷款 50 万元；青田县农商行以祯埠镇 GEP 预期收益权为抵押物，向青田县祯埠生态强村发展有限公司提供了全国首笔 GEP 直接信贷 500 万元。

第三，激励市场主体参与生态系统气候韧性提升的生态信用服务模式。丽水创新建立"生态信用+信贷"联动机制，推进生态信用管理制度建设，建立生态信用正负面清单，构建生态信用评定指标，开展生态信用积分评定工作，探索出基于生态信用的"两山贷"模式，将生态信用积分作为贷款准入、贷款额度、贷款利率的参考依据运用于贷款审批流程，引导金融机构对生态守信者提供金融激励。如在云和县，选择饮用水源保护区——雾溪乡作为首个"两山贷"试点乡镇，针对全乡 1800 余户村民需逐步搬离水源地、搬迁后生产生活存在较大融资需求的实际，创新性对生态信用积分较高的农户发放享受优惠贷款利率的"两山贷"。具体做法为：一是建立生态信用积分评定制度。将"认养水源涵养林"等 20 项内容纳入正面清单，将"违规排放"等 19 项内容纳入负面清单。二是依据生态信用积分，制定贷款利率优惠政策。将贷款政策划为五个档次，其中"榜样档"为 80 分（含）以上，贷款利率较普通信用贷款至少低 90 个基点。据统计，贷款金额为 10 万元以下的"两山贷"加权平均利率比省级信用村享受的贷款利率低 40 个基点、比普通贷款利率低 270 个基点。"两山贷"满足了当地村民搬迁后生产生活的融资需求、降低了村民融资成本，也激励强化了村民保护

水源意识。截至 2021 年底，丽水共有 22 家金融机构开办"两山贷"业务，机构占比 81.48%，"两山贷"余额达 16.02 亿元，惠及农户 9000 余户。

第四，探索缓释气候风险的气象保险模式。丽水陆续开展茶叶气象指数保险、油茶气象指数保险、杨梅采摘期降雨气象指数保险、黄菊期低温气象指数保险、雪梨花期气象指数保险等业务，截至 2020 年底，各类气象指数保险投保户数 603 户、投保金额 4950 万元、已结案理赔 1159 万元。以丽水所辖松阳县为例，松阳有"中国绿茶第一市"之称，40% 居民从事茶产业、50% 的农民收入来自茶产业、60% 农业产值源于茶产业，做好气象保险服务能够有效促进茶农减损增收。为解决气象站点分布不均、观测资料不足致部分受灾茶园无法得到保险理赔等问题，气象部门在茶园内安装茶叶保险专业自动站，增加观测要素，并编制不同时间、不同茶叶品种的理赔标准。在自然灾害公众责任保险基础上，水稻保险、林木保险等重点农业保险基本实现全覆盖；新推出"森林险+碳汇贷"、遂昌棘胸蛙、龙泉灵芝、庆元中药材等区域特色农业保险，有力支持绿色农业产业发展。2021 年，丽水农业保险实现保费收入 8088.0 万元，提供各类风险保障 80.4 亿元。

四　丽水经验对建设气候韧性城市的启示

人与自然和谐共生，经济生态化、生态经济化，城乡治理数智化赋能新时代，为适应气候变化带来了新的理念、机遇、手段，也使气候变化风险变得可触摸、可感知、可体验、可计量、可管控。丽水气候适应型城市建设，抓住时代脉搏，在保护优先、主动适应、促进发展中不断提升气候适应能力，牵引重塑更为协同、更有韧性的"自然—经济—社会"复合生态系统，进而推动人与自然和谐共生、自然与经济相互转化、经济与社会协调发展，可为之一鉴。具体为：

第一，注重灾害风险"数智"治理。天眼守望助力"两山"转化成为全省数字化改革首批最佳应用。丽水建立 11 个"护绿出新"场景，即大气、固废、水环境、自然保护地、土壤环境等 5 个生态环境保护类子场景和森林火险、地质灾害、非法采矿、违法违规建筑、生态保护红线、云耕保等6个自然资源监测类子场景。地灾智防、"花园云"多业务协同系统自上线运行以来，截至 2022 年 2 月底，成功预警森林火险、地质灾害、水（大气）污染等风险隐患 2312 件（次），处置率 100%。

第二，注重金融赋能。丽水在适应气候变化过程中，创新绿色金融产品服务，以生态信用贷款、气象农业保险、绿色产业基金、巨灾保险等牵引，为气候变化敏感区域、产业、人群，适应气候变化重点工程项目精准保驾护航。在缓释规避风险的同时，发挥激励引导作用，不断增强全社会应对气候变化风险意识。创造性建立生态信用制度，推出"信易游""信易贷""信易购"等 8 大类 20 余项守信激励创新应用场景，开展"一码通城"平台建设，实现"人手一码、集成应用""守信激励、失信惩戒"，以生态信用推动全社会不断增强生态保护意识，使生态保护成为行动自觉。

第三，注重解危除险与引导集聚相结合。20 余年来，丽水始终坚持以人为本理念，通过公共财政支出引导，将群众搬离生态危险和生态脆弱区域，与引导集聚建设安居乐业新家园相结合，确保搬迁群众"搬得出、融得入、富得起"，不仅符合百姓对安全生活环境的需求，也契合百姓对美好生活的向往。

第四，注重基于自然的解决方案实施。通过百山祖国家公园创建、瓯江源头区域山水林田湖草沙一体化保护和修复工程、生态搬迁扶贫等基于自然的解决方案的标志性项目牵引，撬动发展路径上的系统性重塑，逐步形成绿水青山价值倍增、高效转化和充分释放的发展格局。

参考文献

徐晖、朱岩华、周华：《关于丽水市地质灾害综合治理工作的实践与思考——丽水市"大搬快治"牢筑地质灾害防治"生命工程"》，《浙江国土资源》2018 年第 12 期。

张嫄、朱黎阳、李浩铭：《国家相关绿色金融试验区经验对气候投融资试点建设的启示》，《环境保护》2019 年第 24 期。

B.17
济南建设韧性城市的成效和经验[*]

田建国[**]

摘　要： 近年来，济南的极端气候事件逐渐增多，突出表现为夏季暴雨灾害频发，且因为地形特殊，常因暴雨导致其城市内涝。当前济南积极探索建设韧性城市，取得较大进展和一系列经验，突出表现在：将韧性城市理念深入各类规划；以新旧动能转换为契机，夯实产业韧性；针对突发事件因类施策，提升韧性治理能力；以数字化建设引领，打造韧性城市智慧大脑。总体来看，济南系统完整建设了韧性城市，理念先进，措施多样，公众参与度较高，数字化水平和科技含量较高，注重短板建设，强调生态引领。济南韧性城市的建设取得了良好成效，增强了城市老城区和新城区的韧性水平，为我国深入开展韧性城市建设提供了借鉴。

关键词： 韧性城市　济南　极端气候

受全球气候变化影响，21世纪我国极端降水事件发生概率大幅增加。从地区来看，华北地区极端降水事件呈上升趋势。有研究表明，未来我国北方地区平均降水更容易受到气候变暖的影响，北方地区发生暴雨和城市内涝的风险将增大。当前已有学者采用不同方法对全国不同地区极端降水特征变化趋势进行分析，研究表明，我国北方地区随着年降水总量的增加，更容易

---

* 本报告受国家社会科学基金重大项目"中国2030年前碳排放达峰行动方案研究"（项目编号为21ZDA085）资助。

** 田建国，济南大学绿色发展研究院副教授，博士，研究方向为福祉经济学、低碳经济。

出现极端降水量，北方地区的城市在应对极端天气中面临的挑战和压力更大。极端事件虽然是一种小概率事件，但肥尾效应逐渐显现，其对社会经济及生态系统造成的危害巨大，影响深远，因此备受关注。加之我国北方地区城镇化加速，土地城镇化过重，为城市高质量发展带来较大不确定性，同时，缺乏应对洪涝等灾害和风险的经验和能力，逐渐增加的极端事件会造成更大损失，影响范围更广，这些都对韧性城市建设提出了更为急迫的要求。党的二十大强调，"加快转变超大特大城市发展方式，实施城市更新行动，加强城市基础设施建设，打造宜居、韧性、智慧城市。"近年来，济南的极端气候事件呈现逐渐增多的趋势，突出表现为夏季暴雨灾害频发。作为典型的北方城市以及东部地区大城市，济南打造韧性城市的经验为该地区积极应对气候变化带来的极端天气不利影响提供了较好的借鉴。

一 济南打造韧性城市的关键做法

为打造高水平的韧性城市，济南出台了一系列的规划方案，比如制定了《济南市韧性城市建设专项规划（2022-2025年）》。同时，济南也在各领域各层面不断尝试和探索韧性城市的关键路径和做法，力争打造北方地区韧性城市的样板城市。济南的关键做法包括：将韧性城市理念深入各类规划；以新旧动能转换为契机，着力夯实产业韧性；针对突发事件因类施策，提升韧性治理能力；完善组织机构，增强应急能力；以数字化建设引领，打造韧性城市智慧大脑；借助山体公园建设，提高空间韧性水平；明确运行和组织机制，做好保障举措。

（一）韧性理念深入各层规划

济南在韧性城市建设中，将韧性理念完整全面准确地贯彻到各层、各部门规划，打通多重规划之间的理念壁垒，多规共用韧性理念，以韧性城市为统领，统筹规划思路。《济南市新型城镇化规划（2021—2035年）》提出，济南将按照"融、优、拓、补、培"的总体思路，着力提升城区的空间韧性。根据韧性城市发展思路，该规划对济南中心城区重新划定，以期进一步提高韧性水平。新划定的中心城区范围共分为三部分，分别是老城区，二环路以内的区域；东西部新城区二环路与绕城高速公路合围区域；新旧动能转换起步区全域。

《济南新旧动能转换起步区发展规划（2021—2035年）》要求，济南起步区的安全韧性新城建设要将常态减灾和非常态救灾统一起来，构建全天候、系统性、智慧化的城市安全和应急防灾体系，打造低风险下弹性城市、高风险下韧性城市。

在产业发展规划中，同样强调了韧性理念。《济南新旧动能转换起步区"十四五"产业发展规划》制定了投资强度、集约节约用地等方面的长远目标，以国内先进地区为标杆，通过国土规划顶层设计制定产业用地规模，发挥后发优势，提高地均投资强度。根据产业不同，因类施策，分类设计不同投资强度标准。

为进一步体现应急体系在韧性城市建设中的重要性，济南编制了《济南新旧动能转换起步区突发事件总体应急预案》。从编制依据及适用范围、预案体系主要内容、各层级应急指挥机构（机制）、风险防控、预测预警、应急响应、恢复与重建、资源保障、预案编制、修订、评估及演练等方面，对总体应急预案的要件进行概括性的编制，形成了结构完整、逻辑清晰、前后呼应的有机整体，可以说是对"发展规划"的进一步落实。

（二）以新旧动能转换为契机，着力夯实产业韧性

济南作为全国新旧动能转换的先行示范区，立足产业兴市、产业强市，着力增强产业韧性，以新旧动能转换为主要努力方向，积极构建现代韧性产业示范区。当前济南重点投资新旧动能转换和与现代产业有关的重点项目，总投资3110.49亿元，共308个项目。为增强产业韧性，济南着力增加新投资产业的前后关联，打造链式网状产业共同体。按照规划，在2025年底前，济南将重点培育集成电路、工程机械、新能源汽车、透明质酸、生物质材料、空天信息等产业共同体。推动重点产业形成国家产业集群，打造信息技

术服务国家级集群，重点建成北斗导航、AIRSAT 卫星星座等未来产业标志性项目，创建生物医药产业国家级集群，打造新能源产业集群，重点加快建设比亚迪新能源汽车整车等项目，"十四五"期间要形成 8 个以上国家级、省级集群。打造数字经济高地，为产业韧性提供重要保障。济南充分利用国家级互联网骨干直联点，结合浪潮等工业互联网，建设"星火·链网"济南超级节点。推动产业升级，重点发展生产性服务业。优化覆盖企业全生命周期的支持政策体系，打造现代服务经济中心。在"十四五"期间，济南准备形成 10 个省级现代服务业集聚示范区、25 个省级服务业创新中心、30 个市级特色产业楼宇，200 家总部企业。

（三）针对突发事件因类施策，提升韧性治理能力

考虑到未来影响城市韧性水平的突发事件带有极大的不确定性，济南在《济南新旧动能转换起步区突发事件总体应急预案》中对各类可能的突发事件进行了提前分类，主要包括总体应急预案、专项应急预案、部门应急预案、基层应急预案等。为进一步提高可操作性，文件提出，各类型突发事件涉及的各预案要明确各相关部门的责任和义务，要求各部门要针对所承担的责任制定具体实际可落地的工作手册、行动方案等支撑性文件。针对突发事件因类施策，大大提高了突发事件的处理效率，实现精准治理和快速反应，从而提高城市治理的韧性能力和水平。

（四）完善组织机构，增强应急能力

在机构建设方面，为应对极端事件和突发事件的影响，济南加强组织机构建设，增强应急的组织能力和协调能力。济南目前在起步区建立的应急体系有较强的完整性和系统性，主要包括突发事件总指挥部、突发事件专项应急指挥部、现场指挥机构、事发地街道办事处等部门。在全区设置突发事件应急管理的组织领导机构——突发事件总指挥部，总指挥部下设专项应急指挥机构，负责具体专项突发事件的组织指挥和协调。现场指挥机构一般是在突发事件发生后，根据具体情况临时设置于现场的指挥机

构。现场指挥机构可根据需要设立综合协调、灾害监测、群众生活、专家支持等工作组。

除了事中的应急组织机构，起步区管委会还建立了完备的事后组织协调工作方案。济南起步区根据突发事件造成的损失程度和影响范围，制定了救助、补偿、抚慰、抚恤、安置等善后工作方案。事发地街道办事处及政府相关部门等部门要协同配合，尽快修复突发事件造成的交通、水利、通信等公共设施，恢复社会秩序。

（五）数字化引领，打造韧性城市智慧大脑

第一，提高应急体系能力。通过提高数字化水平，建设物联网，利用大数据推进立体监测预警系统、空天地一体化韧性通信网络建设，实现了应急体系决策救援能力的大提升。使用数字科技赋能，济南应急体系不断完善，城市韧性能力和水平不断提高，抵御自然灾害的能力和水平也得到有效提升。

第二，提升基础设施智慧化水平。基础设施韧性水平的提高是韧性城市建设的重要方面，提高基础设施韧性水平有赖于基础设施智慧化水平的提高。利用城市信息模型平台，济南完善了智慧城市基础设施，实现本市数字虚拟与现实的同步发展，通过加强数字社会、数字政府建设，优化了基础设施的布局、结构、功能和系统集成，提升了公共服务、社会治理的数字化智能化水平。

第三，打造智慧城市平台，建设智慧大脑。由济南自然资源和规划局牵头建成了省内首个城市级城市信息模型平台。建成时空基础、资源调查、规划管控、物联感知、公共专题数据五大基础数据库，接入各大信息平台等的多个共享服务，实现了全域地形三维展现、中心城区三维实景展现，集成了海量数据，建成全市全域全时空的数据集。利用城市信息模型基础平台，济南通过联合协调多个政府部门，共同开展城市信息模型平台+智慧应用体系建设，尝试各种应用场景，深化城市信息模型平台在城市治理、建设、运行等方面的作用。

（六）依托山体公园建设，打造全新韧性空间

济南是一座山水城市，有 167 座山体分布在绕城高速以内。山体面积占整个二环以内面积的 1/4，南部山体对降水的吸收和再利用作用尤为重要。依托山体，运用山体海绵设计理念成为济南建设海绵城市的重要亮点。传统的山体公园建设只注重美观、整洁、方便，破坏了雨水的自然循环路线，减少了下渗，造成城市内涝等风险和灾害。济南利用山体公园，打造海绵城市山体，主要增强山体降水的渗透、储存、净化、利用等功能，可以有效地控制减少径流总量、径流峰值和径流污染。设计不同风格的减缓坎，引导山体径流，打造海绵式景观。

（七）明确应急运行机制，严密保障措施

应急预案明确了运行机制，主要包括风险防控、监测预警、信息报告、应急处置与救援、恢复重建等流程。针对各种可能发生的突发事件，完善预测预警机制，建立常规数据监测、风险分析与分级等制度。建立健全突发事件监测制度，完善信息资源获取和共享机制。在资源保障方面，依托各职能部门，根据需要建设和管理本行业、本领域的专业应急队伍。街道办事处及社区、村（居）民委员会与有关单位、社会组织共同建立了基层应急队，同时鼓励企事业单位、社会组织及公民个人等依法有序参与应急救援工作。

二　建设成效与经验

总体来看，济南利用自己的优势，系统完整地建设了韧性城市，并且理念先进，措施多样，公众参与度较高，数字化水平和科技含量较高，注重短板建设，强调生态引领，建设韧性城市取得良好的成效，增强了城市老城区和新城区的韧性水平，从经济、社会、空间、基础设施等方面探索了打造韧性城市的路径，为我国深入推动和开展韧性城市建设提供了借鉴。

（一）多目标协同，以提升福祉为韧性城市建设目的

韧性城市的建设并非是仅仅为了提高城市应对突发状况的能力，归根结底是为了提高人民的福祉。提高城市应对灾害的能力应建立在统筹经济、生态和健康等重要目标的基础上。比如济南在新型城镇化规划方面，提出应将经济发展目的同生态健康目标相互统筹，在老城区、新城区的功能定位和开发策略中要充分考虑生态、健康等目标，形成以人民群众福祉提升为根本目的的高质量发展路径。从济南建设韧性城市的目标可以看出，韧性城市的建设应该遵循多目标协同原则，以满足人民群众最迫切的需求和提高人民群众最普遍的福祉为要旨。

（二）保留田园底色，提升城乡空间韧性水平

济南通过在新建地区的城乡空间布局中保留田园底色提高城乡空间布局的韧性水平。城市建设并非整齐划一，多样性构成了高韧性的发展格局。在新旧动能转换起步区，坚持韧性城市理念，积极推动产城融合，按照"一纵一横两核五组团"的空间结构，深化形成"一城五团十六区，九镇百村嵌田园"的城乡空间布局，既推动了空间布局的多样化，又增强了城区应对极端气候的韧性能力。同时，在拆迁过程中公众对村庄保留与否的意见和争议较大，通过充分讨论，济南按照"九镇百村嵌田园"的城乡空间布局，依据高标准农田建设规划分布情况，保留部分村庄。对于有特色产业的村庄进行保护发展，其他保留下的村庄则进行集聚提升。合理韧性布局城乡空间，既保留了田园底色，又增强了城乡空间韧性水平。

（三）以生态优先绿色发展引领韧性城建

济南在打造韧性城市过程中，牢记生态优先绿色发展的理念，以生态优先理念引领韧性城建。济南起步区建设是伴随黄河生态保护和高质量发展战略而生的，在各重点项目中，牢牢把握生态优先绿色发展的理念，将生态保护放在首位。对于重点基础设施建设，充分考虑海绵城市、生态绿色等建设

要求，在此基础上提升城市在各个维度上的韧性。目前济南起步区正加快建设黄河大道二期，同步推进两侧片区开发和环境提升，让黄河大道成为起步区落实黄河流域生态保护和高质量发展战略、建设绿色智慧宜居新城区的新地标。

（四）借助数字技术，打通基层韧性治理难题

韧性城市需要韧性治理来保驾护航，作为韧性城市建设的重要方面，其对韧性城市的运行至关重要。济南高度重视韧性治理问题，尤其是基层韧性治理，将基层韧性治理视作韧性城市建设的"最后一公里"。为提升基层韧性治理能力，济南充分利用数字技术，通过数字赋能韧性治理，将治理与基础设施的韧性紧密结合、互相促进。在运用数字技术手段助力基层韧性治理过程中，济南充分发挥本市在数字技术上的优势，积极探索与数字技术相适应的治理配置机制。目前，济南通过利用数字技术深刻剖析了基层韧性治理的逻辑思路构建了"技术双赋—韧力释放"框架，通过"技术赋能"与"技术赋权"的双轮驱动，充分释放基层组织的韧性治理能力。

（五）以老旧小区为重点，完善韧性短板

济南以老旧小区改造为提升城市韧性的重点。关注影响城市韧性水平的短板是济南建设韧性城市的重要特点。济南将有序实施城市更新作为"项目突破年"的重点任务。2023年济南加快推进城市更新项目实施，力求培育1~2个历史建筑活化利用典型项目，开展第二批50处历史建筑"健康体检"。同时，将老旧小区改造提升纳入海绵城市建设中。济南发布了《关于加强海绵城市建设工作的通知》及《关于在老旧小区改造中落实海绵城市建设要求的实施意见（试行）》，明确了各区县的建设任务和老旧小区改造具体要求，力争到2030年底，济南80%的建成区面积达到海绵城市建设要求。积极探索原址改造老旧住房，促进老城区提质增效。

（六）引导公众参与，积极吸收公众意见

在韧性城市建设过程中，济南充分发挥公众参与的力量，征求并采纳公

众的意见，对韧性城市的项目建设产生积极的影响。济南提出应根据群众意愿来设计海绵城市方案。对于老旧小区改造，应结合群众意见，对群众反映强烈的道路、管网、绿地进行改造。在方案设计和规划阶段应积极引导群众参与发表意见，对于方案中的专项预算、施工阶段预算、工艺设计等要充分细致地同群众沟通，在项目现场和小区公共场地张贴公示，全面征求居民意见。

（七）大力开发地下空间，增强空间韧性

对大部分大城市来说，地上可供开发的空间有限，增强城市韧性需要大力开发地下空间。济南在地下空间开发和利用方面积极吸纳韧性理念，将地下空间的使用作为韧性城市建设的重要方面，破解大城市病，提升空间韧性。根据《济南新旧动能转换起步区综合能源专项规划（征求意见稿）》，起步区地下开发总量在 3500 万～4000 万平方米，人均地下空间指标将达19～22 平方米。地下开发总量高于雄安新区的 2500 万平方米。提出打造城市高质量发展的"新城基"、人民美好生活的"新场所"、TOD 城站融合的"新模式"、空间立体集约的"新典范"，都对标韧性城市建设。与黄河南岸济南老城区不同，起步区的道路建设秉承"能入地则不上天"的理念，打造轨交带动、互联互通的立体高效地下交通设施，将构建轨道交通系统、地下车行系统、地下停车系统、地下人行系统，进一步增加交通韧性。作为济南跨越黄河再建的一座新城，起步区正加快打造"地面一座城""地下一座城""云端一座城"的立体化城市空间格局，随着市政基础设施、交通体系、公共服务体系被引入地下，起步区"地下一座城"的图景已基本绘就。在此基础上，引入智慧隧道、地下能源站、地下真空管道垃圾收运系统，以及地下物流系统，则又为这座"地下城"增添了更多韧性，成为起步区打造韧性城市的重要组成部分。

（八）"韧性"理念融入项目建设全生命周期

济南将"韧性"理念融入海绵城市建设项目的全生命周期。首先，济

南在海绵城市建设中注重顶层设计，高度融合海绵城市理念，高标准规划开发地块建设，济南在此方面的探索和建设具有国内先进水平。其次，济南从全域范围推进海绵城市建设。济南自 2017 年要求在新建区域或项目、旧城更新区或项目要全面落实海绵城市的建设标准和要求。最后，管理全生命周期。济南较早出台了《济南海绵城市建设规划管控办法》等政策制度，将海绵城市建设要求纳入了土地供应、施工图审查、竣工验收、运行维护等全过程，实现全生命周期管控。

三 总结

济南通过提升城市经济韧性、社会韧性、空间韧性、基础设施韧性、生态韧性打造我国北方地区韧性样板城市，提升了城市应对极端天气和灾害的韧性水平，增强了抵御风险的能力，为在我国北方和东部地区建设韧性城市提供了一些好的经验和可复制的模式。总体来看，济南建设韧性城市的系统性强，理念先进，措施多样，公众参与度较高，数字化水平和科技含量较高，注重短板建设，强调生态引领，建设韧性城市取得良好的成效，增强了城市老城区和新城区的韧性水平，从经济、社会、空间、基础设施等方面探索了打造韧性城市的路径，为我国深入推动和开展韧性城市建设提供了借鉴。

在建设韧性城市关键路径的选择上，济南通过提高城市支柱产业的产业链、供应链的安全性和可靠性，增强了城市产业的多元性，提升了城市经济韧性，避免因一两家支柱性企业发生危机而影响城市整体的经济和社会稳定。通过推进精细化专业化的社会治理，充分发挥基层党组织和居民自治组织的作用，加强危机时期公众心理建设和引导，强化公众参与，增强了城市社会韧性，提高了公众危机意识和社会适应变化的能力。

通过科学制定城市综合应急规划，济南针对洪水、地震、火灾、疫情等突发事件，合理预留避难场地、方舱医院等"平战结合"的应急救援空间，做好设施接入条件预留，提升了城市空间韧性水平。通过加快基础设施智能

化改造，增强城市"生命线"系统的抗冲击和快速修复能力，保障基础设施系统在极端情况下能正常运转，提升了城市基础设施韧性。通过推进海绵城市建设，加强城市山体公园、河湖、湿地水系的保护和修复，加强雨水的收集、净化、储存和利用，人工与生态手段相结合提升了城市的生态韧性。

参考文献

逄丽艳、臧广平、周宝国：《山体公园建设对降水的涵养作用——以济南佛慧山金鸡岭景区设计为例》，《林业勘察设计》2021年第6期。

黄国如、陈晓丽：《北江飞来峡流域 TRMM 卫星降雨数据适应性研究》，《南水北调与水利科技》2019年第4期。

焦洋、李彦之、田雪珊等：《全球变暖背景下济南及其周边地区极端温度与降水事件变化分析》，《气象与环境科学》2021年第2期。

李双林、韩乐琼、卞洁：《基于 IPCC AR4 部分耦合模式结果的 21 世纪长江中下游强降水预估》，《暴雨灾害》2012年第3期。

刘占明、徐丹、魏兴琥等：《北江流域汛期降水结构变化特征》，《热带地理》2020年第1期。

吴佳、周波涛、徐影：《中国平均降水和极端降水对气候变暖的响应：CMIP5 模式模拟评估和预估》，《地球物理学报》2015年第9期。

国际经验篇

International Experience Chapters

B.18

欧洲建设韧性城市的经验与启示

王庆龙　陈 说[*]

摘　要： 城市作为人类聚居的复杂生态系统，无时无刻不面临着域外系统
的冲击，这种冲击不仅来自自然地理灾害，也来自人类自身繁衍
生息的社会经济系统。韧性城市建设可提高城市治理水平，加强
城市治理中的风险防控。欧洲作为现代文明的重要起源地，韧性
城市建设起源于小城邦向现代化大城市的转变，在整个欧洲韧性
城市建设即是要充分发挥出城市的集聚规模效应，改进欧洲城市
人口的生活福祉。在欧洲早期的城市建设中，就有凸显现代化国
家韧性城市建设的务实举措。本报告以荷兰鹿特丹浮动房屋的韧
性城市建设、法国巴黎的韧性城市建设和英国曼彻斯特的韧性城
市建设作为典型案例，分析其韧性城市建设的经验，为我国建设
韧性城市提供借鉴和参考。本报告的研究结论表明：加快我国韧

---

* 王庆龙，成都理工大学马克思主义学院讲师，博士，研究方向为环境经济学、气候变化与可
持续发展、低碳经济绿色发展；陈说，四川省成都市武侯区人民政府专业技术人员，博士，
研究方向为环境经济学、区域经济学、政治经济学。

性城市建设，亟须依托现有的城市规划实施方案，制定完善城市
应对外部冲击的有效治理措施，建立完善韧性城市评价体系，构
建韧性城市风险预警体系，助力我国韧性城市的健康可持续
发展。

关键词： 韧性城市　生态系统　外部冲击

一　引言

韧性原为物理学术语，是指物体遭受外力后恢复原状的能力。所谓城市
韧性，可理解为城市遭受外生冲击（如地震、洪涝、高温干旱等自然地理
因素引致的灾害和暴乱、恐怖袭击、群体性事件带来的社会经济影响）而
暂时性中断城市系统的运转时，城市短期内仍具有快速恢复如初和蓬勃向上
的可持续发展能力。城市作为人类聚居的复杂生态系统，无时无刻不面临着
域外系统的冲击，这种冲击不仅来自自然地理灾害，也来自人类自身繁衍生
息的社会经济系统的冲击。而推动城市经济的可持续发展，必然要有及时高
效应对自然地理灾害的手段，还应有防范和化解社会经济系统冲击的有力措
施。对于自然地理灾害的有效应对，一方面要求建设良好的防灾预报系统，
精准预测自然地理灾害发生的时间、地点、范围和强度，并通过信息高速公
路将自然灾害信息及时准确地传递到城市经济系统的各个末梢；另一方面又
需要提升减灾重建能力，在自然地理灾害面前能快速恢复秩序和生产，尽早
恢复城市的生机和活力。而对于社会经济系统的外部冲击，则应着眼于公平
正义的社会治理体系构建，畅通信息传播交流渠道，构建起符合多方利益的
协调机制与程序正义运行机制，利用健全的法治体系尽快平息社会利益冲
突，推进社会治理体系和社会治理能力现代化。

通常而言，韧性城市具有鲁棒性（Robustness）、适应性（Adaptability）、
智慧性（Resourcefulness）和冗余性（Redundancy）的特点，能够有效应对城

市系统的各种外部冲击和不确定性挑战，保持城市系统始终处于较高的稳定性水平。其中，鲁棒性特征是指韧性城市能够应对域外系统的冲击，减轻冲击尤其是各种不确定灾害给城市经济社会、组织动员等方面造成的影响；适应性则表明韧性城市在外力冲击的作用下能有效适应，使得城市受到外界冲击后能快速恢复自身原有的功能结构和生产能力，并通过适应外界环境变化而及时调整城市的适应力水平；智慧性特征则表明韧性城市具有良好的救灾资源储备能力和应急救援能力，依托遍及城市各角落的数字传输终端，城市系统能够快速调配资源、优化决策，实现资源效益最大化；冗余性则指韧性城市作为一个经济系统，某一模块或部分设施的受损不至于延伸至整个系统，备用的模块系统能够及时替换受损的模块，使得城市经济系统依然能够有效运转，不至于彻底瘫痪。

二 欧洲韧性城市建设的起因与现状

欧洲作为现代文明的重要起源地，14世纪发源于意大利半岛的文艺复兴运动在一扫中世纪的阴霾后，给城市带来了文明与火光，照耀着欧洲朝着现代化与城市化的道路稳步前行。欧洲韧性城市建设起源于小城邦向现代化大城市的转变，在这之中经历了长时间的人口城市化、城市建成区蔓延拓展、基础设施日趋完善等，推动人们向城市集聚，充分发挥出城市的集聚规模效应，改进城市人口的生活福祉。然而，城市在展示美好一面的同时，也暴露出"冷血"的一面——自然地理灾害导致的大面积损失、人口集聚带来的社会经济问题等成为城市建设者不得不面对的问题，尤其进入21世纪以后，城市内部和城市间人口、资本、信息等生产要素流动日益频繁，使得城市安全生产与秩序稳定成为新的时代命题。

（一）欧洲韧性城市建设的起因

进入21世纪之后，欧洲城市集聚经济能力不断增强，百万人口城市日益增多。为有效应对城市人口暴增、城市建成区面积外拓和域外系统的冲

击，亟须城市在面临安全冲击之时能有效应对。为此，符合韧性城市理念的各种设计和操作不断涌现出来。作为欧洲主要城市的伦敦，早在 2011 年就制定了《城市气候变化适应战略——管理风险和增强韧性》规划，意在提升应对极端气候能力和提高市民生活质量。该规划着眼于全球气候变化，在评估气候对人类生活影响的基础上，从生态环境、经济发展、人类健康、基础设施建设等四个方面出发制定相应措施，降低自然灾害等极端天气变化对城市经济社会活动带来的不利影响。2020 年 3 月，大伦敦市政府基于城市韧性框架对包括大伦敦规划（草案）、环境战略、交通战略、职业技能战略、社会融合战略等 9 个市级重要战略进行了分析评估，系统编制了《伦敦城市韧性战略 2020》，努力把战略规划应用于韧性城市的建设实践。

欧洲韧性城市建设的另一个原因在于人们对安全城市建设的日益重视和人权意识的重新觉醒。已有研究表明，欧洲大部分城市都由中世纪的城邦演进而来，而早期城邦建设基于安全性的考虑，设计有护城河、城门等一系列安全保卫措施。随着市场经济和自由化运动在欧洲各国的兴盛，城市的经济功能得以彰显，而保卫和防护功能得以弱化，尤其在人口集聚的城市经济系统中，任何外部冲击都有可能造成较大的损失，同时叠加上人均财富拥有量的增多和社会物质财富的堆砌，在外部微小的冲击下就有可能造成极大地损失。根据经济学原理，投入产出比的大小决定人们的行为动因，人们在遭遇不确定损失的前提下通常会寻求确定的保险机制的帮助，这种每个人集体行动的逻辑就逐渐演变为城市防护能力增强的集中建设，其外在表现就是韧性城市建设，包括得体的城市规划、更好的医疗保障机会、不断完善的城市韧性"安全网"等。

（二）欧洲韧性城市建设的现状

欧洲城市化进程和城市文明积累走在全球前列，因而在应对城市自然地理灾害和社会团体动荡等方面积累了大量经验。自 1933 年《雅典宪章》作为城市规划制定的基本原则而被世界各国广泛采用以来，欧洲城市大都遵循功能分区和空间均衡的整饬思路，基于现代城市规划理念，从空间结构入手融入韧性城市建设思想，从系统论角度来考虑城市安全问题，维持城市的长久稳定与可持续发展。例如，在全球应对气候变化的《巴黎协定》中就包括通过韧性城市建设来减少城市系统"脆弱性"的内容。随着全球气候变化的加剧，欧洲各国更是把韧性城市建设作为一项基本原则贯穿融入城市规划、市政工程建设、社会建设、民生保障等各方面。近年来，欧洲各国城市当局也通过各类规划和政策等形式，掀起了韧性城市建设的热潮，例如英国伦敦政府通过制定《管理风险和提高韧性》计划来有效应对全球气候变化背景下洪水、高温和干旱风险持续增加的风险。法国巴黎则颁布实施了《巴黎韧性战略》，以有效应对城市内涝、高温干旱、恐怖袭击、不同社会阶层的抗议、住房短缺、交通拥挤、移民问题等，通过加强基础设施建设、强化流域管理、共享公共空间、畅通融资渠道和发展循环经济等来共同应对。总体来看，欧洲韧性城市从制度建设入手，立足自然灾害和社会动荡等问题的及早防范和纾解，建立起相对完善的韧性城市规划建设体系，有效应对城市外部系统的冲击。

三 欧洲代表性国家建设韧性城市的若干经验

欧洲作为先发国家的集聚大洲，不仅是西方文明的发祥地，也是历史悠久、城市化进程最早、城市文明较为发达的地区。在欧洲早期的城市建设中，就有凸显现代化国家韧性城市建设的务实举措。其中比较典型的有，荷兰鹿特丹浮动房屋的韧性城市建设、法国巴黎的韧性城市建设和英国曼彻斯特的韧性城市建设。

（一）荷兰鹿特丹的韧性城市建设经验

荷兰作为"低地国家"，国土面积的1/4位于海平面以下，数百年来饱受海水倒灌和洪涝灾害的侵袭，人们长期以来一直不断与日益上升的海平面争夺生存空间，作为荷兰第二大城市的鹿特丹更是素有"水城"之称，其位于荷兰西南部莱茵河口地区的新马斯河两岸，是欧洲第一大港口，全球最

重要的物流中心之一，也是全球水治理的典范城市。鹿特丹年降雨天数平均多达 300 余天。以 2015 年为例，超过 6 亿升的降水需要从鹿特丹城市内部排出，由此可见鹿特丹遭受的水患侵袭多么严重。

早在 13 世纪，鹿特丹人民就针对水患频发的现状，在房屋建筑、防汛堤坝建设、填海截流排水等工程事项上融入韧性城市建设理念，通过改造低洼地、填海造田的方法创造性地打造了荷兰"圩田"① 这一兼具防洪与农业生产的景观来防洪防涝（见图 1）。2017 年编制完成的《鹿特丹韧性战略》在详细总结归纳鹿特丹韧性城市建设基本经验的基础上系统阐述了鹿特丹韧性城市建设的基本方略。在多年与水对抗过程中，荷兰人意识到"堵水""挡水"是下策，唯有推进"城"与"水"的融合共生，方能长治久安、遏制水患。为此，荷兰相继制定了《新水法》与《空间规划法》来促进鹿特丹"城"与"水"的结合。

一是在法律层面上推动形成空间规划与水共存的韧性城市建设格局。在规划审批程序中加入水影响评估流程，即采用气候适应社会成本效益分析，从投资成本收益角度评估鹿特丹韧性城市建设的经济可行性，从而为韧性城市建设制定相应的规划实施方案。

二是在行政管理上通过制定《国家气候适应战略》等行政法规，利用空间规划、土地利用规划等政策工具包，以适应气候变化引起的水患灾害，让鹿特丹在发生水患灾害后能及时模块化调整城市经济社会运行状态，达到气候不侵（climate proof）的效果。其基本操作包括策略性考虑多元化的不确定性，以实现受灾损失最小化。比如，在防洪堤坝设计时，多设计为阶梯形式，在潮水外溢时，堤坝内多余的淹水能及时排出城市而不至于发生内涝。同时利用自然系统的包容性特征，建立更多容纳洪水的"缓滞"空间，在城市建成区范围内建设滞洪池等设施，减轻洪涝灾害的冲击。

三是鹿特丹从规划、实施、管理三维层面展开系统化韧性城市建设实

---

① 荷兰人通过围海造陆得到大量土地，称为"圩田"。圩田现在是荷兰重要的农业区和居民点。

图 1　鹿特丹河流水系

资料来源：https：//m. thepaper. cn/newsDetail_ forward_ 23793847。

践。首先，从全面系统视角制定鹿特丹韧性城市建设的发展战略规划。从
2001 年开始，鹿特丹在城市规划中加入了吸收多余滞水和增强气候韧性的
考虑，并形成了较为全面的《鹿特丹韧性城市战略》，促进水与人类生产生
活空间的共生。其次，在制度层面上，制定了"市长—首席韧性官—韧性
办公室—多职能部门"的行政管理体制，由上到下打造从城市到社区的防
洪景观实物。例如，鹿特丹开展住宅建筑与景观建筑两栖化建设，通过打造
漂浮城市有效应对洪涝灾害对各类建筑物的破坏。比较典型的就是鹿特丹的
"浮动展馆"项目，该浮动展馆可随着水位涨落上下移动轻松应对洪涝灾
害，并利用太阳能解决自身的能源供给。诸如此类，鹿特丹建设有浮动大
坝、水上房屋、水上办公室、水上酒店等漂浮的水上移动设施。再次，鹿特
丹还竭力打造各式各样的韧性社区。在韧性社区内部的公共空间内，融蓄水
和休闲的公共广场已然成为城市抗洪防涝系统的一部分。例如，鹿特丹的倍
恩特姆广场就是世界上第一个兼具集水功能和休闲功能的广场。该广场在蓄
水后并不直接与城市排水系统连接，增加排水负担，而是将收集来的雨水经
过地下综合管廊系统送到污水处理中心，经过净化后再被输送到家家户户，
有效实现了变废为宝、变害为利。

四是推进韧性城市数字化管理。2013 年，荷兰政府推出数字三角洲工程，利用数字化管理技术实施监控与预防水患灾害。鹿特丹则基于大数据技术，在分析和整合历史和现值水资源数据的前提下，引入了 3D 水管理系统，运用数字技术帮助当局预测水患灾害及协调配置水利资源。鹿特丹政府在宣传层面通过搭建"韧性工具箱"网站，实时公布韧性城市相关数据，开发出"三角洲城市鹿特丹"应用（the Delta City Rotterdam App），让市民及时了解韧性城市和韧性社区多方面的实时数据，推动市民参与到韧性社区的建设之中，形成群众广泛参与的韧性城市建设，已然成为鹿特丹韧性城市建设的一张亮丽名片。

（二）法国巴黎的韧性城市建设经验

巴黎作为法国的首都，提升经济社会系统的韧性一直是巴黎市政府面临的棘手问题，尤其是移民问题、种族问题、流浪汉问题、住房紧张、基础设施体系老化等极大地冲击了巴黎地区的稳定。2020 年巴黎市政府制定了《巴黎韧性战略》规划，提出到 2050 年实现碳中和和绿色空间综合开发，建立完善域外系统风险体系和灾害观察站，在受到自然灾害和社会动荡侵袭时能推动职能部门高效运转，确保公共服务连续运行，加强巴黎地区内部不同次区域间的基础设施合作与建设，重点关注居民在灾害冲击后的心理健康和道路等基础设施的恢复，保障网络基础设施的安全稳定，加强社区居民的韧性教育，发动居民深度参与韧性社区建设，开放和共享公共空间，发展循环经济。

在实践中，巴黎市议会通过的"巴黎雨水"计划极大地推进了韧性城市建设。"巴黎雨水"计划要求巴黎所有建筑物和构造物的翻新项目，必须经过"巴黎雨水"计划办公室的审核，避免各自为政。"巴黎雨水"计划主要涉及雨水循环利用、绿色屋顶、渗透性绿色空间、可渗透覆盖物、排水沟等多项技术。[①]"巴黎雨水"计划覆盖了露天植被区，让雨点直接渗透进入

---

① 陆洵：《"巴黎雨水"计划与城市生态建设》，《光明日报》2021 年 8 月 26 日。

地表植被区域，有效提高土壤吸收能力和渗透能力，减轻下水道和城市洪涝灾害的风险，避免未经处理的雨水直接排入塞纳河，改善了塞纳河的水质。同时，"巴黎雨水"计划回收的雨水可以通过生产性和生活性用水来减轻饮用水的消耗，保护淡水资源。

此外，巴黎市政府还通过提高市政信息系统抗攻击能力，来增强安全性以应对外生的网络袭击，确保信息系统的安全高效运行，推动巴黎成为更有韧性和更为包容的城市。在具体行动方面，按照人口聚集程度设立多元化互动式急救和风险管理系统，加强危机冲击之后的心理干预与持续跟进服务，增强人们在危机过程中的凝聚力，加强不同种族不同肤色的志愿者和受众人群的互动交流，鼓励社区邻里间互帮互助，建立完善包容型社区。

（三）英国曼彻斯特的韧性城市建设经验

曼彻斯特是世界上最早的工业化城市之一，是英国重要的交通枢纽与商业、金融、工业、文化中心，也是享誉世界的国际化大都市。作为工业城市的曼彻斯特，在二战后一直在努力由工业型经济社会向服务型经济社会转型。与此同时，城市面貌日新月异，人口日益增多，这一时期英国整体逐步迈向旧城改造的高峰期。1996年6月15日，英国曼彻斯特市中心发生恐怖袭击事件，导致220人受伤，近5万平方米商业建筑和6万平方米办公楼建筑被毁。这加快了曼彻斯特当局对安全健康城市的探索，在城市规划理念中逐步融入韧性城市建设元素。

为此，曼彻斯特政府当局通过以下措施，不断促进韧性城市建设，使得曼彻斯特成为欧洲国家建设韧性城市的标杆。一是及时制定应急管理规划。重构规划理念，重新规划建设CBD区域，引入国际著名规划公司艾奕康（AECOM）构建未来城市中心与外围地区和谐共处的千年远景计划。其中的重要一项即是利用曼彻斯特丰富的历史文化根基，创造独具匠心的"千年项目"，为曼彻斯特城市中心更新注入长期的经济韧性。二是立足可持续发展城市建设，吸引人口重回市中心居住、生活和消费，这成为韧性社区建设的规划基础，让市中心在韧性城市建设之中居于核心地位。三是通过加强基

础设施规划、提振商业核心区、刺激多中心商业发展等方面入手强化城市的经济韧性。曼彻斯特当局通过重新整合和规划多元化交通基础设施体系的方法，引入体验型和参与式的休闲文化产业，吸引富裕阶层和高端人士重新回到市区中心，并进一步优化商业购物环境与投资环境，重新构建起"中心—外围"良性互动，促进曼彻斯特在经历外部恐怖袭击、群体性事件等外生冲击后，能够模块化生产，并能快速恢复到繁荣发展的理想状态。

四 欧洲国家韧性城市建设对我国城市建设的启示

基于前文对欧洲韧性城市建设若干经验进行归纳总结，加快韧性城市建设亟须制定应对外部冲击的有效治理措施、建立完善韧性城市评价体系、实行多维度的韧性城市建设策略、构建韧性城市风险预警体系，为我国韧性城市的高质量建设提供有益借鉴。

（一）制定城市应对外部冲击的有效治理措施

一方面设计优良的水系湿地供水和排水系统。合理规划限建区和禁建区，构建完备的水、草、沙排水生态系统，打造具有旅游和生态自循环的海绵城市，培育自然绿色生态系统，自发调节雨水收集与回用。加强地上水和地下水互补供水设施建设，建设多元化水源供水和存水系统，制定非饮用水网规划并标识其使用方法。完善优化排水系统，制定城市易涝区地图，提升护堤和防洪墙高度标准，建立一套完善的交通应急通信平台，汇集各项交通和水位等数据，为城市人口的紧急疏散提供实时信息。另一方面构建节能减排的低碳绿色发展模式。规划设计绿色低碳的绿地系统、通风廊道，使用清洁能源、低碳公交系统，减少城市的碳排放和内部热量，优化产业结构，推动低碳产业发展。加强绿色基础设施建设，在新的建筑上推广被动式降温设计，保证高密度的城市中心区留有足够的绿化空间。改善城市河流区域旅游休闲使用功能，通过水喷雾水循环系统为公共区域降温，以应对高温极端天气。

（二）建立和完善韧性城市评价体系

借鉴欧洲韧性城市建设的经验，因地制宜制定韧性城市建设的多维度评价体系，对我国韧性城市建设进行精准合理评价。首先，要结合我国新型城镇化发展阶段和东、中、西、东北四大板块的区情特征，因地制宜构建起包括鲁棒性、适应性、智慧性和冗余性四大维度在内的评价指标体系，对我国韧性城市建设情况进行客观公正评价。其次，对于韧性城市建设评价指标体系进行定期修正，根据国家和城市经济发展战略进行动态调整，不断满足新时代人民群众对韧性城市建设的需要。最后，应主动借鉴国外韧性城市建设领先城市的评价标准，吸收适合我国韧性城市发展的积极因素，不断完善我国韧性城市评价体系。

（三）制定多层面的发展策略构建韧性城市预防体系

需要借鉴欧洲韧性城市建设的最新规划理念，以导向性为可实施规划的路线作为目标，按照"提出问题—设定目标—策略应对—采取措施"路径，将韧性的先进概念与城市的低碳可持续发展紧密结合起来，合理应对干旱、洪涝、风雹、台风、地震、雪灾、高温热浪、沙尘暴、山体崩塌、泥石流、海啸、森林草原火灾和生物灾害。在体制机制建设方面，明确各个部门的相应职责，实现智慧城市"横向到底、纵向到边"的协调统一管理。完善韧性城市建设的功能分区，建立健全响应外部冲击风险的体制机制，及时预警各类风险。

参考文献

蔡竹君：《气候变化影响下城市韧性发展策略的国际经验研究》，南京工业大学硕士学位论文，2018。

邓位：《化危机为机遇：英国曼彻斯特韧性城市建设策略》，《城市与减灾》2017年第4期。

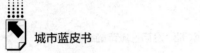
廖茂林：《韧性城市建设的国际经验及启示》，《城市》2016年第8期。

鲍淑君：《韧性城市建设：国际经验和借鉴》，《中国产经》2022年第16期。

陆洄：《"巴黎雨水"计划与城市生态建设》，《光明日报》2021年8月26日。

潘莉媛：《多措并举打造安全韧性城市》，《合肥晚报》2023年3月1日。

B.19
美国韧性城市的建设经验及对中国的启示

摘　要： 美国韧性城市建设在全球居于领先水平。以纽约、芝加哥和伯克利为典型案例，美国在韧性城市的建设过程中构建了政府主导、公私合作的组织网络，形成了以气候适应规划为中心、与时俱进的韧性规划体系，在内容方面聚焦综合性安全风险，重视社会韧性以及社区在韧性城市建设中的地位，并关注财政政策的配套支持。当前，韧性城市建设已上升为国家战略，未来一段时期，应该立足我国的实际国情和制度背景，在组织管理、规划政策和内容工具方面吸取美国韧性城市建设的经验教训，不断优化我国韧性城市建设的路径策略。

关键词： 美国　韧性城市　纽约　芝加哥　伯克利

　　美国是韧性城市建设的先行者和践行者。2002年，美国生态学会在其年会上提出"城市韧性"（Urban Resilience）的概念。2006年，卡特琳娜飓风重创美国，导致1800多人死亡，经济损失超千亿美元，人们对新奥尔良市混乱的城市管理进行深入反思，开始探索一种更能抵御风险、恢复力更强的城市管理方式。2012年，桑迪飓风袭击美国东海岸后，韧性作为一种先进的城市安全理念逐渐演变为美国各大城市的重要发展策略。近20年来，

---

* 鞠豪，中国社会科学院俄罗斯东欧中亚研究所副研究员，博士，研究方向为欧美政治与外交、中外政治制度比较；苗婷婷，首都经济贸易大学讲师，博士后，研究方向为韧性城市、空间政治。

美国各界在韧性城市建设方面进行了积极探索。在官方层面，美国很多城市十分注重韧性城市建设，通过设立专门职能机构、制订城市规划和政策文件、实施韧性项目、增加韧性城市建设组合投资等措施推动建设韧性城市。在社会层面，非政府组织、社区组织、企业、市民等社会主体也在践行韧性策略过程中发挥了积极作用。尤其是美国私人组织——洛克菲勒基金会，在2013 年发起全球"100 韧性城市"（100 Resilient City Project，100RC）建设项目，搭建了全球韧性城市网络（Global Resilient Cities Network，GRCN），委托全球最大的工程顾问公司——奥雅纳（ARUP），构建了城市韧性内容框架，为协助美国本土城市乃至全球城市应对严重的自然、社会和经济挑战发挥了重要作用。[①]

一 美国韧性城市发展概况

在政府的大力推动和社会主体的积极参与下，美国韧性城市建设取得了明显实效，在全球位居领先水平。美国知名商业杂志《快公司》（Fast Company）在"脆弱性"和"适应力"基础上评选出全球 50 个最具韧性城市，其中在排名前 10 的城市中，北美城市有 8 个，其中美国城市有 5 个（见表 1），而欧洲城市的排名多位于中间位置。报告指出，美国城市在韧性排名中名列前茅的主要原因在于美国资源充裕、技术先进以及政府具有较高的公共责任。依据 2022 年的"戴维斯城市韧性指数排名"，全球排名前 20 的韧性城市中，美国城市有 12 个。[②] 而且在过去 5年中，除纽约和芝加哥外，10 个美国城市的韧性排名均较 2016 年的排名

[①] The Rockefeller Foundation. "City Resilience Framework". http：//www.100resilientcities.org/resilience#/-_ Yz5jJmg% 2FMSd 1PWJwb28%3D/, last accessed on Oct. 26th 2022.

[②] 根据戴维斯城市韧性指数排名，位居前 20 的韧性城市和名次分别为：纽约（1）、洛杉矶（3）、旧金山（4）、波士顿（8）、亚特兰大（9）、达拉斯（10）、芝加哥（13）、西雅图（14）、华盛顿（16）、休斯顿（17）、迈阿密（19）、凤凰城（20）。资料来源："Savills Resilient Cities Index 2022" https：//www.savills.com/impacts/cities/savills－resilient－cities－index-2022.html, last accessed on June 13, 2023。

有所进步。可见，美国城市越来越具韧性，城市抵抗风险的能力和适应力也更加突出。

表1 *Fast Company* 公布的全球韧性城市排名

排名	城市	排名	城市	排名	城市	排名	城市	排名	城市
1	多伦多	11	西雅图	21	洛杉矶	31	马德里	41	圣保罗
2	温哥华	12	阿姆斯特丹	22	休斯敦	32	新加坡	42	德里
3	卡尔加里	13	墨尔本	23	巴黎	33	米兰	43	广州
4	芝加哥	14	纽约	24	慕尼黑	34	台北	44	墨西哥城
5	匹兹堡	15	底特律	25	维也纳	35	首尔	45	里约
6	斯德哥尔摩	16	旧金山	26	东京	36	布宜诺斯艾利斯	46	孟买
7	波士顿	17	法兰克福	27	布里斯班	37	莫斯科	47	马尼拉
8	苏黎世	18	伦敦	28	大阪	38	天津	48	开罗
9	华盛顿	19	悉尼	29	都柏林	39	北京	49	雅加达
10	亚特兰大	20	布鲁塞尔	30	香港	40	上海	50	达卡

资料来源："The 10 Most Resilient Cities In The World", Fast Company, https://www.fastcompany.com/3029442/the-10-most-resilient-cities-in-the-world, last accessed on July 01, 2023.

二 美国的韧性城市建设：以纽约、
芝加哥和伯克利为例

在地方政府以及洛克菲勒基金会的积极推动下，共有26个美国城市加入了全球韧性城市网络。这些城市位于美国不同区域，包含大中小不同等级，面向气候变化、经济衰退、社会冲突、设施老化等诸多急、慢性安全威胁，为世界不同类型的城市开展韧性建设提供样本。本报告结合美国城市韧性战略的发布情况、城市规模等级、区域位置及面临的风险等多个因素，选取纽约、芝加哥和伯克利作为分析案例，剖析美国城市在韧性建设方面的相应举措。

（一）纽约韧性城市建设

纽约是美国东部沿海地区的超大城市，自2012年桑迪飓风灾害后全面

推进韧性城市建设，为全球超大城市和滨海城市应对不确定性风险，尤其是气候变化风险提供了学习样本。

早在 2006 年，纽约市便在《纽约城市规划：更绿色、更伟大的纽约》中提出，面对气候变化等导致的越来越不稳定的环境，需开展韧性城市建设。2012 年纽约市基于桑迪飓风的灾难教训制订了《纽约适应计划》，通过区域现状分析、气候变化风险和脆弱性评估（采用 IPCC 第五次科学评估报告的气候模式）、提出适应性方案、实施措施、动态监测五个步骤科学实施其气候适应举措。《纽约适应计划》面向多种风险但对气候变化带来的洪水威胁尤为重视，具体措施涉及岸线、建筑、重点基础设施三个方面。其中，岸线韧性提升措施坚持生态维护与功能融合两大原则，一方面注重海岸湿地的保护和恢复，利用海湾海滩减缓海浪冲击；另一方面，加强海岸线防护措施，如曼哈顿南区的防浪堤设计，根据不同地段的特征融入社会服务和休闲娱乐等功能，以实现效用最大化。

作为超大城市和全球国际化程度最高的城市之一，纽约也面临着日渐增长的全球性挑战。2013 年，纽约加入全球 100 韧性城市项目，并与洛克菲勒基金会合作制订了题为《一个更强大、更有韧性的纽约》的总体规划。2015 年、2019 年纽约持续更新城市总规，以优化其韧性策略。2019 年出台的"纽约 2050 总规"[①] 从民主、经济、社区、生活、教育、气候、连迪、设施 8 个方面构建了包括 30 个项目的韧性策略（见表 2），为纽约未来发展进行谋划。"纽约 2050 总规"视前瞻性为最重要的原则之一，鼓励城市用未来视野开展韧性建设。例如，为使城市基础设施更加现代化、更加可靠，纽约提出对核心基础设施和灾害减缓设施进行前瞻性投资，具体方法包括以经济、环境和社会效益"三重盈余"原则指导投资，通过每月进度和规划例会等形式优化城市机构与公共部门、私营企业间的合作机制，投资具有创新性和未来适应性强的交通运输设施等。另外，纽约提出以全球网络安全领导者为标准，建设创新性的网络系统和世界一流的网络化城市，创建一个由地方政府、

---

① 《一个纽约 2050：建立一个强大且公正的城市》，2019。

学术机构以及其他实体组成的联盟来对抗网络威胁，并在纽约市网络关键服务与基础设施小组、纽约市网络司令部、纽约市警察局、曼哈顿地区检察官办公室和 17 个关键行业部门的通力协作下，积极应对网络安全的挑战。

表 2 "纽约 2050 总规"中的韧性措施

8 大目标	30 项举措
1. 活力的民主	1. 让所有纽约人都参与到纽约的民主进程当中
	2. 欢迎来自世界各地的纽约人，并使他们融入市民生活中
	3. 推进正义与平等，并重建政府与社会之间的信任关系
	4. 在全球舞台上推进民主进程以及市民创新
2. 包容的经济	5. 增加高薪工作岗位以推动经济增长，并使纽约人具备胜任工作的能力
	6. 促进公平工资和扩大福利，为所有人提供经济保障
	7. 扩大劳动者和社区的发言权、所有权和决策权
	8. 加强城市的财政健康，以满足当前和未来的需求
3. 繁荣的街区	9. 确保所有纽约人都能获得安全、牢固和负担得起的住房
	10. 确保所有纽约人都有机会享受社区的开放空间和文化资源
	11. 优化社区安全共同责任机制，提高社区治安
	12. 推进以地区为本的社区规划和策略
4. 健康的生活	13. 确保为所有纽约人提供高质量、可负担的和可及的医疗保健
	14. 通过增进所有社区的生理和心理健康需求来促进公平
	15. 为所有社区的健康生活创造便利
	16. 设计健康和幸福生活需要的物理环境
5. 公平卓越的教育	17. 创新全国领先的幼儿教育模式
	18. 在 K-12 教育中提升公平性
	19. 提高纽约市学校的整合性、多样性和包容性
6. 宜人的气候	20. 实现碳中和以及 100% 的清洁电力
	21. 加强社区、建筑、基础设施和滨水地区的韧性能力
	22. 在气候行动中，为纽约人创造经济机会
	23. 倡议气候问责和正义
7. 高效的出行	24. 使纽约市的公共交通网络更加现代化
	25. 确保纽约市的街道安全和畅通性
	26. 减少拥堵和废气排放
	27. 加强与地区、世界的联系
8. 现代的基础设施	28. 对核心基础设施和灾害减缓设施进行前瞻性投资
	29. 加强数字基础设施建设，满足 21 世纪的需要
	30. 执行资产维护和基本建设项目交付的最佳方案

资料来源：《一个纽约 2050：建立一个强大且公正的城市》，2019。

（二）芝加哥的韧性城市建设

芝加哥位于美国中部心脏地带，是五大湖区域最大的城市，也是美国重要的水路、铁路和航空交通枢纽。自20世纪中期以来，芝加哥面临日益严峻的极端气候、经济崩溃、基础设施老化、社会暴力、种族主义和社会不公问题。作为第二批加入全球100韧性城市项目的城市，芝加哥于2019年出台《韧性芝加哥：包容性增长和互联城市计划》，在社会融合发展及连通性建设方面制订了一系列韧性策略（见表3），对我国中心城市韧性建设有重要的参考价值。

表3　芝加哥韧性城市的建设方案

3大核心	12个目标
1. 强大的社区	1. 协调城市投资和行动措施，最大限度推动社区发展
	2. 在过去投资不足的社区采取行动措施，以增加就业和投资
	3. 创新渠道，重建城市政府与居民社区间的信任和凝聚力
	4. 保护和提升芝加哥人的基本需求
2. 强健的基础设施	5. 优化基础设施规划，确保投资更有用、积极和协调
	6. 增加对绿色基础设施的投资，降低洪水风险，创建可持续社区
	7. 改善高失业率地区与就业机会之间的交通联系
	8. 采取城市可再生能源发电、提升能源效率和交通方案，减少市域温室气体排放
3. 有准备的社区	9. 优化沟通策略，培养知情和积极参与的芝加哥人
	10. 降低边缘芝加哥人对极端气候事件的脆弱性
	11. 增强第一响应者的社会关联与个体韧性，更好地为居民服务
	12. 利用技术手段提高信息的可及性和影响力

资料来源：《韧性芝加哥：包容性增长和互联城市计划》，2019。

《韧性芝加哥：包容性增长和互联城市计划》指出，芝加哥城市面临的核心问题为弱势群体在城市的社会、经济和地理空间层面的低匹配关系。因此在追求经济机会、安全、平等和可持续发展过程中，必须实现居民、社区、社会机构和政府部门之间的高度连通。连通性是芝加哥韧性城市建设的核心议题，所有的韧性举措都与连通性息息相关。例如，为建设强大的社区，芝加哥采取了一系列多样化的举措支持社区发展，并不断强化城市各部门与姐妹机构之间的协作，以最大限度地发挥这些措施的效益。以公用住房和图书馆项目为例，芝加哥房屋管理局和芝加哥公共图书馆，在规划和发展部的支持下，创建了跨部门合作伙伴关系，在三个新的混合收入住房开发项目中配备共用图书馆服务，形成社区锚点，在传统图书馆服务的基础上为终身学习创造新的条件。

为加强高失业率地区和就业机会之间的交通联系，芝加哥市政当局与芝加哥交通局提出红色延长线项目，即向南延长其最繁忙的铁路线——红线，从现有的95街终点站延伸到130街，延长5.3英里，并新建4个车站。红色延长线项目使得遥远南部地区的居民能够更好地连接到主要的活动中心、经济适用房项目（例如公共住房项目）、教育机会和城市各地的就业中心。[①] 而且，芝加哥红色前进计划将带来超过41662个工作岗位，在推动城市交通设施现代化更新的同时促进城市经济发展。

（三）伯克利的韧性城市建设

伯克利市位于美国西海岸，地处加州北部，总面积约45.82平方公里，人口约11万。1975年，美国生态学家、国际生态城市运动的创始人理查德·雷吉斯特（Richard Register）创办了"城市生态学研究会"，并领导该组织在伯克利开展了一系列的生态城市建设活动。伯克利城市政府也实施了生态城市计划，大力建设生态工业园并发展生态农业，从而成为全球生态城市的楷模。2013年，伯克利作为第一批城市入选"全球100韧性城市"项目，2016年发布《伯克利：韧性战略》。伯克利的韧性城市建设为我国中小

---

① 红色延长线项目是2016年芝加哥交通局制订"红色前进计划"的重要组成部分。作为芝加哥最繁忙的铁路线，红线已经服务100余年，巨大的维护成本和安全风险要求芝加哥交通管理部门升级轨道、重建车站、建设现代化的便利设施和电梯、加固高架桥等满足当前和未来的乘客需求。

城市韧性建设以及城市生态策略制定提供了学习样板。

《伯克利：韧性战略》提出，伯克利面临的主要威胁为地震、山火、气候变化带来的干旱和洪水，以及种族不平等问题。基于这些问题，伯克利以是否产生"韧性价值"（resilient value）为标准制订了6项目标和27项措施（见表4）。在这些措施中，伯克利构建了全新的"伯克利就绪"（Berkeley Ready）品牌，以提高伯克利居民，尤其是之前政府扶持力度不足的居民对未来风险的准备性。在清洁能源目标中，伯克利实施了"社区选择聚合"计划，允许成立一个非营利性的地方电力机构，将居民和企业的购买力捆绑在一起购买电力。地方电力机构可以建设或资助地方清洁能源项目，在市场上购买可再生能源，向客户提供节能服务和激励措施，并制定电价。该项计划通过增加对当地清洁能源项目的投资、创造就业机会、增加发电能源组合的控制权、减少温室气体排放，起到有效提升韧性的效果。

同时，为减少当地温室气体排放、刺激对当地经济的投资、提高能源可靠性，伯克利启动了"太阳能行动计划"，以伯克利现有的许多措施，包括房屋清洁能源融资工具、加快太阳能许可、通过当地的智能太阳能计划提供免费的太阳能技术援助等为基础，消除推广太阳能的障碍。伯克利的太阳能行动计划优先考虑为低收入家庭安装太阳能系统，计划到2030年，使太阳能满足伯克利50%的电力需求。

表4　《伯克利：韧性战略》中的韧性措施

6大目标	具体措施
1：构建连接和有所准备的社区	1：创建安全（和绿色）的城市社区中心，以及护理和庇护设施
	2：启动社区韧性中心项目
	3：促进邻里之间的联系，以提高灾难准备性
	4：最大限度提升获取联邦灾难恢复资金的能力
	5：为伯克利山的野火做好准备
	6：继续提高伯克利最脆弱公寓楼的抗震安全性

续表

6大目标	具体措施
2：提高清洁可靠能源的可达性	1：发展清洁能源微电网
	2：通过聚合社区选择推进清洁能源
	3：制定太阳能行动计划，到2030年实现太阳能满足伯克利50%的电力需求
	4：推动伯克利的车辆电气化
	5：鼓励在所有建筑物中将燃料转换为更清洁的能源
	6：启动气候行动计划"创意竞赛"
3：适应不断变化的气候	1：将多优势的绿色基础设施整合进街道改善项目
	2：创新实现伯克利的多元化供水
	3：创造未来景观
	4：将气候影响纳入资本和土地利用规划
4：增进种族公平	1：制订城市种族公平行动计划
	2：打造城市多部门"推进种族平等团队"
	3：与社区组织合作，以促进整个社区的种族平等
5：改善市政府内部合作，更好地为社区服务	1：让社区参与制定伯克利战略计划
	2：为城市多部门投入的城市规划和项目创造机会
	3：完善城市的关键信息技术系统
6：构建区域韧性	1：开发和启动区域韧性设计挑战
	2：启动区域可持续水峰会
	3：建立区域生命线理事会
	4：刺激地区公共基础设施投资
	5：组建政策倡导区域联盟

资料来源：《伯克利：韧性战略》，2016。

三 美国韧性城市建设的经验

自21世纪初期，美国各级城市引入城市韧性理念，围绕韧性理念积极探索构建全方位、深层次、立体化的韧性城市，形成了诸多有益经验，为全球城市开展韧性建设提供了重要的参考。

（一）构建政府主导、公私合作的组织网络

在美国城市的韧性建设过程中，私人组织洛克菲勒基金会发挥了十分重要的作用。作为老牌慈善组织，洛克菲勒基金会如今的业务资助范围已经广泛涉及教育、健康、民权以及城市和农村的扶贫等领域。2013 年，洛克菲勒基金会发起全球 100 韧性项目，通过资助入选城市制订韧性战略、推荐首席韧性官、提供技术援助、搭建全球韧性伙伴网络等，对美国城市的韧性战略制定发挥了重要作用。除此之外，美国城市间合作交流组织，如市长论坛等，也通过直接合作或交流实践经验等完善本地韧性策略。

在各城市内部，政府将韧性建设视作一项重要战略任务，并成立了专门的韧性领导和管理机构，为韧性建设提供组织层面的保障。例如，纽约成立了专门的"城市韧性建设办公室""应对气候变化城市委员会"等机构，确保韧性理念在不同类型规划以及不同部门之间的一致性与延续性。在韧性项目实施过程中，纽约也组建了相应的专门机构以推动具体项目的落实。芝加哥在韧性战略发展过程中成立了"韧性芝加哥推进委员会"，发挥统筹协调韧性项目和政策文件的作用。在伯克利，伯克利城市管理办公室在城市韧性建设中发挥组织协调作用，并直接领导涉及社区建设和种族平等的具体项目。

在项目实施过程中，美国城市十分注重公共部门和私人部门之间的合作。以纽约为例，纽约市的基础设施和公共服务十分依赖公共部门及私营企业。近年来，公共部门和私营企业通过每月进度和规划例会，或以项目为基础的会议，努力保持协调一致。为改善原有的合作机制，纽约公共部门和私人部门间通过共享现有以及计划中的设施和资本项目的数字地图，调整了设计和建设时间表，从而大幅减少了对社区的干扰。为了简化合作程序，城市机构与公共部门、私营企业已着手进行联合投标并建设项目。这种互惠互利的合作方式持续深化，为提升城市资源配置效率、提高城市公共服务水平提供了重要的助力。

（二）注重规划文件的迭代更新，充分发挥其引导作用

在美国，许多城市通过制订韧性规划来加强城市的防灾减灾和气候变化应对措施。有的城市在城市总体规划中明确提出韧性目标，融入韧性理念，将提升韧性作为城市的未来方向；有的城市出台了专门的韧性战略，与其他规划文件一起，统筹推进城市的韧性项目；有的城市还在韧性理念的指导下，编制了专门的应对气候变化规划或战略文件，开展气候适应行动。2017 年，时任美国总统特朗普宣布美国政府放弃遵守应对气候变化的《巴黎协定》，美国大多数市长在市长论坛上签署协议，表示依然要为支持巴黎气候变化协定作出自己的贡献。因此，许多城市形成了以气候适应规划为中心、与时俱进的韧性规划体系，以保障城市发展建设始终围绕韧性主题。以小城市伯克利为例，进入 21 世纪以来，伯克利便持续依据现实变化，出台相应的规划文件，以规划为指导持续推进城市韧性建设（见图 1）。

（三）关注综合性安全风险，因地制宜开展韧性建设

目前普遍认为，韧性代表城市安全发展的最新理念，是城市安全治理的进阶思路。从美国三个案例城市的经验可以看出，美国城市韧性建设站在广域视角，重视气候危机、经济韧性、社会冲突、网络安全等带来的综合性风险，并结合各地面临的具体挑战，因地制宜地制订针对性的韧性战略。从伯克利的韧性战略可以看出，伯克利不仅重视城市潜在的地震、山火、干旱和洪水等自然灾害威胁，还注重气候变化、清洁能源推广等韧性策略（见图 1）。作为小城市，伯克利十分注重政府内部以及湾区的府际合作。而从纽约的案例可以看出，纽约的韧性目标非常综合，已经从单一维度的社会或灾害治理延伸到更综合、系统的城市治理，大多数威胁城市正常运行和可持续发展的因素均被囊括至韧性建设的框架体系之下。与此同时，作为国际化大都市，纽约的韧性目标具有很强的前瞻性，体现了其全球韧性城市领导者的地位。

2008：GG办法得以通过
伯克利公民通过一项特别税，以维持消防站的人员配备，并改善应急服务

2008：伯克利儿童和青少年的2020年愿景
伯克利市、伯克利联合学区和其他合作伙伴发起了一项倡议，旨在到2020年结束伯克利公立学校中存在的学术种族歧视

2005：伯克利山火灾评估
在FEMA资助下开展挨家挨户的风险评估，为居民提供火灾疏散信息

2009：气候行动规划
通过广泛的社区投入制定计划，与其他利益相关者一起大幅减少伯克利的温室气体排放

2004：减灾规划
评估伯克利面临的诸多风险，并制订措施，将风险带来的影响最小化

2006：G办法得以通过
伯克利公民通过一项办法，旨在到2050年将社区温室气体排放减少80%

2011：流域管理规划
制订综合战略，管理城市水资源

2016：外部高架元素（E3）检查项目
由于伯克利市中心的阳台倒塌造成6名学生死亡，13人受伤，伯克利通过了一项法令，要求每3年对露天高架元素进行检查和认证，以确保此类悲剧不再发生

2014：地方灾害缓解计划
对伯克利的主要危害进行了最新评估，并通过广泛的社区意见，确定了市政府及合作伙伴可以采取的重要步骤，以降低风险和提前准备

2014：D办法得以通过
伯克利成为第一个通过城市含糖饮料税的城市

2014：M办法通过
选民投票批准在全市铺设街道和安装多效益绿色基础设施项目的债券

2013：健康状况报告
分析伯克利社区在全生命过程中的健康状况，诊断在地理、种族/民族、收入和教育等方面的健康公平程度

2012：市区规划
为伯克利市中心的未来发展提供指导计划，以促进经济发展、住房和社区健康、历史保护、可持续性和开放空间

2013：健康状况报告
分析伯克利社区在全生命过程中的健康状况，诊断在地理、种族/民族、收入和教育等方面的健康公平程度

图1 伯克利市的韧性文件

资料来源：作者在《伯克利：韧性战略》的基础上绘制。

（四）注重社会公平，将提升社会韧性放在重要地位

在美国，新自由主义自20世纪80年代以来的扩张导致贫富差距加剧、

经济不平等现象越演越烈，并不断撕裂多元化的社会，不同阶层与主体之间的平等对话越来越难。同时，西方长期以来形成了政府与社会的对立关系，民间日益激化的民粹情绪加剧了民众对政府的不信任、反感和疏离，出现了严重的社会信任危机与价值对立。在这些社会演化趋势下，美国城市十分注重韧性战略制定中的社会参与，通过社会调研构建韧性目标愿景、排列韧性项目的优先次序，推进公平正义，重建政府与社会间的信任关系。例如，在《一个纽约2050：建立一个强大且公正的城市》的编制过程中，纽约市政府花费一年时间开展了公众调查，使每个社区的居民参加了社区论坛，吸纳了超1.6万名纽约人的声音以塑造"纽约2050"的愿景。另一方面，美国城市也强调社区韧性建设，把社区作为城市韧性建设的落脚点和主要责任承担者。纽约、芝加哥和伯克利均提出建设有准备的社区，增进邻里之间的联系，优化沟通措施，培养知情和积极参与的市民，提升社区应对风险的能力。

（五）采用韧性的编制程序，创新方法提供财政支持

美国城市在韧性规划文件的编制过程中，均对 PDCA 通用模型，即 P（计划）—D（执行）—C（检查）—A（处理）的适应性治理循环过程有所借鉴，在充分摸清地区风险事态和开展脆弱性评价的基础上构建韧性措施，同时注重通过动态监测不断完善韧性措施。例如，纽约在《纽约适应计划》的编制中，通过区域现状分析—气候变化风险和脆弱性评估—提出适应性措施—实施措施—动态监测五个步骤科学实施其气候适应举措。在城市韧性战略文本中，均十分注重韧性举措的责任分配和跟踪落实。以芝加哥韧性战略为例，芝加哥的各项韧性举措都遵循一种模板结构，通过明确韧性措施的行动主体、合作伙伴、时间线、关键指标、韧性价值等，实现韧性举措的规范落实。在推进韧性项目过程中，注重平衡财务责任，统筹协调资本投资。例如，纽约延续了自 2015 年开始采用的"三重盈余"原则，即在开展项目之前，根据评估各项目带来的经济、环境和社会三重效益的预期贡献，决定是否将其列为优先项目；为了加快互联网的接入，

纽约积极发展与私营部门的合作关系，以完善部署宽带基础设施的方式。伯克利作为小城市，则十分注重积极争取社会资金、联邦支持来推行城市韧性项目。

四　对我国韧性城市建设的启示

我国城镇化在过去的 40 年中取得了举世瞩目的成绩，但也面临大量农村劳动力向城市迁移导致的城市基础设施和公共服务不足与不均衡、快速城镇化带来的自然和环境压力、地方债务风险过高、经济增长下行压力增加等问题。在多种风险叠加的背景下，"十四五"时期，加快城市韧性建设成为我国的顶层战略和现实选择。我国城市有必要立足自身实际，汲取美国韧性城市建设的有益成分，不断提升未来应对不确定性风险的能力。

（一）加强政府领导与社区参与相结合

从国际组织和全球韧性城市的建设经验来看，加强政府领导是未来开展韧性建设的重要趋势。在我国，韧性城市建设作为当前阶段城市政府的重要战略，有必要设立专门的领导机构，统一开展全市的韧性建设。在我国的制度体系下，各大城市在开展韧性城市建设过程中，可以成立专门的"城市韧性建设委员会"、"韧性城市建设领导小组"或"韧性城市建设办公室"，主导编制韧性城市建设政策文件，指挥全市的韧性城市建设工作，协调沟通各部门的力量，监督控制各部门的政策执行进度，并发挥应急处置的职能，为城市开展韧性建设提供有力的组织保障。与此同时，韧性城市建设必须以提升社会韧性为目的，强化社区在韧性城市政策制定和建设中的参与。具体措施包括，制订专门的韧性社区规划、成立社区韧性中心等，不断完善救灾储备中心、避难场所、应急逃生通道等应急基础设施体系和社区生活圈等综合性公共服务设施体系，加强韧性社区建设的宣传教育，培训构建社区安全应急队伍，加强社区邻里之间的联系，提升基层韧性，提高社区在面临突发事件或严重压力时的快速响应、及时适应、有效恢复能力。

（二）编制规划与出台配套政策相结合

国内城市可从规划战略入手，通过两个阶段推动韧性城市建设。一是将韧性理念融入城市规划建设。按照平战结合、刚弹相济的思路和原则，将潜在灾害情景纳入城市规划和治理框架中，根据安全形势变化的新趋势新特点，不断提升城市安全规划对各类风险灾害的覆盖面和整合力度。二是制定专门的韧性城市发展战略，通过整合资源、设定目标、设计项目、明确重点、划分责任，引领城市复杂系统不断提高整体韧性程度。此外，在韧性城市的建设中，各大城市政府应该高度重视韧性城市建设中的金融政策导向，要加大对城市生命线系统、基础设施、老旧小区、地下管网、避难场所、应急物资储备、动态感知平台、灾难宣传教育、人类健康设施等"灾前"软硬设施的投资力度，建立健全政府公共财政、保险、信托、基金、社会等多元化的韧性建设投资体系，为提高城市面对各类不确定性"黑天鹅"灾难的抵抗力、适应力、恢复力，提供有力的金融保障。

（三）注重综合性风险与因地制宜相结合

韧性理念是用更广的视野来看待风险挑战的综合安全治理思维。我国许多城市，如北京、济南等制订了专门的韧性建设方案来指导城市韧性建设。但从这些城市出台的韧性政策文件来看，我国城市韧性建设多侧重传统的安全应急，对不断涌现的新型安全风险以及慢性压力考虑不多。安全治理和韧性建设不等同于应急管理，必须从根本上深化对韧性理念的认识，以韧性理念为指导全面开展安全治理工作，从制度韧性、经济韧性、设施韧性、社会韧性、生态韧性等多维度综合入手，提升各系统的稳健性、冗余性，提高城市克服、消纳灾害冲击和可持续发展的能力，实现城市安全治理理念和模式的革命性转变。与此同时，不同规模、不同区位的城市面临的风险挑战也各不相同，各城市应该在韧性规划编制方法的基础上，因地制宜地制订韧性方案和确定韧性项目，建设符合自身实际和具有地方特色的韧性城市。

参考文献

干靓、凌云：《国土空间治理背景下的韧性城市规划：理念融入与实践路径》，《人文地理》2023 年第 3 期。

林红：《当代民粹主义的两极化趋势及其制度根源》，《国际政治研究》2017 年第 1 期。

林雪、张海波：《城市系统的软实力：地方政府韧性能力概念框架的构建》，《行政论坛》2020 年第 5 期。

邵亦文、徐江：《城市规划中实现韧性构建：日本强韧化规划对中国的启示》，《城市与减灾》2017 年第 7 期。

陶希东：《超大城市韧性建设：美国纽约的经验与启示》，《城市规划》2023 年第 7 期。

王江波、沈天宇、苟爱萍：《美国芝加哥韧性城市战略与启示》，《住宅与房地产》2020 年第 4 期。

王江波、张凌云、苟爱萍：《美国伯克利韧性城市行动计划与启示》，《城市建筑》2020 年第 4 期。

徐江、邵亦文：《韧性城市：应对城市危机的新思路》，《国际城市规划》2015 年第 2 期。

徐培洋、周佳雨：《国内韧性城市建设政策路径的比较研究》，《科学发展》2023 年第 7 期。

尹德挺、营立成、陈革梅：《"韧性城市"建设：理论逻辑、评估机制与实践路径》，《广州大学学报》（社会科学版）2023 年第 2 期。

附　录　城市发展大事记

（2022 年 7 月 1 日~2023 年 6 月 30 日）

张双悦　武占云*

2022 年 7 月 14 日　国家发改委印发的《"十四五"新型城镇化实施方案》明确了"十四五"时期深入推进以人为核心的新型城镇化战略的目标任务和政策举措，在"推进新型城市建设"任务部分明确提出建设"宜居、韧性、创新、智慧、绿色、人文城市"，要通过增加普惠便捷公共服务供给、健全市政公用设施、完善城市住房体系、有序推进城市更新改造、增强防灾减灾能力、加强生态修复和环境保护等方式，提高城市发展韧性和抗风险能力。

2022 年 8 月 5 日　生态环境部、最高法院等 12 部门联合印发《黄河生态保护治理攻坚战行动方案》（环综合〔2022〕51 号），明确提出要准确把握重在保护、要在治理的战略要求，落实以水定城、以水定地、以水定人、以水定产，以维护黄河生态安全为目标，以改善生态环境质量为核心，统筹水资源、水环境和水生态，加强综合治理、系统治理、源头治理。《行动方案》明确了河湖生态保护治理行动、减污降碳协同增效行动、城镇环境治理设施补短板行动、农业农村环境治理行动、生态保护修复行动等重点任务。

2022 年 8 月 25 日　国务院《关于支持山东深化新旧动能转换推动绿色

---

*　执笔人：张双悦，天津商业大学经济学院讲师，经济学博士，研究方向为城市与区域发展；武占云，中国社会科学院生态文明研究所副研究员，博士，主要研究方向为城市与区域可持续发展。

低碳高质量发展的意见》（国发〔2022〕18号）指出，山东是我国重要的工业基地和北方地区经济发展的战略支点，为进一步支持山东在深化新旧动能转换基础上，着力探索转型发展之路，增强区域发展活力动力，加快推动绿色低碳高质量发展，需要降碳提质并举，全面改造提升传统产业，坚持清洁低碳安全高效，优化能源和交通结构，推动数字绿色文化赋能，积极培育发展新兴产业，提升产业链供应链韧性和安全水平，加快塑造发展新优势。

2022年9月8日 生态环境部、国家发改委等17部门联合印发《深入打好长江保护修复攻坚战行动方案》（环水体〔2022〕55号），明确要求贯彻实施长江保护法，从生态系统整体性和流域系统性出发，坚持生态优先、绿色发展，坚持综合治理、系统治理、源头治理，坚持精准、科学、依法治污，以高水平保护推动高质量发展，进一步夯实共抓大保护工作基础，努力建设人与自然和谐共生的绿色发展示范带。《行动方案》明确了持续深化水环境综合治理、深入推进水生态系统修复、着力提升水资源保障程度、加快形成绿色发展管控格局等重点任务。

2022年9月19日 陕西省发展和改革委员会关于印发《陕西省贯彻落实〈关中平原城市群建设"十四五"实施方案〉的工作方案》的通知（陕发改规划〔2022〕1690号）提出，要充分发挥陕西省在建设关中平原城市群中的主体作用，以西安国家中心城市和西安都市圈建设为关键牵引，优化城市群空间发展格局，不断健全一体化发展体制机制，共同推进落实交通基础设施互联互通、产业创新协同发展、生态环境共建共保、内陆改革开放高地建设、公共服务开放共享等重点任务，增强关中平原城市群综合实力和整体竞争力。

2022年9月28日 上海市人民政府、江苏省人民政府、浙江省人民政府联合印发《上海大都市圈空间协同规划》，《规划》明确了上海大都市圈的范围包括上海、无锡、常州、苏州、南通、宁波、湖州、嘉兴、舟山在内的"1+8"市域行政区域，其目标是建设全球城市区域，成为更具竞争力、更可持续、更加融合的都市圈。《规划》在"共保和谐共生的生态绿洲"部分，明确提出要"保洪涝安全、保粮食安全、保能源安全、保信息安全、保环境安全"，构建"更韧性的安全保障系统"。

2022 年 9 月 29 日　国家发展改革委印发《新发展阶段浙江嘉善县域高质量发展示范点建设方案》（发改地区〔2022〕1529 号），明确要求浙江嘉善落实《长江三角洲区域一体化发展规划纲要》和《关于支持浙江高质量发展建设共同富裕示范区的意见》的使命任务，着力建设科创产业联动发展、城乡融合发展、生态优势转化、高水平开放合作、社会共治共享先行区，努力建设为全国县域高质量发展的典范。

2022 年 10 月 8 日　国家发展改革委关于印发《长三角国际一流营商环境建设三年行动方案》的通知（发改法规〔2022〕1562 号）指出，长三角地区要以建设国际一流营商环境为主线，从深入推进市场化改革、加快推进法治化建设、推进更高水平协同开放、聚焦标准化规范化便利化、促进共商共建共治共享等方面发力，促进营商环境迈向更高水平，助推长三角地区加快建成我国发展强劲活跃的增长极。

科技部关于印发《黄河流域生态保护和高质量发展科技创新实施方案》的通知（国科发社〔2022〕278 号）提出，要坚持问题导向、系统思维、重点突破、协同联动的原则，以实施生态保护关键技术攻坚行动、高质量发展与文化传承创新行动、综合治理工程示范行动等为手段，目的是到 2025 年，在流域气候—生态—水—沙耦合演变规律、生态流量控制标准、山水林田湖草沙冰一体化保护与修复机制等方面取得理论突破；到 2030 年，在生态系统演变机制和水—土—能协调配置方面取得新突破，形成一批战略性新兴产业和生态产业示范区。

2022 年 10 月 14 日　中共北京市委　北京市人民政府关于印发《首都标准化发展纲要 2035》的通知（京发〔2022〕21 号）指出，应以深化标准化改革、加强工作统筹协调、深化科技创新引领、持续提升国际影响力为原则，力争到 2025 年，标准化服务"四个中心"功能建设的能力充分提升。为此，需要推动标准化助力京津冀协同发展，服务国家重大战略，提升产业标准化水平，引领现代化经济体系建设，提高城市治理标准化效能，服务高品质宜居城市建设，完善绿色发展标准化保障，助力韧性城市建设等。

2022 年 10 月 28 日　国家发展改革委关于《进一步完善政策环境加大力度支持民间投资发展》的意见（发改投资〔2022〕1652 号）指出，全面建设社会主义现代化国家必须扎实推进高质量发展，必须完整、准确、全面贯彻新发展理念，坚持社会主义市场经济改革方向。在城市层面，应鼓励民间投资参与盘活城市老旧资源，因地制宜推进城镇老旧小区改造，完善支持绿色发展的投资体系。

2022 年 11 月 24 日　湖南省自然资源厅印发《湖南省国土空间生态修复规划（2021-2035 年）》，《规划》立足湖南省自然地理格局、生态系统状况以及重点生态功能区，明确提出要以长江岸线湖南段为纽带，以洞庭湖为中心，以武陵-雪峰、南岭、罗霄-幕阜山脉为自然屏障，以湘资沅澧为脉络，构建湖南省"一江一湖三山四水"生态安全格局，维护区域生态安全，筑牢湖南省国土空间生态安全屏障。

2022 年 11 月 28 日　中共中央办公厅、国务院办公厅印发《乡村振兴责任制实施办法》，明确提出要构建职责清晰、各负其责、合力推进的乡村振兴责任体系，推动建立健全乡村振兴责任落实、组织推动、社会动员、要素保障、考核评价、工作报告、监督检查等机制，以全党全社会之力全面推进乡村振兴，加快农业农村现代化。

2022 年 12 月 3 日　国务院《关于同意在沈阳等 6 个城市开展服务业扩大开放综合试点的批复》（国函〔2022〕135 号）指出，同意在沈阳市、南京市、杭州市、武汉市、广州市、成都市开展服务业扩大开放综合试点；明确要求六城市围绕本地区发展定位，进一步推进服务业改革开放，加快发展现代服务业，塑造国际竞争和合作新优势，为加快构建新发展格局、推动高质量发展作出贡献。

2022 年 12 月 12 日　工业和信息化部、国家发展改革委、住房城乡建设部和水利部联合印发《关于深入推进黄河流域工业绿色发展的指导意见》（工信部联节〔2022〕169 号），提出要立足黄河流域不同地区自然条件、资源禀赋和产业优势，按照共同抓好大保护、协同推进大治理要求，加快工业布局优化和结构调整，强化技术创新和政策支持，推动传统制造业改造升级，提高资源能源利用效率和清洁生产水平，构建高效、可持续的黄河流域工业绿色发展新格局。

2022 年 12 月 15 日 国家发改委印发的《"十四五"扩大内需战略实施方案》指出，"十三五"时期，我国消费基础性作用持续强化，投资关键作用更好发挥，国内市场运行机制不断健全，国际国内市场联系更加紧密，成为最具吸引力的外资流入国之一。"十四五"时期仍面临诸多挑战，必须坚定实施扩大内需战略，准确把握国内市场发展规律，不断释放内需潜力，充分发挥内需拉动作用，建设更加强大的国内市场，推动我国经济平稳健康可持续发展。

2022 年 12 月 23 日 中共北京市委 北京市人民政府关于《新时代高质量推动生态涵养区生态保护和绿色发展的实施方案》指出，要坚定不移持续巩固提升生态涵养品质，着力突出生态产品总值对生态涵养区高质量发展引导作用，培育壮大生态涵养区绿色发展内生动力，稳步推动基础设施和公共服务补短提质，切实加强生态涵养区生态保护和绿色发展支撑保障，积极推进韧性城市建设。

2022 年 12 月 30 日 国家发展改革委、住房城乡建设部、生态环境部印发《关于推进建制镇生活污水垃圾处理设施建设和管理的实施方案》的通知（发改环资〔2022〕1932 号）指出，建制镇是我国城镇体系的重要组成部分，是建设美丽中国的重要载体，应按照"县域统筹、系统治理、绿色低碳、稳定运行"的思路，推进建制镇生活污水垃圾处理设施优布局、补短板、提品质、保运维，到 2035 年，基本实现建制镇建成区生活污水收集处理能力全覆盖和生活垃圾全收集、全处理，以不断满足人民群众日益增长的美好生活需要，助力实现人与自然和谐共生的现代化。

2023 年 1 月 23 日 山西省自然资源厅印发《山西省国土空间生态修复规划（2021-2035 年）》，《规划》要求山西省要重点聚焦生态、农业、城镇、能矿四个空间的生态修复，统筹晋阳湖、盐湖、伍姓湖、漳泽湖、云竹湖的生态保护修复，以及汾河、桑干河、滹沱河、漳河、沁河、涑水河、大清河流域的山水林田湖草系统治理，构建重要生态廊道和生态网络。

2023 年 1 月 26 日　国务院关于《新时代洞庭湖生态经济区规划》的批复（国函〔2023〕9 号）提出，要以生态环境保护修复为前提，坚持以水定城、以水定地、以水定人、以水定产，着力构建和谐人水关系，着力推动产业绿色转型升级和增进社会民生福祉，目的是将洞庭湖生态经济区建设成为更加秀美富饶的大湖经济区。

2023 年 2 月 4 日　国务院关于《长三角生态绿色一体化发展示范区国土空间总体规划（2021—2035 年）》的批复（国函〔2023〕12 号）提出，要立足区域资源禀赋和江南水乡特色，保护传承文化与自然价值，以国土空间规划"一张图"为依托，通过基础设施互联互通、公共服务共建共享、生态环境共治共保等方式，促进形成多中心、网络化、集约型、开放式、绿色化的区域一体空间布局；完善区域一体化空间治理机制。同时，重点围绕实现绿色经济、高品质生活、可持续发展有机统一，在长江三角洲区域一体化发展中更好发挥示范引领作用。

2023 年 2 月 6 日　中共中央、国务院印发《质量强国建设纲要》，《纲要》明确要求要深入实施质量强国战略，着力提升产品、工程、服务质量，着力推动品牌建设，着力增强产业质量竞争力，着力提高经济发展质量效益，着力提高全民质量素养，积极对接国际先进技术、规则、标准，全方位建设质量强国，为全面建设社会主义现代化国家、实现中华民族伟大复兴的中国梦提供质量支撑。《纲要》从推动经济质量效益型发展、增强产业质量竞争力、加快产品质量提档升级、提升建设工程品质、增加优质服务供给、增强企业质量和品牌发展能力、构建高水平质量基础设施、推进质量治理现代化等方面明确了质量强国建设的重要任务。

2023 年 2 月 28 日　国家发展改革委等部门印发《关于全面巩固疫情防控重大成果　推动城乡医疗卫生和环境保护工作补短板强弱项的通知》（发改环资〔2023〕224 号），《通知》指出应通过坚决巩固住来之不易的疫情防控重大成果、深入开展爱国卫生运动、加快完善环境基础设施、大力倡导绿色健康生活方式等举措，推动城乡医疗卫生和环境保护工作取得更大进展，加快建设健康中国和美丽中国。

2023 年 3 月 3 日　国家发展改革委关于印发《浙江高质量发展建设共同富裕示范区第一批典型经验》的通知（发改就业〔2023〕252 号）指出，近两年来，浙江在"促进共同富裕，最艰巨最繁重的任务仍然在农村"思想的指导下，进一步推动示范区建设实现良好开局，形成了一批可复制可推广的经验做法，具体包括："共富工坊"的建设、数字经济"一号工程"、推进科技进乡村、健全金融支农政策体系、推行农村科技特派员制度、培育壮大产业工人队伍，探索"数字化牵引低碳化"改革路径等。未来，应充分发挥浙江共同富裕示范区建设的示范带动作用，为全国扎实推进共同富裕提供省域范例。

山东省委、省政府印发《山东省建设绿色低碳高质量发展先行区三年行动计划（2023-2025 年）》，明确提出要不断推动高水平科技自立自强，建设全国区域创新中心，纵深推进新旧动能转换，构建现代化产业体系，提升产业链供应链韧性和安全水平，坚持扩大内需战略基点，主动服务和融入新发展格局，协同推进降碳减污扩绿增长，积极建设宜居韧性智慧城市，积极发挥山东半岛城市群龙头作用，打造高质量发展增长极等。

2023 年 3 月 3 日　国家发展改革委关于印发《浙江高质量发展建设共同富裕示范区第一批典型经验》的通知（发改就业〔2023〕252 号）指出，浙江始终胸怀"两个大局"，牢记"国之大者"，深入践行"八八战略"，推动示范区建设实现良好开局，形成了一批可复制可推广的经验做法。《典型经验》总结提炼了组织建设、高质量发展、缩小城乡差距、缩小地区差距、缩小收入差距、促进基本公共服务均等化共六个方面十条典型经验做法，并要求各地区要深入贯彻党中央、国务院决策部署，提高政治站位，积极探索创新，结合地区实际，积极有序加以推广运用。

2023 年 3 月 13 日　辽宁省自然资源厅印发《辽宁省国土空间生态修复规划（2021-2035 年）》，《规划》指出辽宁是国家生态安全格局重要组成部分，但也面临着生态本底脆弱、生态修复系统性不足等问题，并从系统推进国土空间生态修复、营造生态系统关系、系统修复陆域自然生态系统、打造城市生态系统、建设宜居田园乡村、加快矿山生态修复、护卫蓝色海洋生

态系统等七个方面提出了具体要求，以期形成"两屏七廊四片一带多点"的国土空间生态修复总体格局。

2023 年 3 月 15 日 国家发展改革委等部门关于印发《"十四五"时期社会服务设施建设支持工程实施方案》的通知（发改社会〔2023〕294 号）指出，我国社会服务设施发展不平衡不充分的矛盾还较为突出，应以推动高质量发展为主题，以供给侧结构性改革为主线，以改革创新为动力，围绕困境儿童、未成年人、流浪乞讨人员、精神病人、退役军人、残疾人等重点群体的迫切需求，推动社会服务设施补短板、强弱项、提质量，进一步织密扎牢民生保障网。

2023 年 3 月 23 日 自然资源部印发《关于加强国土空间详细规划工作的通知》（自然资发〔2023〕43 号），《通知》提出要按照城市是一个有机生命体的理念，结合行政事权统筹生产、生活、生态和安全功能需求划定详细规划编制单元，加强单元之间的系统协同。目的是鼓励地方按照"多规合一"、节约集约和安全韧性的原则，结合城市更新和新城建设的实际，因地制宜制定或修订基础设施、公共服务设施和日照、间距等地方性规划标准，防止"千城一面"。

2023 年 3 月 23 日 国家发展改革委关于印发《横琴粤澳深度合作区鼓励类产业目录》的通知（发改地区〔2023〕302 号）指出，《产业目录》是引导投资方向、政府管理投资项目，以及制定实施人才、土地等产业发展政策的重要依据，并要求广东省和国务院有关部门结合职能，在项目布局、资金安排、要素保障等方面对鼓励类产业予以积极支持。《产业目录》重点明确了科技研发与高端制造产业、中医药等澳门品牌工业、文旅会展商贸产业等三大类共计 185 项鼓励类产业。

2023 年 4 月 18 日 上海市人民政府办公厅印发《关于新时期强化投资促进加快建设现代化产业体系的政策措施》的通知（沪府办规〔2023〕12号）指出，要通过推出招商引资政策新工具，推广高质量招商"新模式"，打造高质量招商"新载体"，强化重点产业招商新优势，构建招商引资新机制等方式，进一步扩大有效投资，增强产业发展活力，不断优化营商环境，加快建设现代化产业体系，持续提升城市能级和核心竞争力。

2023 年 4 月 21 日 生态环境部等 5 部门联合印发《重点流域水生态环境保护规划》指出，要坚持系统观念，构建水生态环境保护新格局，坚持问题导向，有力有效推进流域水环境保护治理。目的是要开展流域水生态环境保护工作，以水环境保护治理为抓手，充分发挥生态环境保护的引领优化作用，加快推进流域经济结构优化、产业绿色低碳转型，不断提升经济社会发展的"含金量""含绿量"。

2023 年 5 月 15 日 广东省自然资源厅印发《广东省国土空间生态修复规划（2021—2035 年）》，《规划》提出要以中国式现代化本质要求的深刻内涵为主线，面向生态、农业、城镇三大空间，统筹山水林田湖草沙一体化保护和系统治理，加强生物多样性保护，加快构建安全、健康、美丽、和谐的高品质国土空间。《规划》在"推动城镇空间生态品质提升"中明确提出，要以生态城市理念优化城市生态格局，以韧性城市理念提升城市生态功能，以协同共治理念共建美丽都市圈，进一步增强区域生态承载力和城市韧性，促进珠三角核心区与沿海经济带、北部生态发展区协调发展。

2023 年 5 月 24 日 重庆市规划和自然资源局印发《成渝地区双城经济圈国土空间规划（2021—2035 年）》，《规划》提出要构建具有全国影响力的重要经济中心、科技创新中心、改革开放高地、高品质生活宜居地，同时要坚守底线，安全发展，完善国土空间安全基础设施，提升国土空间安全韧性，协同完善国土空间治理机制，推动形成绿色低碳、集约高效、协调互惠、合作共赢的区域发展新局面，为实现成渝地区"两中心两地"的战略定位提供有力的国土空间支撑保障。

2023 年 5 月 25 日 中共中央、国务院印发《国家水网建设规划纲要》，明确要求要全面贯彻落实"节水优先、空间均衡、系统治理、两手发力"的治水思路，以全面提升水安全保障能力为目标，以完善水资源优化配置体系、流域防洪减灾体系、水生态保护治理体系为重点，统筹存量和增量，加强互联互通，加快构建"系统完备、安全可靠，集约高效、绿色智能，循环通畅、调控有序"的国家水网，实现经济效益、社会效益、生态效益、

安全效益相统一，为全面建设社会主义现代化国家提供有力的水安全保障。

2023 年 6 月 8 日　国家发展改革委印发《承接产业转移示范区管理办法》的通知（发改地区〔2023〕729 号），该办法明确了示范区创建申报的条件，以及示范区批复设立、建设管理、考核评估的细则和办法，并从经济发展、承接产业、园区建设、承接环境和组织落实等 5 个维度明确了示范区评价指标体系，以期更好发挥示范区的示范带动作用，推动中西部和东北地区有力有序有效承接国内外产业转移。

2023 年 6 月 25 日　天津市市规划资源局印发《天津市国土空间生态修复规划（2021—2035 年）》（津规资生态函〔2023〕146 号），《规划》在"提升城市生态韧性"部分提出，要进一步提升城市综合排水防涝能力，系统化推进海绵城市建设，提高城市韧性和人居生态品质。目标是锚固"三区两带中屏障"生态安全格局，切实筑牢京津冀东部生态屏障，守住自然生态安全边界，促进形成山清水秀的生态空间、优质高产的农业空间和健康安全的城镇空间。

Abstract

The world today is undergoing profound changes unseen in a century, and the principal contradiction facing Chinese society has evolved. China's external environment has become more severe, and internal contradictions have become more intricate. With various types of risks rapidly building up, China's national security landscape is facing unprecedented acute challenges. Xi Jinping, the General Secretary of the Communist Party of China Central Committee, has said that "urban development should not only consider the economic benefits of scale, but also put ecology and safety in a more prominent position". Building resilient cities is an inherent requirement to follow the objective law of urban development, and it is an important method to get prepared to deal with worst-case scenarios and coordinate development and security. It is also an urgent need to promote the modernization of urban governance and high-quality development. In this context, in-depth discussion of China's resilient city development path is of great theoretical and practical significance for advancing the Peaceful China Initiative to a higher level and better safeguard China's new pattern of development with this new security architecture.

"The Communist Party of China Central Committee's proposals for formulating the 14th Five-Year Plan (2021-2025) for National Economic and Social Development and the Long-Range Objectives Through the Year 2035" proposes that we should ensure better coordination in pursuing development and upholding security, incorporate national security imperatives into the whole process and every aspect of national development, and forestall any challenges to China's modernization. The report to the 20th National Congress of the Communist Party of China emphasizes that we should "modernize China's national security system

and capacity", and "advance the Peaceful China Initiative to a higher level". Security Governance in big country has become the cornerstone of high-quality development in the new era. Cities are not only the core carriers and engines of economic and social development, but also the high concentration of population and economic activities also make them more likely to become the source of risk and centers of disaster damage. "Annual Report on Urban Development of China No. 16" (hereinafter referred to as the Report), themed on "Security Governance in Big Country: High-quality Development of Resilient Cities", takes pursuing a holistic approach to national security as the core, and sets the coordination of development and security as the goal. Focusing on the high-quality development path of China's resilient cities, this Report is comprised of 8 chapters, including the general report, economic resilience chapter, social resilience chapter, ecological resilience chapter, engineering resilience chapter, domestic experience chapter, international experience chapter, and major events in urban development. The Report makes an in-depth analysis of the development history, the current situation of resilient cities construction, the problems and challenges, the development of institutions and practical works. This Report also summarizes the advantageous foundations, development effectiveness and problems faced by China's cities in enhancing economic resilience, social resilience, environmental resilience and engineering resilience, etc. It also draws on the typical experiences and effective practices at home and abroad, and puts forward the general ideas, key tasks and countermeasures for the high-quality development of China's resilient cities in the context of Chinese modernization.

According to the Report, along with the introduction of the holistic approach to national security and the requirement of coordinating development and security, China's urban resilience construction has been continuously enhanced, and the level of resilience has been steadily increased. The number of cities with low and relatively low resilience significantly decreases in general, and the number of cities with medium or higher resilience significantly increases. The indices of urban resistance, recoverability and innovation have all risen steadily, and the resilience levels of cities in different regions have maintained steady growth. In terms of urban risk, the overall risk has slightly decreased, the capacity of risk prevention and control has been continuously improved, and the shortcomings and weaknesses have been gradually improved. In terms of urban resistance, the digital economy has empowered industrial development, the social security system has made steady progress, the capacity of ecosystem services has been significantly improved, the capacity of infrastructure to prevent disasters has been significantly strengthened, and the city's overall ability to withstand risks has been continuously enhanced. In terms of urban recoverability, expanding domestic demand and deepening opening-up have promoted urban economic recovery, the steady development of public services has strengthened social recovery, pollution prevention and ecological protection have systematically enhanced ecological recovery, and pilot projects for climate-adaptive cities has strengthened infrastructural resilience. In terms of urban innovativeness, innovation inputs are rising, innovation outputs are growing by leaps and bounds, and cities are becoming sources and core carriers of innovation.

The Report also points out that there are still some problems in the construction of resilient cities, such as cities with low and relatively low resilience still accounts for more than 60 percent of China's cities, and the resilience indices show a clear bifurcation. Specifically, the ability to maintain long-term stable economic growth needs to be improved, the ability of social systems to adapt and adjust needs to be strengthened, the function of ecosystems as security shields needs to be strengthened, infrastructure risk-resistant capacity still needs to be built, and the planning and governance competence of resilient city needs to be improved. International experience of resilient city construction mainly reflects that: urban resilience planning should be formulated to provide institutional guarantee for the construction of resilient cities, infrastructure support should be strengthened to provide material foundation for resilient cities construction, emphasis should be placed on multi-party synergy and cooperation to provide organizational structure for resilient cities construction, attention should be paid to extreme climate change to provide awareness guidance for the resilient cities construction, and an innovative ecosystem should be created to provide core momentum for resilient cities construction.

The Report stresses that under the new circumstances of the new era, China's resilient city construction is showing the following trends. First, the resilience

cognition and theoretical tools are gradually shifting from the "complexity" paradigm to the "wicked problem" paradigm. Second, the resilience construction model is gradually shifting from the static passive defense to dynamic active adaptation and full life cycle risk prevention and control. Third, the focus of resilience construction has shifted from emphasizing the safety of the physical space of the city to the coordinated sustainable development of the economy, society, ecosystems, and physical space. Fourth, the main body of resilience construction has shifted from emphasizing the leading role of the government to promoting the synergy of "nature-government-market-society". Fifth, the governance mechanism has shifted from top-down administrative mobilization to multi-dimensional, multi-directional and multi-subjective linkage between top and bottom.

Based on China's national conditions and international experience, the Report further puts forward the optimization paths for high-quality development of resilient cities at the new development stage on the basis of comprehensive analysis of the future trend of high-quality development of China's resilient cities. First, constructing a new paradigm with the "wicked problem" theory of resistance to solutions to highlight the leading power of the concept. Second, creating a new model with dynamic adaptability to improve the capacity of risk prevention and control. Third, shaping a new pattern with a distributed layout to enhance the ability of risk resistance. Fourth, creating a new quality by quality improving and quantity increasing to strengthen post-disaster recoverability. Fifth, forming a new mechanism driven by innovation to stimulate the ability of resilience innovation. Moreover, building a new governance framework with systematic thinking to optimize the capacity of resilience governance.

Keywords: Chinese Modernization; City; Resilience; High-quality Development

Contents

I   General Reports

B . 1   Security Governance in Big Country:

High-quality Development of Resilient Cities

General Report Research Group ∕ 001

Abstract: Facing global changes of a magnitude unseen in a century, building resilient cities is an inherent requirement to follow the objective law of urban development, and it is an important method to get prepared to deal with worst-case scenarios and coordinate development and security. It is also an urgent need to promote the modernization of urban governance and high-quality development. In view of this, this report based on the perspective of evolutionary resilience theory, oriented to the requirements of the era of coordinated development and security, firstly, puts forward the theoretical analysis framework of resilient city in line with China's national conditions, from the connotation of the concept of resilient city, and constructs an evaluation index system of resilient city from the dimension of "Risk −Resistance −Recovery-Innovation" to measure the level of resilience of China's cities. Secondly, this report analyzes and reveals the current situation, effectiveness and problems of building resilient city in China. Finally, on the basis of analyzing and learning from the international experiences and development trends of building resilient cites, this report proposes countermeasures to promote the construction of resilient cities in China from six

城市蓝皮书

aspects, namely: constructing a new paradigm with the wicked problem theory to show the leading power of the concept, creating a new model with dynamic adaptability to enhance the power of risk prevention and control, shaping a new pattern with distributed layout to enhance the competence of resistance to risk, creating a new quality with enhancing quality and increasing quantity to strengthen the capability of post-disaster recovery, forming a new mechanism driven by innovation to stimulate the ability of resilience innovation; and constructing a new framework of governance with systematic thinking to optimize the competence of resilient governance.

Keywords: Resilient City; External Shock; Resilience Theory; Urban Security; High-quality Development

B.2 Evaluation of China's Urban Healthy Development
in 2022−2023

Wu Zhanyun, Shan Jingjing and Zhang Shuangyue / 060

Abstract: Cities play an important role in promoting people's health and well-being, and the promotion of urban health development is a major issue in China's new journey towards modernization. Based on analyzing the progress and effectiveness of urban health development in China, this report systematically evaluates the status of urban health development in China. The evaluation results show that: (1) The problem of short boards in urban health development has been alleviated, and Beijing has been listed as a national healthy city for the first time due to its significant improvement in ecological environment quality. (2) With cities in the eastern region still enjoying a clear lead, there are obvious spatial differences in the level of urban health development, and cities in the central region show significant improvement in health development. (3) Regional gap in basic public services, such as healthcare, is narrowing, while the uneven development of public cultural services is still prominent. (4) The Yangtze River Delta, the Pearl River Delta and the West Coast of the Taiwan Strait city clusters rank among the top 3 in the country in terms of the level of healthy development, while the development gap among cities within the clusters is still obvious. In the future, China should adhere to the people-centered development ideology and accelerate the improvement of the health promotion policy system; adhere to the district-based policy to enhance the quality and accessibility of health services; adhere to the health equity and solidly promote the common wealth of all the people; and adhere to the systemic concept to build a solid health foundation for the Chinese-style modernization.

Keywords: Healthy Economy; Healthy Environment; Health Society; Healthy Culture; Health Management

II   Economic Resilience Chapters

B.3   Research on the Impact of Digital Innovation on Industrial

Resilience Development in the Background of

Digital Economy   *Wang Han, Duan Litao* / 083

Abstract: Enhancing industrial resilience is an important part of building a modern industrial system and a key link in enhancing economic and social resilience. In the era of digital economy, the rapid iteration and updating of digital technology continue to generate new value creation, providing new impetus for improving industrial resilience. In the background of the digital economy, facing the practical need to focus on improving the resilience and security level of the industrial chain and supply chain, this report studied the impact of digital innovation on industrial resilience development. The report has discovered that, first, digital innovation can improve industrial resilience by enhancing independent innovation capacity, optimizing factor allocation, and enriching industrial formats. Second, the level of industrial resilience and the level digital innovation both have manifested upward trends in multiple regions in China, and there is an obvious imbalance with prominent spatial variability of industrial resilience. Third, the rise of

digital innovation has significantly boosted the improve of industrial resilience, and the effect in east region is more obvious than that in middle and west regions. Based on the research results, the report points out that, in the future, the implementation of the innovation-driven development strategy should be further deepened and digital innovation should be vigorously promoted. Meanwhile, we should pay more attention to the spatial integration of the geographic agglomeration effect of market integration and urbanization development with the advantages of digital virtual agglomeration.

Keywords: Digital Innovation; Industrial Resilience; Factor Allocation Efficiency; Independent Innovation Capacity

B.4   Urban Financial Resilience: Measurement, Existing Challenges, and Policy Responses

Wang Yong, Wang Yuanzhuo / 097

Abstract: Urban financial resilience is an important driving force for regional economic growth and a crucial guarantee for the stable development of regional finance. Exploring the issues related to urban financial resilience in China has important practical significance. This report first expounds the concept and connotation of financial resilience. Based on this, following the principles of systematic, scientific, and operational approaches, this report has constructed an evaluation system for measuring the financial resilience of Chinese cities from three dimensions: financial stability, financial allocation efficiency, and financial innovation. Subsequently, trend analysis and differentiation analysis of urban financial resilience in China were conducted. Finally, in response to some existing problems in the development of urban financial resilience, such as the declining trend of urban financial stability, the lack of coordination between financial stability and financial allocation efficiency, and the imbalance in the development of financial resilience among regions, policy recommendations are proposed to effectively enhance the financial resilience of Chinese cities.

Keywords: City; Financial Resilience; Financial Stability; Financial Allocation Efficiency; Financial Innovation

B.5 Ideas and Countermeasures of Platform Economy to Enhance Urban Economic Resilience

Zhang Tao, Li Junchao and Huang Shan / 114

Abstract: How to promote cities to practice a safer and more resilient economic development path has become a hot issue in current urban construction. At present, platform economy has become the "leader" of the urban economy, which can continuously release the potential of domestic demand, enable the upgrading of traditional industries, improve the pattern of wealth distribution, enhance the efficiency and effectiveness of urban governance, and then promote the steady and long-term economic development. However, as a new economic pattern, the development of platform economy still faces a series of challenges that need to be addressed. We should promote the healthy and sustainable development of platform economy from the aspects of building a new internet platform supervision system, accelerating the deep integration of platform and supply system, bridging the digital divide through multiple measures, and building high-level international platform enterprises, so as to assist to enhance China's urban economic resilience.

Keywords: Platform Economy; Economic Resilience; Platform Governance; International Competition

B.6 The Ideas and Strategies to Enhance Urban Economic Resilience Through Consumption Promotion *Chen Yao / 131*

Abstract: Consumption as a crucial engine driving economic growth plays a

significant role in enhancing the resilience of urban economies. This study focuses on the impact mechanism, effectiveness, and countermeasures of consumption on urban economic resilience. Firstly, the study systematically elaborates the positive role of consumption in enhancing urban economic resilience. Then, based on objective facts, it summarizes the achievements and problems of consumption in improving the resilience of China's urban economies. Finally, it proposes suggestions to promote the enhancement of urban economic resilience by strengthening policy support, cultivating diverse new consumer demands, promoting the integration of cultural and tourism, and advancing the digital transformation of consumption models.

Keywords: Consumption Upgrading; Urban Economic Resilience; New Types of Consumption

Ⅲ Social Resilience Chapters

B.7 Strategies for Cultivating Urban Social Resilience

—*Based on the Perspective of Urban Social Networks*

Chen Xiangman, Chen Zehao and Chen Yao / 144

Abstract: Cultivating urban social resilience is both a proactive response to increasing external pressures and potential shocks, and a practical necessity for protecting development achievements. This study analyzes the impact mechanisms of three important urban social networks on social resilience from the perspective of social networks, including interpersonal, interorganizational, and interpersonal-organizational networks. Starting from the four capabilities that are currently lacking in social resilience construction—resource mobilization, risk resistance, risk protection, and emergency decision-making, this study puts forward four strategies that are strengthening social connections, improving urban residents' income, improving the social security system, and optimizing information dissemination mechanisms. These strategies aim to promote more resilient and sustainable urban development.

Keywords: Social Resilience; Social Risk; Social Networks; Urban Security

B.8 The Development, Experience and Improving Path of Urban Management Resilience in China   *Miao Tingting* / 159

Abstract: Urban management resilience is an important part and performance of urban resilience. The strong urban management resilience means that when government facing known and unknown disturbances, the city has effective government leadership, resilient legal systems and planning policies, advanced emergency management processes, coordinated inter-departmental relationships, learning ability, and empowering grass-roots governance. Beijing's resilient city construction plan, Shanghai's resilient city construction practice, and Nanjing's emergency management have made relevant deployments of urban management resilience, and achieved some results. In the future, the improvement of China's urban management resilience should start from management concepts, organizational leadership, planning policies, modern emergency management systems construction and multi-body participation, to systematically improve the level of urban management resilience.

Keywords: Urban Resilience; Management Resilience; Beijing; Shanghai; Nanjing

B.9 A Study on the Normalization of Resilient Community Construction and Refined Governance

Lu Yangchun, Hu Shanshan / 176

Abstract: In the national governance system, grassroots governance forms

the foundation, and community governance is the key to grassroots governance. The report to the 20th National Congress of the Communist Party of China pointed out that it is necessary to "improve the level of urban planning, construction, and governance to create a livable, resilient, and smart city" and "improve the grassroots governance platform featuring grid-based management, meticulous services, and IT support." As the fundamental unit of social governance and urban refined governance, communities are the foundation and key to building resilient cities. In the post-epidemic era, the construction of resilient communities has become normalized. This report reviews the development of China's normalized construction of resilient communities and explores the interactive relationship between the normalization of resilient community construction and refined governance. Taking Tianfu New District of Chengdu as an example, this paper analyzes the normal construction practice of resilient communities in the district under refined governance. Based on this analysis, recommendations are presented, including the importance of Party leadership, strengthening workforce development, integrating social resources, and establishing information platforms. These suggestions aim to provide valuable insights and guidance for the normalization of resilient community construction and refined governance in other regions of China.

Keywords: Resilient Community; Refined Governance; Modernized Governance

IV Ecological Resilience Chapters

B. 10 Adaptive Planning Responses to Promote Urban Climate Resilience Development

Leng Hong, Luan Jiayi / 189

Abstract: Cities, as complex systems hosting a wide range of activities, are significantly affected by climate change, which makes them a key carrier for addressing climate change. The article explains the significance of adaptive planning in promoting urban climate resilience, and summarizes the progress of adaptive planning research and practice in promoting urban climate resilience. Currently, adaptive planning to promote urban climate resilience is still facing many problems and challenges, including ambiguous focus of climate resilience planning research, mismatch with spatial planning scale, and lack of technical basis. Combining the background and objectives of the national climate change adaptation strategy and the reorganization of the national spatial planning system, the article puts forward the proposal of adaptive planning to enhance the climate resilience of cities, with a view of exploring the Chinese path to promote the development of climate resilience in cities.

Keywords: Climate Change; Climate Resilience; Adaptive Planning; Climate-adapted City; Territorial Spatial Planning

B.11   Research on the Path to Enhance Urban Spatial Resilience from the Perspective of Ecological Civilization

Dong Yaning, Lyu Peng and Xie Weiwei / 202

Abstract: As an important aspect of building urban resilience, the improvement of urban spatial resilience is an inevitable requirement to comply with the requirements of the era of ecological civilization, practicing the concept of ecological security and improving people's well-being. From the perspective of ecological civilization, this report first constructs a theoretical analysis framework for the four-dimensional urban spatial resilience system of "space-time-means-elements" based on wicked problem. Secondly, based on framework analysis, the current experience and practices of urban spatial resilience construction at home and abroad are summarized, and various constraints including insufficient linkage of multi-scale spatial systems are identified. Finally, the paths to enhance urban spatial resilience are proposed: improving the multi-level spatial system and enhancing

spatial linkage capabilities; breaking through the path dependence limit and enhancing the dynamic adaptability; adhering to the concept of systematic governance and reshape the governance thinking mode; coordinating the spatial layout of elements and optimize the allocation of spatial resources.

Keywords: Ecological Civilization; Urban Spatial Resilience; "Space — Time—Means—Elements"; Wicked Problem

B.12 Assessment of the Development Status and the Effectiveness of Influencing Policies of Urban Water Ecological Resilience

Zhang Zhuoqun, Yao Mingqi / 217

Abstract: The construction of water ecological civilization city is an important measure to practice Xi Jinping's ecological civilization thought and realize the vision of a beautiful China. Based on this, this paper summarizes the history and measures of cities to improve water ecological resilience since the reform and opening up, and constructs a water ecological civilization urban resilience index system. Then, it takes the water ecological civilization pilot city as a quasi-natural experiment, and uses the Difference-in-Differences model to investigate the impact of pilot policies on urban water ecological resilience. Empirical analysis shows that the water ecological civilization pilot city can effectively promote the improvement of urban water ecological resilience, and the effects of the policy in different regions are heterogeneous. Therefore, it is necessary to further deepen the construction of water ecological civilization pilot cities, strengthen institutional support, summarize pilot experience, and carry out the construction of water ecological civilization cities in the whole area; Adopt differentiated measures to promote the construction of water ecological civilization cities in accordance with local conditions.

Keywords: Water Ecological Civilization City; Water Ecological Resilience; Quasi-natural Experiment

V Engineering Resilience Chapters

B . 13   Research on the Resilience of Urban Transportation Structure
in the Context of Public Health Emergencies: A Case Study
of Wuhan   *Jiao Hongzan* / 231

Abstract: With the accelerated urbanization in the new era of China, cities
are facing intertwined uncertainties. Frequent public health emergencies have
severely impacted the normal operation of cities, residents' daily life and city
image. They have also posed significant challenges to national security and
governance. A well-functioning urban transportation structure can ensure the
continuity of city functions, reduce the negative impact of public health
emergencies, and enhance the resilience of cities in the face of such events.
Therefore, how to optimize the structural resilience of urban transportation systems
to cope with public health emergencies is an important topic in resilient city
construction. The commuting flow generated by residents traveling from their
residences to workplaces reflects the structural characteristics of the city to some
extent. Therefore, commuting characteristics can serve as an important indicator
that reflects the structural characteristics of urban transportation. By analyzing the
evolutionary patterns of urban transportation structures before and after public
health emergencies, we can provide a basis for enhancing the resilience of urban
transportation. This study introduces the fractal dimension and multifractal measure
methods to conduct comparative analysis and research on commuting flows in
Wuhan under the context of public health emergencies. The results show that a
multi-center transportation structure can effectively enhance the urban resilience in
the face of public health emergencies.

Keywords: Urban Transportation Resilience; Public Health Emergencies;
Commuting Flow; Fractal Dimension

B.14 The Evaluation and Obstacle Identification of Urban Infrastructure Resilience in China

Yu Zhonglei, Sun Chang, Hou Xiaojing and Zhuang Li / 247

Abstract: Urban infrastructure is the lifeline and material foundation of the normal operation of the city. It is of great significance to accurately evaluate the resilience level of urban infrastructure and identify the main obstacle factors for the construction of resilient cities. This paper constructs an urban infrastructure resilience evaluation index system from three dimensions: pre-disaster prevention ability, disaster resilience ability and post-disaster recovery ability. The CRITIC method is adopted to determine the index weight, and the main obstacle factors are identified based on the obstacle degree model. The study shows that the resilience level of urban infrastructure in China is not high in general, and the difference of urban infrastructure resilience level structure in different provinces is also significant. Besides, the main obstacle factors are infrastructure restoration construction capacity, energy supply capacity and power supply capacity. Therefore, it is necessary to penetrate the concept of resilience in the whole process of urban planning-construction-governance, find out the current situation of urban infrastructure, coordinate the investment of capital, manpower, technology and other resources. In addition, other measures also need to be highlighted, such as enhancing the robustness and redundancy of urban infrastructure systems, promoting to improve layout of urban infrastructure, and improving the intelligent level of infrastructure systems.

Keywords: Urban Infrastructure; Resilience; Obstacle Degree Model; CRITIC

Ⅵ Domestic Experience Chapters

B . 15 The Experience and Enlightenment of Building a Resilient City
in Beijing *Geng Bing* / 269

Abstract: Beijing is the first city in China to incorporate resilient city construction into its urban master plan, and has independently explored the development path of building resilient cities in practice and achieved certain results. Taking Beijing as the research object, this paper firstly introduces the background of building a resilient city in Beijing and analyzes the challenges faced in the process of building a resilient city. Secondly, it systematically summarizes the main initiatives and experiences of building a resilient city in Beijing from the four aspects, including integrating and expanding the spatial resilience, effectively reinforcing the engineer resilience, comprehensively enhancing the management resilience, and actively fostering the social resilience. Finally, it provides experiences and inspirations for the construction of resilient cities in China from several aspects, such as accelerating the preparation of special planning for resilient cities, reinforcing the collaborative management capacity of departments and regions, improving the accuracy of risk identification and assessment, and creating a cultural environment for resilient cities.

Keywords: Resilient City; Mega City; Disaster Prevention and Mitigation; Beijing

B . 16 Lishui, Building a New Era Mountainous & Garden City
resilient to Climate Change *Du Xiaobin, Zhang Feng* / 283

Abstract: Located at the top of Jiangsu and Zhejiang Provinces and the source area of six rivers, Lishui City has the mid-subtropical monsoon climate with

obvious mountainous characteristics. This natural environment has laid the city a good ecological foundation for nurturing the important concept of "Green Mountains and Clean Waters being tantamount to Golden and Silver Mountains", and initiating the city to integrate the concept into its daily practices. Lishui is among the first batch of national pilot cities for Climate Adaption, the first batch of national pilot cities for Climate Investments and Finances, the first national pilot city to explore the value-realized mechanics for ecological products and the first batch of national pilot cities for Carbon Supervision and Evaluation. Over the years, Lishui City has been guided by the concept of harmonious coexistence between man and nature, focusing on multiple dimensions including risk management and control, climate management wisdom, ecological resilience, economy adaption, finance empowerment. Lishui City has carried out explorative innovations responsive to climate change as a whole, thus accumulating valuable theory and experiences in promoting high-quality green development.

Keywords: Digital Empowerment; Disaster Prevention and Reduction; Climate Resilience; Value of Ecological Products

B.17 Achievements and Experience of Building
Resilient City in Jinan *Tian Jianguo* / 294

Abstract: In recent years, extreme weather events in Jinan have gradually increased, highlighted by frequent summer rainstorm disasters. And due to the special terrain, urban waterlogging often caused by heavy rainfall. At present, Jinan is actively exploring to construct a resilient city, and has made great progress and gained a series of experiences, which are highlighted in: incorporating the concept of resilient city into various planning, converting old and new kinetic energy into opportunities to consolidate industrial resilience, implementing policies for emergencies and improve resilience governance capabilities, building a resilient city smart brain by digital construction. Overall, Jinan has built a resilient city with advanced concepts, diverse measures, high public participation, high digital and technological content, focusing on shortcomings and emphasizing ecological leadership. The construction of resilient cities in Jinan has achieved good results, enhanced the resilience level of old cities and new urban areas, and provided reference for China's in-depth construction of resilient cities.

Keywords: Resilient Cities; Jinan; Extreme Weather

Ⅶ International Experience Chapters

B.18 The Experience and Inspiration of Building Resilient

Cities in Europe

Wang Qinglong, Chen Shuo / 305

Abstract: As a complex ecosystem inhabited by human beings, cities face the shocks of extraterritorial systems all the time, which not only comes from natural geographical disasters, but also comes from the social and economic system of human reproduction. Resilient cities construction can improve the level of urban governance and strengthen risk prevention and control in mega-city governance. As an important origin of modern civilization, the construction of resilient cities in Europe originated from the transformation of small city-states into modern megacity. In the process of the construction of resilient cities in Europe, scale and agglomeration effect of cities were given full play to improve the well-being of European urban populations. In the early city construction in Europe, there were practical measures to highlight the resilient city construction of modern countries. The report takes the resilient urban construction of floating houses in Rotterdam, Netherlands, resilient cities construction in Paris, France and Manchester, UK as typical representatives, and analyzes their experience of resilient city construction to provide reference for the establishment of resilient cities in China. The research results of this report show that: to accelerate the construction of resilient cities in China, it is urgent to rely on the existing urban planning and implementation programs to develop effective governance measures to improve the city's response

to external shocks, establish and improve the evaluation system of resilient city, and build a resilient city early warning system, so as to help China's resilient city to develop in a healthy and sustainable way.

Keywords: Resilient City; Ecosystem; External Shock

B. 19　The Construction Experience of American Resilient Cities and Its Reference to China

Ju Hao, Miao Tingting / 317

Abstract: The United States leads the world in resilient city construction. Taking New York, Chicago and Berkeley as typical cases, the study concludes that in the process of building resilient cities in the United States, a government-led and public-private partnership organizational network has been constructed, a resilience planning system centered on climate adaptation planning has been formed and it has been keeping pace with the times. In terms of content, they focus on comprehensive security risks in terms of content, social resilience and the status of communities in resilient city construction, and pay attention to the supporting support of fiscal policies. Currently, the construction of resilient cities has been elevated to a national strategy in China. In the future, we should base ourselves on China's actual national conditions and institutional background, learn from the useful experience of resilient city construction in the United States in terms of organizational management, planning policies and content tools, and continuously optimize the path strategy of resilient city construction.

Keywords: The United States; Resilient Cities; New York City; Chicago; Berkeley

皮 书

智库成果出版与传播平台

✦ 皮书定义 ✦

皮书是对中国与世界发展状况和热点问题进行年度监测，以专业的角度、专家的视野和实证研究方法，针对某一领域或区域现状与发展态势展开分析和预测，具备前沿性、原创性、实证性、连续性、时效性等特点的公开出版物，由一系列权威研究报告组成。

✦ 皮书作者 ✦

皮书系列报告作者以国内外一流研究机构、知名高校等重点智库的研究人员为主，多为相关领域一流专家学者，他们的观点代表了当下学界对中国与世界的现实和未来最高水平的解读与分析。截至2022年底，皮书研创机构逾千家，报告作者累计超过10万人。

✦ 皮书荣誉 ✦

皮书作为中国社会科学院基础理论研究与应用对策研究融合发展的代表性成果，不仅是哲学社会科学工作者服务中国特色社会主义现代化建设的重要成果，更是助力中国特色新型智库建设、构建中国特色哲学社会科学"三大体系"的重要平台。皮书系列先后被列入"十二五""十三五""十四五"时期国家重点出版物出版专项规划项目；2013~2023年，重点皮书列入中国社会科学院国家哲学社会科学创新工程项目。

权威报告・连续出版・独家资源

皮书数据库
ANNUAL REPORT(YEARBOOK)
DATABASE

分析解读当下中国发展变迁的高端智库平台

所获荣誉

- 2020年，入选全国新闻出版深度融合发展创新案例
- 2019年，入选国家新闻出版署数字出版精品遴选推荐计划
- 2016年，入选"十三五"国家重点电子出版物出版规划骨干工程
- 2013年，荣获"中国出版政府奖・网络出版物奖"提名奖
- 连续多年荣获中国数字出版博览会"数字出版・优秀品牌"奖

皮书数据库

"社科数托邦"
微信公众号

成为用户

登录网址www.pishu.com.cn访问皮书数据库网站或下载皮书数据库APP，通过手机号码验证或邮箱验证即可成为皮书数据库用户。

用户福利

- 已注册用户购书后可免费获赠100元皮书数据库充值卡。刮开充值卡涂层获取充值密码，登录并进入"会员中心"—"在线充值"—"充值卡充值"，充值成功即可购买和查看数据库内容。
- 用户福利最终解释权归社会科学文献出版社所有。

社会科学文献出版社 皮书系列
SOCIAL SCIENCES ACADEMIC PRESS (CHINA)

卡号：525741144766
密码：

数据库服务热线：400-008-6695
数据库服务QQ：2475522410
数据库服务邮箱：database@ssap.cn
图书销售热线：010-59367070/7028
图书服务QQ：1265056568
图书服务邮箱：duzhe@ssap.cn

法律声明

"皮书系列"（含蓝皮书、绿皮书、黄皮书）之品牌由社会科学文献出版社最早使用并持续至今，现已被中国图书行业所熟知。"皮书系列"的相关商标已在国家商标管理部门商标局注册，包括但不限于LOGO（ ）、皮书、Pishu、经济蓝皮书、社会蓝皮书等。"皮书系列"图书的注册商标专用权及封面设计、版式设计的著作权均为社会科学文献出版社所有。未经社会科学文献出版社书面授权许可，任何使用与"皮书系列"图书注册商标、封面设计、版式设计相同或者近似的文字、图形或其组合的行为均系侵权行为。

经作者授权，本书的专有出版权及信息网络传播权等为社会科学文献出版社享有。未经社会科学文献出版社书面授权许可，任何就本书内容的复制、发行或以数字形式进行网络传播的行为均系侵权行为。

社会科学文献出版社将通过法律途径追究上述侵权行为的法律责任，维护自身合法权益。

欢迎社会各界人士对侵犯社会科学文献出版社上述权利的侵权行为进行举报。电话：010-59367121，电子邮箱：fawubu@ssap.cn。

社会科学文献出版社